Comunicación en lengua castellana para el empleo nivel 2. CTRL0005

Patricia León Pérez

ic editorial

Comunicación en lengua castellana para el empleo nivel 2. CTRL0005
© Patricia León Pérez

1ª Edición

Editado por: IC Editorial
c/ Cueva de Viera, 2, Local 3
Centro Negocios CADI
29200 Antequera (Málaga)
Teléfono: 952 70 60 04
Fax: 952 84 55 03
Correo electrónico: iceditorial@iceditorial.com
Internet: www.iceditorial.com

ISBN: 978-84-1184-903-6
Depósito Legal: MA 934-2025

Impresión: PODiPrint
Impreso en Andalucía - España

Nota de la editorial: IC Editorial pertenece a Innovación y Cualificación S. L.

Especialidad formativa

Se entiende por especialidad formativa la agrupación de contenidos, competencias profesionales y especificaciones técnicas que responde a un conjunto de actividades de trabajo enmarcadas en una fase del proceso de producción y con funciones afines.

Las especialidades formativas de Uso General, Formación Complementaria, Formación Modular y las especialidades formativas dirigidas a la obtención de certificados de profesionalidad se incluyen en el Fichero de Especialidades del Servicio Público de Empleo Estatal para su gestión en todo el territorio nacional por cualquier Administración competente.

Las especialidades complementarias, pertenecen todas a la Familia profesional de Formación Complementaria (FCO) y tienen la consideración de formación transversal en áreas que se consideran prioritarias tanto en el marco de la Estrategia Europea para el Empleo y del Sistema Nacional de Empleo como en las directrices establecidas por la Unión Europea. Se consideran áreas prioritarias las relativas a tecnologías de la información y la comunicación, la prevención de riesgos laborales, la sensibilización en medio ambiente, la promoción de la igualdad, la orientación profesional y aquellas otras que se establezcan por la Administración competente.

Las especialidades de Certificado de profesionalidad tienen una duración especificada en su normativa reguladora.

En el resultado de la búsqueda, se muestran las unidades de competencia, todos los módulos formativos con su duración y las unidades formativas del certificado correspondiente, con su duración. Las horas del certificado, exclusivo de las especialidades de certificado de profesionalidad, con alta igual o superior a 2008, son las horas totales más las horas del módulo de Prácticas Profesionales no Laborales.

- **Si la especialidad tiene unidades formativas,** las horas totales, presencial, distancia, teleformación serán igual a la suma de esas horas de las unidades formativas de los distintos módulos, sin que se repita ninguna Unidad formativa.

- **Si la especialidad no tiene unidades formativas,** las horas totales, presencial, distancia, teleformación serán igual a las sumas de esas horas de los módulos formativos, eliminando las horas de los módulos repetidos.

https://sede.sepe.gob.es/especialidadesformativas/RXBuscadorEFRED/BusquedaEspecialidades.do

(Fuente: Servicio Público de Empleo Estatal)

Índice

OBJETIVOS GENERALES

Los objetivos generales del **CTRL0005. Comunicación en lengua castellana para el empleo nivel 2,** son los siguientes:

- Comprender producciones orales y escritas, poder expresarse e interactuar adecuadamente en diferentes contextos sociales y culturales, así como utilizar el lenguaje en la construcción del conocimiento, la comprensión de la realidad y la autorregulación del pensamiento, las emociones y la conducta.
- Distinguir las características básicas del uso de la lengua según la intención comunicativa y los diversos contextos de la actividad social y cultural en los que se utiliza.
- Distinguir la estructura formal básica de comunicaciones orales y escritas en torno a la cual se organiza la información, así como las interrelaciones sencillas existentes entre diferentes aspectos o cualidades de la misma.
- Referir verbalmente ideas, hechos, opiniones y sentimientos de forma ordenada, clara y coherente, ajustándose a cada situación de comunicación y aplicando las normas de uso lingüístico.
- Redactar diversos tipos de escritos mediante los que se produce la comunicación, ajustándose a las características formales y expresivas propias de cada tipo.
- Utilizar la lengua eficazmente para buscar, seleccionar, procesar información y producir textos orales o escritos, empleando diccionarios, bibliotecas y procesadores de textos, incluyendo las tecnologías de la información y comunicación.

Unidad de aprendizaje 1

Comprensión de la naturaleza y elementos de la comunicación

Contenido

1. Introducción
2. Comprensión de la naturaleza y elementos de la comunicación
3. Distinción entre lenguaje, lengua y habla
4. Diferenciación entre comunicación oral y escrita
5. Resumen

Objetivos

El objetivo general de esta Unidad de Aprendizaje es:

- → Distinguir las características básicas del uso de la lengua según la intención comunicativa y los diversos contextos de la actividad social y cultural en los que se utiliza.

Los objetivos específicos de esta Unidad de Aprendizaje son:

- → Identificar los elementos que intervienen en el proceso de comunicación.
- → Discriminar adecuadamente en informaciones sencillas orales y escritas que aparecen en los medios de comunicación, el propósito y la intención comunicativa.
- → Valorar el aprendizaje de la lengua castellana como medio de comunicación y comprensión entre las personas, evitando cualquier tipo de discriminación y estereotipos lingüísticos y/o culturales.
- → Diferenciar las características propias de la comunicación oral y la comunicación escrita.

1. Introducción

La comunicación se realiza mediante el contacto de una persona con otra para transmitir una información, la manera más frecuente de hacerlo es a través del lenguaje oral y escrito.

En la comunicación verbal intervienen los siguientes elementos: emisor (hablante), mensaje, canal, código y receptor (oyente), todo esto se da en un contexto o situación. De la comunicación se puede decir también que es bidireccional y que cada interlocutor interpreta el mensaje que recibe y, a su vez, es capaz de generar un mensaje.

Por tanto, es imprescindible el entendimiento del habla y esto implica no solo reconocer las distintas palabras del mensaje oral e interpretar los contenidos sintácticos y semánticos, sino también conocer su contexto.

Cuando se pretende transmitir un mensaje, se procede de forma verbal o no verbal: todo dependerá de lo que se desea comunicar. Dependiendo de si la comunicación es verbal o no, el significado de los signos puede ser el de informar o comunicar.

El lenguaje humano es la facultad o capacidad que tiene el hombre para comunicarse por medio de un sistema de signos vocales. Este sistema de signos orales recibe el nombre de lengua. La lengua es, pues, el fruto de esa facultad, el lenguaje. La utilización que los hablantes hacen de la lengua se denomina habla, que es el acto concreto de la comunicación. En España hay diversidad de lenguas y hablas, que vienen determinadas por su situación geográfica y por su historia.

La lengua oral, por su carácter de inmediatez, necesita la presencia del oyente en el momento en el que se produce el acto comunicativo. La lengua escrita no precisa que el receptor esté presente en el acto comunicativo, y su recepción no tiene momento señalado.

Para poder entender de una forma más práctica la importancia y principios del proceso comunicativo, nos basaremos en los casos a los que se enfrenta Susana, durante su labor como profesora de lengua castellana y literatura en el Instituto Barahona.

2. Comprensión de la naturaleza y elementos de la comunicación

☞ HILO CONDUCTOR

Durante la exposición de su primera clase, Susana explica la importancia que tienen los distintos elementos que intervienen en el proceso comunicativo, destacando por ejemplo, la importancia del código y la situación.

La **comunicación** es el acto mediante el cual un individuo (o individuos) transmite (o transmiten) un mensaje o información a otro (u otros), usando para ello una serie de conocimientos comunes.

Este acto puede tener lugar entre individuos de naturaleza humana o animal, pues existe no solo la comunicación humana, sino también la comunicación no humana o animal.

No solo el hombre transmite o intercambia señales. Los animales también se comunican; aunque no tengan un lenguaje abstracto y verbal como el de los seres humanos, poseen códigos de señales acústicas, olfativas, ópticas, táctiles, químicas, etc., con las que relacionarse e influir en el comportamiento de los demás miembros de su especie.

Es un hecho que los seres vivos, sea cual sea su naturaleza, no podrían vivir sin una comunicación entre ellos. En este sentido, se puede definir la comunicación como un proceso de vital importancia para el ser vivo.

ACTIVIDAD COMPLEMENTARIA

1. Busque información sobre la comunicación no humana o animal, y explique las formas en que se comunican y relacionan algunas especies.

Son varias las finalidades que se persiguen al comunicar:

- La primera de todas es informar a quien o quienes reciben el mensaje.
- A veces, el fin de la comunicación es actuar de una determinada manera.
- Otra finalidad propia de ciertos contextos comunicativos es la de influir en los otros.

En todo proceso comunicativo son necesarios ciertos elementos y un tiempo suficiente para la efectividad de dicho proceso.

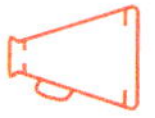

RECUERDA

La comunicación es un acto mediante el cual uno o varios individuos transmiten a otro/s una señal informativa, utilizando para ello una serie de conocimientos que tienen en común.

2.1. Explicación del emisor, receptor, mensaje, código, canal, contexto o situación

Los factores o elementos que intervienen en el proceso de la comunicación verbal o humana son los siguientes:

- **Emisor:** también recibe el nombre de "hablante", es la persona que transmite o codifica el mensaje.
- **Receptor:** también recibe el nombre de "oyente", es la persona que recibe o decodifica el mensaje.
- **Mensaje:** conjunto de informaciones que el emisor envía al receptor.
- **Código:** hace referencia al conjunto de signos y reglas que se utilizan para la construcción de un mensaje determinado.
- **Canal:** medio a través del cual circula el mensaje.
- **Situación:** el lugar y el momento en que tiene lugar el acto de la comunicación.

Estos factores son fáciles de distinguir en la comunicación oral; sin embargo, en la comunicación escrita se produce una cierta complejidad, porque no todos estos elementos están simultáneamente presentes, y porque el escrito puede a la vez instaurar dentro del texto otro hecho de comunicación.

Otros elementos también presentes en la comunicación son, por un lado, el **referente,** que se refiere a la realidad extralingüística del mensaje; por otro, el **contexto** o circunstancias, conocidas por emisor y receptor, y bajo las cuales se lleva a cabo la comunicación.

Para una buena comunicación es imprescindible una buena transmisión por parte del emisor, y una buena recepción por parte de la persona que escucha o a la que se dirige el emisor (el receptor).

ACTIVIDAD COMPLEMENTARIA

2. Describa la función que desempeña cada elemento o factor de la comunicación en el propio proceso comunicativo.

En el siguiente esquema se reproduce la situación de cada uno de los elementos del acto comunicativo, así como las relaciones que se establecen entre ellos.

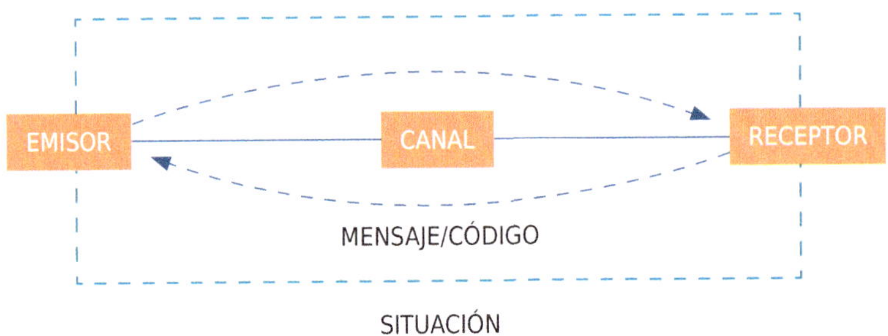

SITUACIÓN

Además de estos factores o elementos, hay que distinguir en el acto comunicativo un doble proceso: la **codificación** y la **decodificación** del mensaje. Este doble proceso de reciprocidad debe darse para que sea efectivo el acto comunicativo.

DEFINICIÓN

Codificación
Proceso mediante el cual el emisor o hablante elabora el mensaje.

Decodificación
Proceso mediante el cual el receptor u oyente descifra e interpreta el mensaje.

Los procesos de codificación y decodificación dependen el uno del otro para que se haga efectiva la comunicación.

A continuación, se expone esquemáticamente en qué consiste este doble proceso necesario en todo acto comunicativo.

APLICACIÓN PRÁCTICA

Identifique los elementos de la comunicación presentes en el siguiente texto.

LA MALDECIDA

No quiero, no, que te rías,
ni que te pintes de azul los ojos,
ni que te empolves de arroz la cara,
ni que te pongas la blusa verde,
ni que te pongas la falda grana.
Que quiero verte siempre muy seria,
que quiero verte siempre muy pálida,
que quiero verte siempre llorando,
que quiero verte siempre enlutada.

Rafael Alberti: El alba del alhelí, 1927.

Continúa en página siguiente >>

<< Viene de página anterior

Solución

- Emisor: el autor, Rafael Alberti.
- Receptor: el lector.
- Mensaje: el libro y/o poema.
- Código: el español poético.
- Canal: la escritura.
- Situación: la escritura es un lenguaje en diferido, un lenguaje sin situación, ya que el acto de comunicación se produce en dos momentos, uno es el de escritura, y otro, distinto, es el de lectura.

Paralelamente, en el acto comunicativo existen otros elementos que pueden obstaculizar una óptima y eficiente comunicación. Estos son los llamados **ruido** y **redundancia,** que se definen a continuación:

- **Ruido:** es la perturbación inesperada e imprevisible que altera o destruye el mensaje. Suele estar presente en la mayoría de los procesos comunicativos.
- **Redundancia:** es todo aquel elemento innecesario y repetitivo presente en el mensaje. A veces, son los elementos redundantes del mensaje los que ayudan a solucionar problemas de comunicación causados por ruidos. En estos casos se suele concluir con la siguiente expresión: "valga la redundancia". Se diferencian dos tipos de redundancias, que son las siguientes:

  - Redundancias del propio código.
  - Redundancias del emisor, con las que se pretende conseguir la atención del receptor.

Es importante también destacar que se distinguen dos tipos de actos comunicativos íntimamente relacionados con ese doble proceso mencionado anteriormente entre emisor y receptor. Son la comunicación unilateral y la comunicación bilateral:

- **Comunicación unilateral:** el emisor codifica un mensaje que el receptor decodifica.
- **Comunicación bilateral:** se produce un proceso comunicativo "de ida y vuelta", donde el primer emisor pasa a ser el receptor de un segundo mensaje codificado por el primer receptor, que ahora se convierte en emisor.

ACTIVIDAD COMPLEMENTARIA

3. Ponga ejemplos de ruidos y redundancias que pueden darse en cualquier acto comunicativo, impidiendo una comunicación eficaz y satisfactoria. ¿Considera que estos elementos perjudican el proceso comunicativo de la misma manera? ¿Por qué?
4. Según su criterio, ¿qué tipo de comunicación se produce en un diálogo, unilateral o bilateral? ¿Y en un monólogo? Justifique sus respuestas.

2.2. Explicación de los medios de comunicación: audiovisuales (televisión, cine), radiofónicos, impresos (periódicos, revistas, folletos) y digitales (internet)

Los medios de comunicación son los instrumentos mediante los cuales se informa y se comunica de forma masiva. Son la manera por la cual las personas, los miembros de una sociedad o de una comunidad se enteran de lo que sucede a su alrededor a nivel económico, político, social, etc. Los medios de comunicación son el canal mediante el cual la información se obtiene, se procesa y, finalmente, se expresa, se comunica.

Medios de comunicación

Por su estructura física, los medios de comunicación se pueden clasificar en los siguientes tipos.

Medios audiovisuales

A rasgos generales, los medios audiovisuales son los que pueden ser escuchados y/o vistos, es decir, son los dispositivos que se basan en imágenes y/o sonidos para transmitir la información, como es el caso de la televisión y el cine.

La televisión es el medio más masivo por su rapidez, por la cantidad de recursos que utiliza (imágenes, sonido, personas) y, sobre todo, por la posibilidad que ofrece al público de ver los hechos y a sus protagonistas sin necesidad de estar presente. La televisión tiene las ventajas de la radio en cuanto a rapidez y oportunidad, y les añade imágenes que permiten al espectador situarse en el lugar del acontecimiento, comprobar la veracidad de la narración y, hasta cierto punto, "vivir" el hecho. Sin embargo, como en el caso de la radio, la televisión impide al público "detenerse" o repetir la "lectura" para seleccionar lo más importante.

A nivel formal, la televisión plantea el uso de una gran variedad de formatos a la hora de transmitir la información: telediarios, documentales, reportajes, entrevistas, programas culturales, pedagógicos y científicos, entre otros.

Gracias al acelerado desarrollo tecnológico de las últimas décadas del siglo XX y las primeras del siglo XXI, cada formato conjuga imágenes, textos y sonidos, y, además, plantea un constante contacto e interacción con la teleaudiencia.

El cine no ha sido considerado como un medio de comunicación informativo. Es cierto que sus características audiovisuales le permiten funcionar como una poderosa plataforma de transmisión de mensajes, pero las dimensiones de su producción y los intereses de sus productores han hecho que, hasta el día de hoy, se considere más como un medio de entretenimiento cultural, dedicado a la creación de historias y documentales, de alto impacto y con trascendencia emocional o histórica.

Televisión y cine

NOTA

Desde su aparición en los años 30 hasta comienzos del siglo XXI, la televisión ha sido el medio con mayores índices de público o audiencia a nivel mundial. Aún hoy en día, con la llegada de nuevos medios de comunicación, la televisión mantiene su nivel de influencia sobre la mayor parte de los sectores de la sociedad, pues sus dispositivos son baratos y de fácil acceso.

SABÍAS QUE...

Desde su aparición, a finales del siglo XIX, el cine funcionó como transmisor de mensajes informativos. Por ejemplo, en los años 30 y 40, en la Alemania nazi y la Italia fascista, el cine fue utilizado como medio de propaganda: los gobernantes de ambos países lo entendían como una plataforma fundamental para transmitir a sus pueblos los alcances de sus gobiernos de ultraderecha.

Medios radiofónicos

En cuanto a la radio, su importancia radica en que quizás es el medio que con más prontitud consigue la información, pues, además de los pocos requerimientos que implica su producción, no necesita de imágenes para comunicar, tan solo estar en el lugar de los hechos, o en una cabina de sonido, y emitir.

La radio ejerce su función periodística cuando transmite noticias, entrevistas, opiniones y acontecimientos que el público puede conocer en el momento en que se están produciendo.

Entre sus características singulares se encuentra la rapidez y la oportunidad, pero al penetrar solo por los oídos obliga al oyente a realizar un esfuerzo de retención prácticamente imposible. Su mensaje informativo no puede conservarse con fijeza; el radioyente está imposibilitado para buscar una ampliación del mensaje, abarcar los datos de manera global, repetir la "lectura", escoger lo que le parece más importante. La radio tampoco puede presentar apoyos gráficos a la información, de tal modo que proporcione una comprensión más amplia de la información que difunde.

Desde su aparición en los años 20, los productores radiales se enfocaron en la transmisión de información basada en la creación sonora de imágenes y escenarios. Hoy en día, por medio de entrevistas con los protagonistas de las noticias y paisajes sonoros (ambientes, voces de personajes, canciones, entre otros), con los que se recrean universos o se evocan lugares, un programa de radio acompaña la cotidianidad de los oyentes: al tiempo que transmite la información, la radio genera emociones trascendentales en los oyentes.

Las características técnicas de la radio hacen que los formatos sean más limitados que los de la televisión o el cine, por lo que la transmisión de información se hace mediante programas de entrevista siempre intercalados con mensajes comerciales o música, paneles de discusión, transmisión de conciertos o de noticias con pequeñas cápsulas informativas.

Radio

NOTA

A pesar del creciente desarrollo tecnológico, a comienzos del siglo XXI la radio aún conserva su capacidad para emocionar e informar al mismo tiempo.

ACTIVIDAD COMPLEMENTARIA

5. Realice un análisis comparativo de la televisión y la radio como medios de comunicación, indicando las diferencias y semejanzas entre ambas, y señalando las ventajas e inconvenientes que puede plantear su uso.

Medios impresos

Aquí se ubican los periódicos, las revistas, los folletos, los trípticos, los volantes y, en general, todas las publicaciones impresas en papel que tengan como principal objetivo informar. Requieren de un sistema complejo de distribución, que hace que no todo el mundo pueda acceder a ellos. Sin embargo, su efecto es más duradero, pues se puede volver a la publicación una y otra vez para analizarla, para citarla, para compararla. Hay medios impresos para todo tipo de público, no solo para el que se quiere informar acerca de la realidad, sino que también los hay para los jóvenes, para los aficionados a la moda, a la música, a los deportes, etc. Es decir, hay tantos medios impresos como grupos en la sociedad.

La prensa es el medio periodístico tradicional y puede permanecer en poder del público indefinidamente. Las publicaciones impresas pueden conservarse en una casa, en una biblioteca, en un archivo, en una hemeroteca, etc. para su consulta posterior, sin que se requiera la tecnología audiovisual que exigen los medios electrónicos.

Los periódicos y revistas están definidos por su fisonomía editorial y física. La fisonomía editorial está signada por la naturaleza de los asuntos que se abordan y la política editorial de cada empresa periodística: su posición ideológica y política frente a los hechos de interés colectivo. La fisonomía física está dada por la presentación, tamaño, tipografía, distribución de materiales gráficos y escritos, distribución de secciones, clase de papel, etc.

Periódicos, revistas y folletos

SABÍAS QUE...

En el mundo tecnológico de finales del siglo XX y comienzos del siglo XXI, caracterizado por la inmediatez en el flujo de la información, la lectura de textos extensos comenzó a perder interés en el público. Sin embargo, los medios impresos han buscado nuevas maneras de transmitir la información cotidiana, apelando al uso de recursos audiovisuales.

ACTIVIDAD COMPLEMENTARIA

6. Un periódico es una publicación editada normalmente con una periodicidad diaria (diario) o semanal (semanario). Ponga ejemplos de estos dos tipos, indicando los rasgos característicos de cada uno de ellos.
7. Indique los diferentes tipos de revistas que se pueden encontrar en el mercado. Señale sus características y ponga algunos ejemplos.

Medios digitales

Desde finales de la década de 1980, las llamadas "nuevas tecnologías" comenzaron un proceso de masificación que definió el camino a seguir de los medios de comunicación. A partir de los medios digitales se construyeron nuevas plataformas informativas, alojadas en internet y constituidas por herramientas audiovisuales, formatos de interacción y contenidos de carácter virtual. Con el desarrollo de nuevos modelos de ordenadores, desde la década de 1990, el público tuvo acceso a una forma novedosa de entender la transmisión de la información: no solo los jóvenes o los amantes de la tecnología podían tener un ordenador y explorar en el infinito mundo de internet, ahora todos los individuos de la sociedad podrían leer, complementar y hasta crear sus propios medios de comunicación. En ese sentido, actualmente, los medios digitales se encuentran en un proceso de expansión hacia todos los sectores de la sociedad.

Una de sus ventajas, a nivel de producción, es que no requieren ni de mucho dinero ni de muchas personas para ser producidos, pues basta tan solo una persona con los suficientes conocimientos acerca de cómo aprovechar los recursos de que dispone la red para que puedan ponerse en marcha.

Entre los medios digitales sobresalen los blogs, las revistas virtuales, las versiones digitales y audiovisuales de los medios impresos, páginas web de divulgación y difusión artística, y emisoras de radio virtuales, entre otros.

Medios digitales

NOTA

La rapidez, la creatividad y la variedad de recursos que utilizan los medios digitales para comunicar hacen de ellos una herramienta muy atractiva. Su variedad es casi infinita, casi ilimitada, lo que hace que, día a día, tengan más acogida, y un gran número de personas se inclinen por ellos para crear, expresar, diseñar, informar y comunicar.

Otro tipo de medios son los **medios exteriores.** A este tipo de medios pertenecen las vallas y carteles. En ellos, para la difusión del mensaje se aprovecha la circunstancia de que serán vistos repetidamente por los receptores, cosa que no ocurre, por ejemplo, con los medios impresos, en los que cada exposición exige un precio diferente. Esta facilidad también tiene sus inconvenientes, ya que, como consecuencia de esa repetición, el mensaje se desgasta e, incluso, pasa a formar parte del paisaje, disminuyendo su eficacia.

Vallas

ACTIVIDAD COMPLEMENTARIA

8. Observe las vallas y carteles publicitarios que se encuentren en su localidad, y describa qué tipo de mensajes ofrecen.

3. Distinción entre lenguaje, lengua y habla

HILO CONDUCTOR

En la clase que Susana dará hoy en el instituto Barahona pretende que el alumnado indague sobre algunos términos. Así, ella comienza preguntando si los conceptos de habla y lengua son lo mismo. Espera abrir un debate interesante entre el alumnado, así como la máxima participación.

El **lenguaje humano** es la facultad o capacidad que tiene el hombre para comunicarse por medio de un sistema de signos vocales. Este sistema de signos orales recibe el nombre de **lengua.** Las lenguas son, en consecuencia, el producto de esta facultad.

El lenguaje humano es también el conjunto de lenguas que habla y ha hablado la humanidad.

La lengua es, pues, el fruto de esa facultad conocida como lenguaje. También se entiende el término lengua como sinónimo de idioma. Así, existe la lengua española, inglesa, francesa, etc. Por tanto, lengua es el idioma que un determinado grupo de personas de un país concreto usa para comunicarse de manera efectiva.

La lengua está constituida por un conjunto de signos distintos pero dependientes entre sí (el código), los cuales tienen la capacidad de relacionarse, de combinarse entre ellos (el sistema). Los hablantes de una determinada lengua deben conocer uno y otro para conseguir la efectividad de la comunicación. La lengua incluye, por tanto, los conceptos de **código** y **sistema,** como se aprecia en el siguiente cuadro.

CÓDIGO + SISTEMA

DEFINICIÓN

Código
Es el almacenamiento dentro del cual se escogen las unidades para construir los mensajes o enunciados.

Sistema
Comprende el conjunto de reglas según las cuales está permitido combinar los signos o unidades entre sí.

En cada sistema de comunicación humana hay que distinguir lo que es lengua de lo que es **habla.**

Se ha definido ya el concepto de lengua. Lo que se pretende subrayar ahora es lo siguiente: que los signos del código y las leyes del sistema se encuentran almacenados en la mente de los hablantes. Por consiguiente, la lengua no existe más que en la mente de los hablantes.

En efecto, la lengua no existe. Es algo abstracto, no concreto. Lo que se dice que es la lengua no es otra cosa que aquello que los gramáticos dicen que es la lengua. Lo que sí existe es el habla, esto es, lo que los hablantes dicen.

DEFINICIÓN

Habla
Es el acto concreto de la comunicación, es decir, la utilización que los hablantes hacen de la lengua. Por tanto, en la caracterización del habla influyen las características personales (edad, sexo, cultura, etc.) de cada hablante.

Lengua y habla son términos totalmente relacionados, aunque pertenezcan a planos distintos, ya que no puede haber habla sin el sistema de la lengua, y la lengua necesita el acto concreto del habla para manifestarse.

Como se ha visto, lengua y habla tienen un nexo común, que es la comunicación humana. Pero, al mismo tiempo, presentan claras diferencias entre ellas. A continuación, se exponen las diferencias existentes entre la lengua y el habla en el siguiente cuadro.

Lengua	Habla
Es un concepto abstracto.	Es un acto concreto, real.
Pertenece a todos los hablantes de una misma comunidad lingüística. Es social.	Es un acto individual.
Es obligatoria.	Es un acto de selección lingüística, por tanto, pertenece al reino de la libertad individual.
Constituye el objeto de la ciencia.	Constituye el objeto de la investigación, del análisis.

NOTA

Saussure, el padre de la lingüística moderna, definió la lengua como "un producto social de la facultad del lenguaje", y realizó la siguiente distinción: llamó lengua al código y habla al mensaje.

ACTIVIDAD COMPLEMENTARIA

9. Explique brevemente a qué hacen referencia los conceptos de lenguaje, lengua, habla, código y sistema.

Se ha definido el lenguaje como la facultad que tienen los seres humanos, frente a los animales, para hablar. El resultado de esta facultad son las lenguas. Por tanto, es fácil constatar que nuestra realidad es plurilingüe. En el mundo se hablan numerosas lenguas: español, inglés, francés, árabe, alemán, chino, etc.

Frente a la universalidad del lenguaje (una sola facultad para todos los hombres), se da una enorme **diversidad de lenguas** que el hombre ha hablado y habla en nuestro mundo (múltiples manifestaciones o productos de esa misma facultad).

Esta diversidad, que no es fija, sino cambiante, se debe a diferentes causas, que están relacionadas con la actividad humana: su organización en diferentes comunidades o grupos sociales, las costumbres adquiridas, las diferentes circunstancias vividas, etc.

EJEMPLO

La existencia de pueblos que hoy tienen lenguas diferentes y que en un momento de su historia tuvieron una lengua en común. Tal es el caso del latín, diversificado hoy en varias lenguas.

Por otra parte, tampoco se debe pensar que existe una correspondencia entre la diversidad política y la lingüística: una lengua puede hablarse en distintas naciones. Por ejemplo, el idioma español es hablado por argentinos, chilenos, peruanos, mejicanos, etc. Y, a la inversa, en una única nación (España) pueden coexistir varias lenguas en uso (español, euskera o vasco, gallego, catalán).

También se puede hablar de diversidad en el uso de una misma lengua. Baste observar que no se habla el español igual en Castilla que en Andalucía; la zona geográfica impone usos fonéticos, léxicos e incluso gramaticales distintivos, formas diferentes de hablar la misma lengua.

El grado de instrucción, así como el nivel socioeconómico del hablante, influyen también en su manera de expresarse. Y hasta la situación influye en el uso que hace de su lengua un mismo hablante.

Lo que se observa, pues, al analizar una lengua, es su gran diversidad, la cantidad de usos diferentes que de ella se hace (por motivos geográficos, por motivos sociales, por motivos de situación, etc.).

¿No se corre el peligro, entonces, de que los hablantes de una misma lengua no se entiendan? ¿Qué es lo que asegura su unidad?

Gracias a un modelo ideal de lengua que todos sus hablantes reconocen como "buen español" (o "buen inglés" o "buen francés") y que consiste en un "español culto" (o en un "inglés o francés culto"), gracias a un sistema de reglas gramaticales y una base léxica comunes, y gracias, también, a la labor desarrollada por las Academias de las Lenguas, queda asegurada la unidad de una lengua, el que un mismo sistema de comunicación sea apto para todos los hablantes.

3.1. Explicación de las funciones del lenguaje e intención comunicativa: expresiva, poética, apelativa, fática, representativa, metalingüística

Hablar de las funciones del lenguaje es hablar de para qué sirve el lenguaje. El lenguaje sirve, fundamentalmente, para **comunicarse.** Son múltiples las cosas que un hombre puede comunicar, por lo tanto, son también múltiples las funcionalidades que pueden encontrarse en el lenguaje.

Lo que han hecho los lingüistas es sistematizar todas esas múltiples funcionalidades, asignando a cada elemento de la comunicación una funcionalidad principal. Así pues, a cada uno de estos factores de la comunicación le corresponde una función del lenguaje:

- Al emisor le corresponde la **función emotiva o expresiva.**
- Al receptor le corresponde la **función conativa o apelativa.**
- Al mensaje le corresponde la **función poética o estética.**
- Al código le corresponde la **función metalingüística.**
- Al canal le corresponde la **función fática o de contacto.**
- A la situación le corresponde la **función referencial.**

Se desarrolla la **función emotiva** cuando el hablante usa la lengua para hablar de sí mismo. El mensaje se orienta sobre el emisor. Ejemplo: "Estoy apenado", "¡Qué mal me encuentro!" o "Me gustaría salir de viaje".

La **función conativa** es desarrollada cuando se usa la lengua para mover de actitud física o mental al receptor. El mensaje se orienta ahora sobre el receptor.

 EJEMPLO

Las situaciones en las que queremos convencer con argumentos a alguien para que piense como nosotros, para alcanzar un acuerdo o para que actúe de una manera determinada, a esto nos referimos con la expresión "mover de actitud mental". "Siéntate", "Acércame el libro" o "Cierra la puerta" son ilustraciones de la expresión "mover de actitud física".

La **función poética** hace referencia a la virtualidad que tiene el lenguaje humano de crear un mensaje que es atractivo en sí mismo, un mensaje que no pase desapercibido a la inteligencia del receptor. Se dice entonces que el mensaje se orienta sobre sí mismo. Las figuras retóricas, la métrica y otros recursos ayudan a que el mensaje pueda ser recordado con más facilidad, a que posea una mayor retentiva.

 EJEMPLO

Recordemos cómo la tabla de multiplicar era cantada para su mejor memorización, o cómo los anuncios se valen de recursos retóricos para ser recordados: "No compre un televisor sin ton ni son, compre un...".

La **función metalingüística** consiste en usar la lengua para hablar de ella misma. El mensaje se orienta ahora sobre el código. Se trata de una capacidad exclusiva del lenguaje humano.

EJEMPLO

Cuando preguntamos en una conversación "¿qué significa la palabra tálamo?" o "¿qué entiendes por lógico?", estamos desarrollando esta función. Lo mismo ocurre en una clase o un libro de gramática.

Existen dos ejemplos claros en los que se desarrolla la **función fática o de contacto:** uno, aquellas expresiones como "hola", "buenas tardes", "¿qué tal?", etc., cuya verdadera intención es la de iniciar una conversación. Otro, esas expresiones dirigidas a asegurar la comunicación entre los interlocutores, como "sí... sí... sí...", "¿me oyes?", "¿verdad?", "¿no?", etc. El mensaje se orienta así sobre el canal.

Y cuando orientamos el mensaje hacia la situación, es decir, cuando usamos el lenguaje para referirnos a objetos, personas, sucesos... de nuestro entorno, decimos que estamos desarrollando la **función referencial.**

En el siguiente esquema se exponen las funciones del lenguaje en relación con los diferentes elementos de la comunicación.

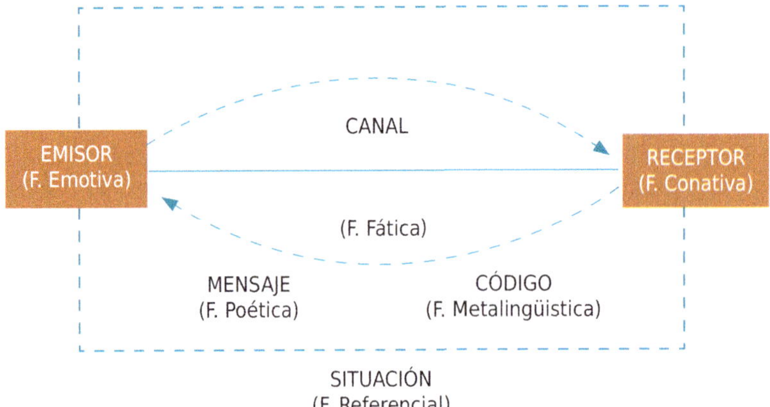

El lingüista George Yule, en *El lenguaje,* habla de dos funciones principales del uso del lenguaje: la función de interacción y la función de transacción.

La **función de interacción** está relacionada con la forma en que los humanos usamos el lenguaje para interactuar unos con otros, social o emocionalmente; con la manera en que indicamos amistad, cooperación u hostilidad, o aburrimiento, dolor o placer.

Según Yule, otra función importante del lenguaje es la **función de transacción,** por la que los humanos usamos nuestras capacidades lingüísticas para comunicar conocimientos, habilidades e información. Esta función debe de haberse desarrollado para transmitir el conocimiento de una generación a otra. Pero dicha función queda muy limitada en tiempo y espacio, ya que solo puede realizarse hablando.

APLICACIÓN PRÁCTICA

Indique las funciones del lenguaje predominantes en las siguientes oraciones (emotiva o expresiva, conativa o apelativa, poética o estética, metalingüística, fática o de contacto, referencial).

a. ¿Quieres venir al cine?
b. Me llamo Luis, soy un joven estudiante de este centro.
c. ¿Oiga...? ¿Me oye...?
d. La tierra es redonda y gira alrededor del sol.
e. El infinitivo de la primera conjugación termina en -ar.
f. Verde que te quiero verde, verde viento, verde rama...

Solución

a. Función conativa o apelativa.
b. Función emotiva o expresiva.
c. Función fática o de contacto.
d. Función referencial.
e. Función metalingüística.
f. Función poética o estética.

3.2. Utilización de la lengua para adquirir conocimientos, expresar ideas, sentimientos propios, y regular la propia conducta

La lengua castellana, así como todo el conjunto de lenguas, extranjeras y propias, contribuye al desarrollo de la habilidad para expresar e interpretar conceptos, pensamientos, hechos y opiniones de forma oral y escrita, y para interactuar de una manera adecuada y creativa en múltiples contextos sociales y culturales.

El lenguaje ayuda, de esta manera, a construir una imagen del mundo, de la personalidad, mediante el desarrollo de la capacidad de expresar vivencias, emociones, sentimientos e ideas, y a regular la propia conducta, proporcionando un equilibrio.

Se aprende a hablar y a escuchar, y a leer y escribir, para la interacción comunicativa, pero también para adquirir nuevos conocimientos. Por tanto, el lenguaje, además de instrumento de comunicación, es un medio de representación del mundo y está en la base del pensamiento y del conocimiento.

Aprender a usar la lengua es también aprender a analizar y resolver problemas, trazar planes y emprender procesos de decisión, ya que una de las funciones del lenguaje es regular y orientar nuestra propia actividad. Por ello, la adquisición de habilidades lingüísticas propicia el progreso en la iniciativa personal y en la regulación de la propia actividad con progresiva autonomía.

El hecho de aprender una lengua no es únicamente apropiarse de un sistema de signos, sino también de los significados culturales que estos transmiten y, con estos significados, de los modos en que las personas entienden o interpretan la realidad.

El lenguaje es un poderoso instrumento para ayudar a la convivencia, para expresar ideas, sentimientos y emociones y, en definitiva, para regular la propia conducta.

Por otra parte, el aprendizaje de la lengua contribuye decisivamente al desarrollo de un conjunto de habilidades y destrezas para las relaciones, la convivencia, el respeto y el entendimiento entre las personas. En efecto, aprender lengua es aprender a comunicarse con los otros, a comprender lo que estos transmiten y a aproximarse a otras realidades. Por tanto, es fundamental un buen uso de los códigos y usos lingüísticos como base para una buena comunicación, desde el punto de vista del respeto, el diálogo y el consenso.

NOTA

La lengua debe ser tratada con un enfoque interdisciplinar, como medio de comunicación y de adquisición y transmisión del conocimiento.

Como ya se ha explicado, la lengua castellana, y todas las lenguas en general, son instrumentos de comunicación y de creación pensamiento. De esta manera, la utilización de la lengua castellana favorece la adquisición del sentido de la iniciativa y el espíritu emprendedor en la construcción de estrategias, en la toma de decisiones, en la comunicación de proyectos personales y en la base de la autonomía personal.

La comunicación, verbal y no verbal, de las diferentes lenguas que se utilicen, contribuirá al aumento de la autoestima y desarrollo personal, y garantizará una adecuada interacción social. Esta interacción social es propiciada por la utilización de la lengua, que ayuda a comunicarse con otras personas, a comprender lo que estas transmiten, a tomar contacto con distintas realidades y a asumir la propia expresión como modalidad fundamental de apertura a las demás personas, facilitando así la integración social y cultural de las personas.

De esta manera, el lenguaje contribuye al equilibrio afectivo y personal, y a construir una representación del mundo socialmente compartida y comunicable que, como se ha indicado, favorece la integración social y cultural de las personas, y, por tanto, el desarrollo y progreso de la sociedad.

Por último, es necesario destacar también que el desarrollo de la capacidad para interactuar de forma competente mediante el lenguaje en las diferentes esferas de la actividad social contribuye de un modo decisivo al desarrollo de todos los aspectos que conforman la comunicación lingüística. Además, las habilidades y estrategias para el uso de una lengua determinada y la capacidad para tomar la lengua como objeto de observación, aunque se adquieren desde una lengua, se transfieren y aplican al aprendizaje de otras.

RECUERDA

El buen desarrollo de la actividad comunicativa favorece y ayuda a la mejora de la adquisición de conocimientos.

ACTIVIDAD COMPLEMENTARIA

10. ¿De qué manera contribuye la lengua a la integración social y cultural de las personas, así como a la regulación de la propia actividad?

APLICACIÓN PRÁCTICA

Usted va a ser contratado para trabajar impartiendo clases de Lengua castellana en un centro educativo, donde se le pide que presente la programación didáctica en la cual se basará el curso (objetivos, contenidos de la materia, etc.).

En dicha programación debe quedar reflejada la importancia de esta asignatura para que el alumnado pueda adquirir nuevos conocimientos, expresar sus ideas y sentimientos, así como llegar a regular su propia conducta. ¿De qué manera abordaría esta cuestión?

Solución

Esta cuestión debe abordarse incidiendo en el hecho de que el lenguaje, además de un instrumento de comunicación, es también un poderoso instrumento para adquirir nuevos conocimientos, para expresar ideas y sentimientos, para regular la propia conducta, proporcionando un equilibrio, y para ayudar a la convivencia entre los alumnos.

Continúa en página siguiente >>

<< Viene de página anterior

Mediante el lenguaje, el alumno puede construir una imagen del mundo, de la personalidad, mediante el desarrollo de la capacidad de expresar vivencias, opiniones y emociones.

Por otra parte, aprender a usar la lengua es también aprender a analizar y resolver problemas, trazar planes y emprender procesos de decisión. Por ello, la adquisición de habilidades lingüísticas ayuda al alumno a progresar en su iniciativa personal y en la regulación de su propia actividad con progresiva autonomía.

La utilización de la lengua es imprescindible también para comunicarse con otras personas, para comprender lo que estas transmiten y para aproximarse a otras realidades, asumiendo la propia expresión como modalidad fundamental de apertura a las demás personas.

Por último, el lenguaje proporciona al alumno un equilibrio afectivo y personal, que le permite construir una representación del mundo socialmente compartida y comunicable, que favorece la integración social y cultural y, por tanto, el desarrollo y progreso de la sociedad.

3.3. Explicación de las variedades sociales en el uso de la lengua. Usos formales e informales

La lengua no es un instrumento homogéneo para todos los hablantes, ni un mismo hablante la utiliza de la misma manera en diferentes contextos. Se trata, pues, de un medio de comunicación fuertemente diversificado.

Las **variedades sociales o diastráticas** son las variedades motivadas principalmente por la clase social o estrato sociocultural al que pertenecen los hablantes de una lengua.

Las sociedades humanas se organizan internamente en clases que se distribuyen en forma de estratos. Cada estrato social posee un conjunto de rasgos propios, entre ellos, los lingüísticos, que lo hacen diferente a los demás.

Las diferencias lingüísticas entre las distintas capas sociales son claramente perceptibles. A grandes rasgos, se distinguen dos niveles de uso bien contrastados:

- El nivel que corresponde a la clase social alta y media-alta: **nivel culto.**
- El nivel que corresponde a la clase social baja y media-baja: **nivel vulgar.**

En realidad, se trata de niveles socioculturales, puesto que es el grado de cultura de la persona hablante el que determina uno u otro nivel.

DEFINICIÓN

Nivel culto
Se encuentra próximo a la lengua literaria y funciona como ideal de lengua o modelo de corrección.

Nivel vulgar
Constituye un sistema pobre, con una gramática sencilla y un léxico muy reducido, propio de las capas más modestas de la población.

Además de las diferencias lingüísticas motivadas por causas socioculturales, en este mismo plano diastrático se pueden establecer otras que se producen por razones de sexo, edad o tipo de profesión.

En lo que respecta a las diferencias entre los niveles vulgar y culto de la lengua, cabe destacar que el nivel vulgar recibe también los nombres de **código restringido** y **lenguaje vulgar.** Se trata, como se ha visto anteriormente, de un uso restringido o informal de la lengua, propio de personas poco instruidas. Frente al uso vulgar, se destaca el uso culto o **código elaborado** y **lenguaje formal,** propio de las personas instruidas.

Los rasgos característicos de estos dos niveles son los que se presentan a continuación:

- Nivel culto:

  1. Uso artificial y reflexivo de la lengua.
  2. Importancia tanto del contenido como de la forma.
  3. Variedad léxica, con un uso apropiado y exacto.
  4. Uso de oraciones largas y complejas.
  5. Orden en la exposición de los contenidos.
  6. Uso de construcciones personales.
  7. Se evitan las repeticiones. Riqueza de conjunciones y locuciones conjuntivas (“antes que”, “después que”…).

8. Uso de expresiones corteses, poco directas y rigurosas. Frente a "¡cállate!", se prefiere "sería mejor que hicieses menos ruido", o"por favor, ¿podrías guardar un poco de silencio? Gracias".
9. Se evitan las formas perifrásticas: se trata de decir lo mismo con las menos palabras posibles.
10. Ausencia de apelaciones de consenso.
11. Uso de la voz pasiva.
12. Búsqueda de la expresión personal (se huye de las frases hechas).

- Nivel vulgar:

1. Uso espontáneo de la lengua.
2. Se da más importancia al contenido que a la forma.
3. Vocabulario escaso e inespecífico (limitación acusada en el caso de adjetivos y adverbios).
4. Oraciones cortas, simples, inacabadas, de sintaxis pobre.
5. Desorganización del contenido de la información.
6. Abundancia de construcciones impersonales: "y es que uno es...", "se va tirando...", "y dice uno...", etc.
7. Empleo repetitivo de expresiones como "o sea", "entonces", "pues", etc.
8. Afirmaciones, negaciones y mandatos categóricos: "que fue así", "que te lo digo yo", "¡ni hablar!", "¡porque te lo mando yo!", etc.
9. Reticencia a usar afirmaciones con verbo en futuro: "el domingo queremos ir a...", en lugar de "iremos".
10. Frecuente apelación al consenso del interlocutor: "¿no?", "¿verdad?", "¿comprendes?", "¿te das cuenta?", etc.
11. Uso de la pasiva-refleja o pasiva de "se": "se vende un apartamento".
12. Resistencia a usar expresiones personalizadas e individualizadas. Uso de frases comunes y estereotipadas.

ACTIVIDAD COMPLEMENTARIA

11. Defina los niveles culto y vulgar de la lengua, y resuma los rasgos que caracterizan a cada uno de ellos.

Un uso vulgar y restringido de la lengua acerca, por lo tanto, a un código pobre, rutinario, impersonal, categórico, simplificador de los conceptos (en política, en el trabajo, en la vida familiar, etc.), de los sentimientos y las relaciones entre los individuos.

APLICACIÓN PRÁCTICA

Identifique las características propias del lenguaje vulgar que encuentre en el siguiente texto.

¿Pues no lo estamos viendo toos, que anda usté desbaratando su hacienda pa darles a los unos lo que les quita usté a los otros? Y eso no está bien. La María Juana será too lo hija que usté quiera, y naide vamos a tacharle a usté que haiga usté mirao siempre por ella y no haiga usté hecho lo que otros muchos en su caso...

Solución

Se observan en el texto los siguientes rasgos propios del nivel vulgar de la lengua:

- Uso espontáneo de la lengua.
- Se da más importancia al contenido que a la forma.
- El vocabulario es escaso e inespecífico.
- El contenido está desorganizado.
- Construcciones impersonales ("naide vamos a tacharla").
- Empleo de perífrasis o rodeos ("estamos viendo", "haiga usté mismo").
- Uso de vulgarismos ("naide", "haiga").

Todos los hablantes de una determinada lengua saben reconocer cuándo alguien hace un buen uso del idioma y cuándo no, esto se debe a que en todos ellos existe un ideal de lengua que favorece la unidad de la misma.

Se llama **norma lingüística** al conjunto de reglas que una comunidad concreta sigue, para hacer un uso correcto de su lengua o idioma.

IMPORTANTE

Conocer y seguir la norma de una determinada lengua posibilita la corrección de la misma.

Es frecuente y normal que un niño que está aprendiendo a hablar diga "cabo" en lugar de "quepo", o "sabí" en vez de "supe". Esto es porque el niño ha seguido la norma o lógica del sistema que está aprendiendo. No conoce aún que, en ocasiones, sobre la lógica o norma del sistema se impone otra norma: la **norma culta** o norma de corrección. Es esta última la que impone que los usos verbales correctos son "quepo" y "supe", y que es incorrecto decir "cabo" y "sabí".

Es un hecho que la mayoría de hispanohablantes conocen la norma culta o de corrección del español, puesto que es muy frecuente sonreír al escuchar decir "cabo" o "sabí". Y es que es muy importante hablar y escribir conforme a la norma de la lengua que utilizamos.

La norma culta o de corrección viene fijada por la tradición, constituyendo la variante más prestigiosa, la que emplean las gentes instruidas, como escritores y personas doctas.

CONSEJO

La norma culta o norma de corrección es la que debemos aprender y seguir, puesto que favorece y mejora el proceso comunicativo.

4. Diferenciación entre comunicación oral y escrita

HILO CONDUCTOR

En esta ocasión, Susana indica que el proceso de comunicación escrita muestra una sintaxis más estructurada, afirma además que dicha comunicación, aunque no cuenta con elementos extralingüísticos como los gestos o la entonación, sí que puede hacer uso de elementos o signos de puntuación para poder insinuarlos.

La **lengua escrita** es la representación gráfica de la lengua oral mediante la utilización de signos gráficos y letras. Los soportes empleados para plasmar esta representación gráfica (históricamente muy diversificados y, en la actualidad, básicamente el papel y los nuevos medios procedentes del campo de la informática) han permitido a la lengua escrita poseer un carácter de **permanencia.**

El hecho de que la lengua escrita haya podido permanecer en soportes perdurables en el tiempo ha permitido su acumulación y, consiguientemente, la aparición del saber humano (ciencia, filosofía, literatura, arte...). El conocimiento de los saberes pasados solo ha sido posible gracias a la lengua escrita y a su perdurabilidad.

Sin embargo, hay que precisar que la lengua escrita no es simplemente la transcripción de la lengua oral. Es fundamental comprender que ambas lenguas son dos variantes de la misma lengua, y que lo que las diferenciabásicamente es el contexto comunicativo en el que se producen.

Mientras que la **lengua oral,** por su carácter de **inmediatez,** necesita la presencia del oyente que la capta en el mismo acto comunicativo, la lengua escrita no precisa que el receptor esté presente en el acto comunicativo, y su recepción no tiene momento señalado para que se produzca.

NOTA

Es bien conocida la capacidad de la lengua escrita para influir en el desarrollo del cerebro humano y en la aparición del pensamiento.

El uso de la escritura hizo que el hombre llegara a la segmentación del discurso en palabras, le permitió ordenarlas lógicamente. Asimismo, contribuyó a la aparición del raciocinio y al desarrollo de formas superiores de conocimiento.

Por otra parte, en las sociedades culturalmente avanzadas, los individuos, que adquieren un alto manejo de la lengua escrita, reciben un reconocimiento social del que no gozan las personas que carecen de él. Sin las habilidades y las capacidades que brinda la lengua escrita, la adaptación a las exigencias de un contexto social desarrollado resulta, si no imposible, muy difícil.

En este sentido, hay que señalar que el adecuado **aprendizaje** de la lengua escrita requiere un esfuerzo considerable (porque se trata de la adquisición de reglas y convenciones que forman un código muy elaborado), que no es fácil abordar si no se cuenta con un medio social favorable y unos instrumentos que lo faciliten.

Como se ha explicado, la lengua escrita y la lengua oral son dos variantes de una misma lengua. Entre ambas existen claras diferencias, que se ofrecen a continuación:

- Lengua escrita:
  - Sintaxis estructurada:
    - Respeto del orden gramatical de la oración.
    - Presencia de períodos oracionales complejos, con frecuentes proposiciones subordinadas.
    - Uso muy perfeccionado de los marcadores de texto (conjunciones, locuciones conjuntivas...) y de otros elementos lingüísticos.
  - Ausencia de elementos extralingüísticos (gestos, entonación...), solo insinuados por algunos signos de puntuación.
  - Vocabulario variado y selecto, ya que en la lengua escrita es posible la preparación, la planificación y la corrección del texto.
  - Mensaje poco redundante, sin repeticiones y con una información muy concentrada.
  - Recepción del mensaje en un solo acto comunicativo, lo que permite al lector una lectura reposada y fraccionada del mismo.
- Lengua oral:
  - Sintaxis poco estructurada:
    - Cambios del orden de las oraciones.
    - Presencia de oraciones inacabadas y sin sentido, y escasa subordinación.
    - Uso de marcadores tópicos del texto ("creo", "sabes", "desde luego", "o sea"...).
  - Abundancia de elementos extralingüísticos (gesticulación, cambios frecuentes de tono...).
  - Pobreza de vocabulario. Empleo de palabras-baúl, muletillas, abundancia de palabras con valor deíctico.
  - Redundancia en los mensajes con frecuentes repeticiones, información incompleta y poco importante, vacilaciones en los enunciados.

- La recepción del mensaje se realiza en el momento en que se produce; una vez emitido, el mensaje no puede ser rectificado ni modificado.

ACTIVIDAD COMPLEMENTARIA

12. Enumere las diferencias que existen entre la lengua escrita y la lengua oral.

APLICACIÓN PRÁCTICA

Indique las diferencias que existen entre los dos textos que aparecen a continuación. Después, explique a qué variante de la lengua pertenece cada texto.

Texto 1

Algunos días, bastantes, estuvo el carnet sobre la mesa del puesto de mando. No había quien entrase, así fuera para dejar la diaria ración de pan a los oficiales, que no lo tomara en sus manos; le daban ochenta vueltas en distracción de la charla, y lo volvían a dejar ahí hasta que otro ocioso viniera a hacer lo mismo. Por último ya nadie se ocupó ya más del carnet. Y un día, el capitán lo depositó en poder del teniente Santolalla.

Francisco Ayala: La cabeza del cordero.

Texto 2

Subcomisario. Yo. Y una pensión de cinco mil pesetas al mes. ¿Qué tiene usted que decir? Mi jubilación como mozo de almacén de primera era de quince mil pesetas y ahora treinta mil. Me siento como si fuera rico y además, mire, subcomisario. Ya era hora de que me saliera algo bien. Mi mujer no se lo quiere creer. Está algo delicada con tantos disgustos. Yo le enseño la carta. Le enseño cada mes las treinta mil pesetas, y ella tozuda que tozuda. "Evaristo -yo me llamo Evaristo-, eso no puede acabar bien". ¿A usted qué le parece?

Manuel Vázquez Montalbán: Los mares del Sur.

Continúa en página siguiente >>

<< Viene de página anterior

Solución

- Texto 1:

    - Posee una sintaxis bien estructurada y guarda el orden gramatical de la oración, como puede verse en la totalidad de las oraciones que lo componen. Presenta algunos períodos complejos ("No había... manos") y utiliza los marcadores del texto con eficacia: "bastantes", "así fuera", "hasta que", "por último".
    - No hay ni siquiera insinuación de elementos extralingüísticos.
    - El vocabulario empleado es correcto y variado, sin llegar a ser demasiado refinado.

- Texto 2:

    - Presenta deficiencias en la estructuración de los períodos oracionales, como las oraciones inacabadas ("... y además, mire, subcomisario").
    - Aparecen frecuentes matices en la entonación para llamar la atención de un interlocutor: "¿Qué tiene usted que decir?", "¿A usted qué le parece?".
    - El vocabulario es vulgar y pobre.

Una vez identificadas y enumeradas las características propias de cada uno de los textos, se puede deducir que el texto de Francisco Ayala (texto 1) es un texto propio de la lengua escrita, mientras que el de Vázquez Montalbán (texto 2) lo es de la lengua oral.

5. Resumen

La comunicación es un acto mediante el cual uno o varios individuos transmiten a otro u otros una señal informativa, utilizando para ello una serie de conocimientos que tienen en común.

Los elementos que intervienen en el proceso de la comunicación verbal son: emisor, receptor, mensaje, código, canal y situación.

Los medios de comunicación son los instrumentos mediante los cuales se informa y se comunica de forma masiva. Se clasifican en diferentes tipos:

audiovisuales, radiofónicos, impresos y digitales. Otro tipo son los medios exteriores.

El lenguaje es una facultad que solo poseen los seres humanos frente a los animales, una facultad exclusiva que nos permite hablar. Resultado de esta facultad denominada lenguaje son las lenguas. Cada comunidad humana ha desarrollado la facultad del lenguaje según sus circunstancias, dando lugar a la diversidad de las lenguas.

En cada sistema de comunicación humana hay que distinguir lo que es estrictamente lengua de lo que es habla. La lengua es lo que estáalmacenado en la mente de los hablantes: los signos, con sus relaciones entre sí, porque no son signos aislados y agrupados, sino que constituyen un código, y las reglas o leyes que permiten sus combinaciones, el sistema. El uso que cada hablante hace de la lengua es el habla. El habla es, pues, lo que el hablante dice oescribe.

La capacidad del lenguaje es universal, común a todos los hombres, y cada comunidad ha desarrollado su propia lengua, por eso existen tantas lenguas diferentes en el mundo. Además, dentro de cada comunidad lingüística, dentro de cada lengua, pueden observarse diferentes usos o variedades.

Las diferentes funciones del lenguaje, relacionadas con los elementos de la comunicación, son: función emotiva o expresiva (el emisor habla de sí mismo); función conativa o apelativa (el emisor intenta cambiar la actitud física o mental del receptor); función poética o estética (el mensaje atrae la atención del receptor sobre sí mismo); función metalingüística (se usa el lenguaje para hablar del lenguaje mismo); función fática o de contacto (se usa la lengua para entablar la comunicación y para comprobar si el canal funciona);función referencial (se usa el lenguaje para ofrecer información sobre otros elementos que no sean ni el emisor ni el receptor).

La lengua posee un enfoque interdisciplinar, ya que, además de un medio de comunicación, es también un medio de adquisición y transmisión del conocimiento. En este sentido, el lenguaje se considera un poderoso instrumento para ayudar a la convivencia, para expresar ideas, sentimientos y emocionesy, en definitiva, para regular la propia conducta.

Las variedades diastráticas o sociales son las diferencias que se observan en el uso que hacen de la lengua los hablantes, según el estrato socioeconómico al que pertenecen. A grandes rasgos, se distinguen dos niveles o estratos: el de la clase media y media-alta, que hace un uso culto de la lengua, y el de la clase baja o media-baja, que hace un uso vulgar de la misma.

La lengua escrita es la representación gráfica de la lengua oral mediante la utilización de signos gráficos y letras. Sin embargo, la lengua escrita no es simplemente la transcripción de la lengua oral. La lengua escrita influye en el desarrollo del cerebro humano y en la aparición del pensamiento. Es necesario un aprendizaje adecuado de la lengua escrita en una sociedad culturalmente avanzada, aprendizaje que requiere un gran esfuerzo, puesto que se trata de la adquisición de reglas y convenciones que forman un código muy elaborado.

Ejercicios de autoevaluación Unidad de Aprendizaje 1

1. Indique si las siguientes afirmaciones son verdaderas o falsas.

a. No solo existe la comunicación humana, sino también la comunicación no humana o animal.

- Verdadero
- Falso

b. Para una buena comunicación es imprescindible una buena transmisión por parte del emisor, y una buena recepción por parte del receptor.

- Verdadero
- Falso

c. Los procesos de codificación y decodificación son independientes entre sí, y no dependen el uno del otro para que se haga efectiva la comunicación.

- Verdadero
- Falso

2. Cite los diferentes elementos que intervienen en el proceso de comunicación verbal. A continuación, descríbalos.

____

____

3. Complete el siguiente texto.

________ es todo aquel elemento innecesario y_______presente en el _________. A veces, son los elementos redundantes del mensaje los que ayudan a solucionar problemas de_________causados por_________.

4. Relacione cada elemento de la comunicación con la función del lenguaje que le corresponda.

a. Emisor.
b. Receptor.
c. Mensaje.
d. Código.
e. Canal.
f. Situación.

__ Función fática o de contacto.
__ Función poética o estética.
__ Función referencial.
__ Función emotiva o expresiva.
__ Función metalingüística.
__ Función conativa o apelativa.

5. ¿En qué consiste la comunicación bilateral?

____
____
____
____

6. Los periódicos, revistas y folletos se ubican dentro de...

a. ... los medios de comunicación digitales.
b. ... los medios de comunicación radiofónicos.
c. ... los medios de comunicación audiovisuales.
d. ... los medios de comunicación impresos.

7. Indique si las siguientes afirmaciones son verdaderas o falsas.

a. El cine es el medio más masivo por su rapidez, por la cantidad de recursos que utiliza y por la posibilidad que ofrece al público de ver los hechos y a sus protagonistas sin necesidad de estar presente.

- Verdadero
- Falso

b. Las publicaciones impresas pueden conservarse en una casa, en una biblioteca, en un archivo, en una hemeroteca, etc. para su consulta posterior.

- Verdadero
- Falso

c. La rapidez y la creatividad que utilizan los medios digitales para comunicar convierten a estos medios en una herramienta poco atractiva y falta de recursos, lo que hace que cada día tengan menos acogida.

- Verdadero
- Falso

8. Indique las diferencias existentes entre lengua y habla.

____

____

____

9. Uno de los rasgos característicos del nivel vulgar de la lengua es:

a. Importa tanto el contenido como la forma.
b. Se evitan las repeticiones.
c. Uso de la pasiva-refleja.
d. Uso de oraciones largas y complejas.

10. Complete el siguiente texto.

Mientras que la lengua _______________, por su carácter de _________ ________, necesita la presencia del _______________ que la capta en el mismo acto comunicativo, la lengua _____________ no precisa que el receptor esté _____________ en el acto comunicativo, y su recepción no tiene momento para que se produzca.

Unidad de aprendizaje 2

Conocimiento de los principios básicos en el uso de la lengua castellana

Contenido

1. Introducción
2. Utilización de enunciados. Características y modalidades. Diferencia entre oraciones y frases
3. Identificación de los tipos de oraciones (simples y compuestas)
4. Uso de sintagmas. Clases de sintagmas (nominal, preposicional, verbal, adjetival y adverbial)
5. Utilización de sujeto y predicado. Concordancia
6. Utilización de complementos verbales
7. Uso de oraciones compuestas: yuxtaposición, coordinación, subordinación. Enlaces y conectores
8. Utilización del vocabulario en la expresión oral y escrita
9. Uso de las reglas de ortografía
10. Resumen

Objetivos

El objetivo general de esta Unidad de Aprendizaje es:

→ Distinguir la estructura formal básica de comunicaciones orales y escritas en torno a la cual se organiza la información, así como las interrelaciones sencillas existentes entre diferentes aspectos o cualidades de la misma.

Los objetivos específicos de esta Unidad de Aprendizaje son:

→ Identificar las características propias que diferencian oraciones y frases.

→ Reconocer los diferentes tipos de oraciones, así como los elementos que las componen.

→ Reconocer en textos sencillos, los elementos lingüísticos y gramaticales que contribuyen a que la información presentada sea más clara, ordenada o convincente.

→ Utilizar adecuadamente el vocabulario en la expresión oral y escrita, ajustándose a las reglas gramaticales y ortográficas.

1. Introducción

En el presente unidad de aprendizaje se tratarán todos aquellos aspectos relacionados con el correcto uso de la lengua castellana.

Para comenzar, hay que destacar que la palabra es una unidad dotada de significado, es la unidad léxica mínima acentuable y limitada por pausas. Las palabras, bien solas o bien organizadas en grupos gramaticales, constituyen sintagmas que ejercen una función dentro de la oración; algunas equivalen a una oración.

La unidad de comunicación superior es el texto. Un texto se compone de oraciones o enunciados oracionales: puede estar constituido por una sola oración o por más de una. Pero también se pueden encontrar textos formadospor otro tipo de enunciados (no oracionales) que, como la oración, constituyen un mensaje completo.

La oración, unidad lingüística con autonomía semántica, sintáctica y fonológica, se compone de sintagmas, unidades intermedias de la lengua con una función determinada dentro de esa unidad superior que es la oración. Lo más característico de la oración es su estructura en sujeto (sintagma nominal) y predicado (sintagma verbal). El sujeto de la oración simple está formado principalmente por un nombre. Del mismo modo, el núcleo del predicado esel verbo.

Los complementos del sintagma nominal suelen ser un determinante, que normalmente aparece delante del núcleo, y un adyacente, que normalmente aparece detrás de este. Las funciones que el sintagma nominal desempeña en la oración son: sujeto, complemento directo, complemento circunstancial y atributo.

El sintagma verbal realiza principalmente la función de predicado. Está formado por un núcleo (centro de todos sus complementos) y opcionalmente por uno, ninguno o varios complementos.

Las oraciones simples son aquellas que constan de una sola proposición y se clasifican según el sujeto o según el predicado. Según el sujeto pueden ser: personales e impersonales; y según el predicado pueden ser: predicativas y copulativas-atributivas.

Las oraciones compuestas tienen un período oracional más complejo, formado por dos o más oraciones simples relacionadas entre sí. Por lo tanto, no se trata de la acumulación de varias oraciones simples, sino de la expresión de un contenido unitario estructurado en varias oraciones, llamadas proposiciones. Existen tres tipos de oraciones compuestas: coordinadas, subordinadas y yuxtapuestas. Las coordinadas se dividen en: copulativas, disyuntivas, adversativas, ilativas y explicativas. Las subordinadas se dividen en: sustantivas, adjetivas y adverbiales.

También hay unos nexos denominados preposiciones y conjunciones, cuya función es la de unir palabras, grupos de palabras y oraciones.

Otro tema importante que se estudiará en este unidad de aprendizaje es el uso del vocabulario en la expresión oral y escrita. Se tratarán los aspectos de la palabra relacionados con su formación y con su significado, las relaciones semánticas que se establecen entre las palabras, y la constitución del léxico de una lengua.

Asimismo, se prestará especial atención a la aplicación de las principales reglas ortográficas. La ortografía es la parte de la gramática que establece los principios normativos para la correcta escritura de las palabras de una lengua, como las mayúsculas, la acentuación, los signos de puntuación, etc.

Por último, cabe resaltar que el estudio de las reglas de ortografía es un complemento a otras tareas, como por ejemplo la lectura frecuente y constante, encaminadas a conseguir un óptimo dominio de la expresión escrita.

Para poder entender de una forma más práctica los principios básicos en el uso de la lengua castellana, seguiremos los casos a los que se enfrenta Susana durante su labor como profesora de lengua castellana y literatura en el Instituto Barahona.

2. Utilización de enunciados. Características y modalidades. Diferenciación entre oraciones y frases

 **HILO CONDUCTOR**

Durante el desarrollo de la clase, una de las alumnas pregunta a Susana si toda oración tiene que contener sujeto y predicado. Susana le indica que sí, de forma directa o indirecta, pudiendo ser el sujeto omitido o elíptico.

La unidad de comunicación superior es el **texto.** Un texto se compone de **oraciones o enunciados oracionales:** puede estar constituido por una sola oración o por más de una. Pero también se pueden encontrar textos formados por otro tipo de **enunciados** (no oracionales) que, como la oración, constituyen un "mensaje completo".

La oración es un tipo de enunciado. Según su estructura formal encontramos los siguientes enunciados:

1. **Enunciado oracional,** cuando coincide con una oración o todo un período oracional: "Encontrarás el libro en la biblioteca".
2. **Enunciado nominal:** "¡Buenos días!".
3. **Enunciado adjetivo:** "¡Magnífico!".
4. **Enunciado adverbial:** "¡Muy bien!".
5. **Enunciado interjectivo:** "¡Eh!".

Entre la oración y los otros tipos de enunciados, se observan los siguientes rasgos comunes:

- Son mensajes con sentido completo en sí mismos.
- Tienen autonomía sintáctica, es decir, no dependen de una unidad sintáctica superior.
- Presentan una entonación característica (enunciativa, exclamativa, desiderativa...).

Se diferencian en que la oración posee una estructura de **sujeto** + **predicado,** y los otros enunciados no.

EJEMPLO

- **Oración:**
    - El tren llega a las once
      S P
    - (Yo) volveré tarde
      S P
- **Enunciado:**
    - ¡Buenas tardes!
    - ¡Ay!
    - ¡Hola!

La oración, pues, es un tipo de enunciado que presenta cuatro características:

1. Autonomía semántica.
2. Autonomía sintáctica.
3. Articulación en sujeto y predicado.
4. Una línea melódica de entonación característica.

ACTIVIDAD COMPLEMENTARIA

1. Según su estructura formal, ¿cuáles son los diferentes tipos de enunciados?

Lo más característico de la oración es su estructura en sujeto y predicado. El sujeto de la oración simple está formado principalmente por un **nombre,** por eso el **núcleo** del sujeto es el nombre. Del mismo modo, el **núcleo** del predicado es el **verbo.**

A continuación, se muestra un ejemplo en el siguiente cuadro.

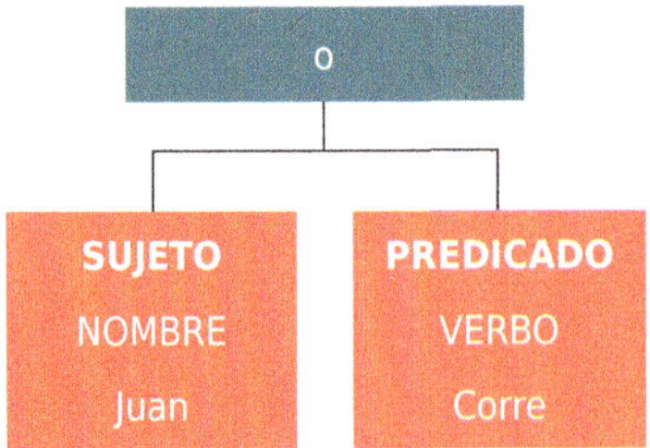

APLICACIÓN PRÁCTICA

Establezca cuál es el sujeto y el predicado en las siguientes oraciones.

a. La familia de mi vecino había sido emigrante.
b. El polvo lo manchó totalmente.
c. Las avenidas tenían los árboles secos.
d. Debió llegar antes la policía municipal.
e. Fuimos a la feria de Sevilla.

Continúa en página siguiente >>

<< Viene de página anterior

Solución

- La familia de mi vecino (Sujeto) había sido emigrante. (Predicado)
- El polvo (Sujeto) lo manchó totalmente. (Predicado)
- Las avenidas (Sujeto) tenían los árboles secos. (Predicado)
- Debió llegar antes (Predicado) la policía municipal. (Sujeto)
- Fuimos a la feria de Sevilla. (Predicado) (Sujeto omitido: "Nosotros").

El sustantivo sujeto informa al verbo de los morfemas gramaticales de **número** y **persona.** Esta concordancia se puede observar en los siguientes ejemplos.

- El niño (3ª persona y singular) → corre (3ª persona y singular).
- Los niños (3ª persona y plural) → corren (3ª persona y plural).
- Nosotros (1ª persona y plural) → corremos (1ª persona y plural).

RECUERDA

El núcleo del sujeto y el núcleo del predicado concuerdan en número y persona.

Según Emilio Alarcos Llorach *(Gramática de la Lengua Española),* existen enunciados cuya estructura interna difiere de la propia de las oraciones, pues carecen del núcleo verbal en que se cumple la relación predicativa. Estos enunciados se conocen con el nombre de **frases.**

DEFINICIÓN

Frase

El *Diccionario de Lexicografía Práctica,* de José Martínez de Sousa, recoge tres acepciones para el término frase (del latín *phrasis,* y este del griego phrásis, de phrázein, "hablar"). Dichas acepciones son las siguientes:

- Término genérico con el que suele denominarse la oración ("La Barcelona del año 2000 será muy distinta de la actual"), el sintagma ("La Barcelona del año 2000"), el período o el enunciado ("La Barcelona del año 2000 será muy distinta de la actual a consecuencia de las obras realizadas durante los Juegos Olímpicos").
- Expresión pluriverbal que forma un enunciado completo.
- Sintagma.

Los constituyentes de las frases son siempre palabras de índole nominal, esto es, sustantivos, adjetivos o adverbios y naturalmente cualquier otra categoría que funcione como ellas gracias a la transposición. Al no existir un núcleo verbal del que dependan sus demás componentes, las relaciones internas de estos en la frase no son paralelas ni idénticas a las que establecen en la oración. Por esto, las frases no deben clasificarse, como a veces se hace, por analogía con las oraciones a que pudieran ser equivalentes por su sentido.

EJEMPLO

No es correcto llamar atributiva a una frase como "Año de nieves, año de bienes" por su equivalencia semántica con la oración "El año de nieves es año de bienes", ya que en la frase no existe el núcleo verbal de la oración.

Los enunciados clasificados como frases pueden ser unimembres o bimembres. Las **frases unimembres** se comportan como las interjecciones, tanto si están constituidas por una sola palabra ("¡Lástima!", "Gracias", "Vaya"), como si consisten en un grupo unitario más o menos complejo (un núcleo con sus adyacentes: "¡Mi madre!", "Buenas noches", "Gajes del oficio", "A estudiar mucho").

En las **frases bimembres,** la relación establecida entre los dos términos es variable. Se dan estas posibilidades:

1. Los dos miembros yuxtapuestos, en general con pausa intermedia y con inflexión melódica en contraste, concuerdan en sus referencias, de modo que forman una especie de ecuación semántica ("Buena vida la del canónigo", "Mentira lo que dices").
2. Uno de los términos es sustantivo y el otro adjetivo; no suele haber pausa intermedia, aunque las inflexiones de la curva puedan contrastar; el núcleo o el tema es el sustantivo y el adjetivo sirve de especificación, y así, como en los grupos nominales correspondientes, hay concordancia de número y género (cuando es posible, como en "Prohibida la entrada", "Inútiles tus esfuerzos", "¡Qué tiempos aquellos!").
3. Uno de los miembros es sustantivo (o unidad equivalente) provisto a veces de sus adyacentes, y el otro es unidad también sustantiva introducida por preposición; la pausa intermedia y la entonación realzan el carácter opuesto del sentido de cada término ("A mal tiempo, buena cara"; "De tal palo, tal astilla"; "En casa del herrero, cuchillo de palo").
4. Un sustantivo (o grupo nominal unitario, o infinitivo, etc.) está determinado por el segundo miembro, también unidad sustantiva con preposición, en general sin pausa intermedia ("Genio y figura hasta la sepultura"; "Vivir para ver"; "El cine para divertirme").
5. A veces los dos términos contrapuestos van unidos por un conector o conjunción, de manera que son en realidad grupos frásticos, en cada uno de cuyos componentes aparece una de las estructuras mencionadas: en "A Dios rogando y con el mazo dando", cada uno de los términos presenta la misma estructura de tema y tesis. Lo mismo sucede en "Aquí paz y después gloria".
6. Puede ocurrir que en una frase aparezca como determinante una construcción degradada o transpuesta, cuya función es paralela a la que cumpliría dentro de una oración. Así, en estos grupos frásticos: "Buena vida la del canónigo, aunque tenga que ir al coro"; "El cine para divertirme, cuando puedo".

Los enunciados que carecen de una forma verbal personal que funcione como núcleo (no son oraciones), y ofrecen una estructura interna diferente se denominan frases.

ACTIVIDAD COMPLEMENTARIA

2. Indique de qué tipos pueden ser los enunciados clasificados como frases, y describa en qué consisten.

3. Identificación de los tipos de oraciones (simples y compuestas)

HILO CONDUCTOR

Susana indica a su alumnado la siguiente frase: "El coche nuevo de Raquel tiene los cristales tintados". Afirma que se trata de una oración simple y predicativa, cuyo verbo es el núcleo del predicado. Los alumnos toman nota, ya que se trata de dos nuevos conceptos que poner en práctica en su formación.

La **oración** es la unidad de la lengua que tiene la autonomía semántica, sintáctica y fonológica que es apropiada para expresar un pensamiento completo y en la que el hablante tiene intención comunicativa.

- **Desde el punto de vista fónico,** la oración es un conjunto de sonidos, comprendido entre dos pausas (signos de puntuación) y con una línea de entonación unitaria.
- **Desde el punto de vista morfológico,** la oración es un conjunto de palabras que se relaciona, directa o indirectamente, con un verbo en forma personal, el cual actúa como núcleo del predicado.
- **Desde el punto de vista sintáctico,** la oración es la parte aislable de un texto que se compone de dos elementos constituyentes, el sujeto y el predicado, que concuerdan entre sí en número y persona.
- **Desde el punto de vista semántico,** la oración es toda expresión con sentido completo y que puede ella sola constituir un texto.

3.1. Simples y compuestas

A continuación se desarrolla cada uno de los tipos de oraciones según el número de verbos que incluye en la descripción de su acción.

La oración simple

La **oración simple** es aquella que tiene un solo predicado y, por tanto, un solo verbo en forma personal.

Obsérvese un ejemplo de oración simple en el siguiente cuadro.

La casa de Antonio	**tiene**	**dos balcones.**
	N.	
S.	Pred.	
	O. S.	

La oración simple puede clasificarse siguiendo dos criterios diferentes:

- El **semántico,** por el que nos fijamos en la actitud o intención del hablante.
- El **sintáctico,** por el que analizamos la naturaleza del predicado.

Por la actitud del hablante, las oraciones se clasifican en: enunciativas, interrogativas, exclamativas, exhortativas o imperativas, optativas o desiderativas, dubitativas y de posibilidad. Estas modalidades de explicarán más detalladamente en el siguiente punto (3.2).

Por la naturaleza del predicado, las oraciones se clasifican en: atributivas y predicativas.

Atributivas

Son aquellas oraciones simples cuyo predicado se compone de un verbo copulativo ("ser", "estar", "parecer") seguido de un atributo.

El verbo copulativo no es el núcleo, ya que su función es de simple enlace o cópula entre el sujeto y el atributo. El núcleo es el **atributo,** que puede presentarse de tres formas:

- Como un **sintagma nominal.** Obsérvese el siguiente ejemplo.

Juan es **médico.**

C. Atrib. (S.N.)

S. P. N.

O. Atrib.

- Como un **sintagma adjetival.** Obsérvese el siguiente ejemplo.

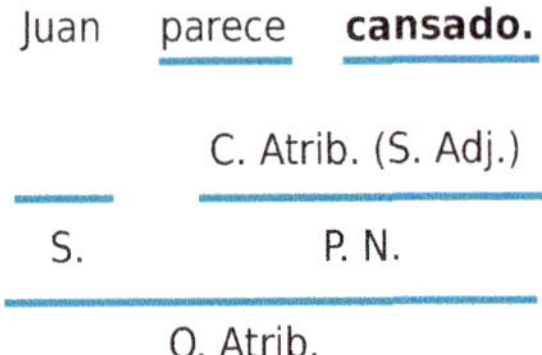

- Como un **sintagma preposicional.** Obsérvese el siguiente ejemplo.

Juan es **de Málaga.**

C. Atrib. (S. Prep.)

S. P. N.

O. Atrib.

NOTA

El predicado que lleva un verbo copulativo y cuyo núcleo es el atributo se denomina **predicado nominal.**

Predicativas

Son aquellas oraciones simples cuyo verbo es el núcleo del predicado y suele ir acompañado de diferentes complementos.

NOTA

El predicado que lleva un verbo que cumple la función de núcleo y suele ir acompañado de diferentes complementos se denomina **predicado verbal.**

- Las oraciones predicativas se dividen en pasivas y activas.

Pasivas

Son aquellas cuyo sujeto es paciente, es decir, no realiza laacción del verbo. El elemento de la oración que realiza dicha acción es el complemento agente.

Las oraciones pasivas se dividen en:

- **Pasivas propias:** son aquellas cuyo verbo presenta forma pasiva. Ejemplo: "El puente **fue construido".**

  Existen dos tipos de pasivas propias:

  - **Primeras de pasiva:** son aquellas que llevan complemento agente. Obsérvese el siguiente ejemplo.

    El banco fue robado **por los atracadores.**

    C. Ag.

  - **Segundas de pasiva:** son aquellas que no llevan complemento agente. Ejemplo: "El banco fue robado".

- **Pasivas reflejas:** son aquellas cuyo verbo presenta forma activa y lleva delante el pronombre "se". Este pronombre no realiza ninguna función sintáctica en la oración, simplemente es un signo de pasiva. Ejemplo: "La noticia **se divulgó** rápidamente".

  Las pasivas reflejas también pueden ser primeras y segundas de pasiva.

Activas

Son aquellas oraciones simples que tienen un sujeto agente, es decir, que realiza la acción del verbo.

Las oraciones activas pueden dividirse en:

- **Transitivas:** su predicado lleva como núcleo un verbo de predicación incompleta (que es aquel cuyo significado no está pleno: "ver", "decir", "estudiar", "amar"...), llamado también **verbo transitivo.** Para llenar este significado, los verbos transitivos pueden llevar dos complementos:
  - **Complemento Directo.** Obsérvense los siguientes ejemplos.

    El niño **estudió** matemáticas.
    C. D. (S. N.)

    Francisco **vio** a su hermana.
    C. D. (S. Prep)

  - **Complemento de Régimen o Suplemento.** Obsérvese el siguiente ejemplo.

    Los reunidos **hablaban** **de** política.
    C. R.

- **Intransitivas:** su predicado lleva como núcleo un verbo de predicación completa (que es aquel cuyo significado está pleno y, por tanto, no necesita ningún complemento que lo complete), llamado también **verbo intransitivo.** Los verbos sonesencialmente de tres tipos:
  - **De movimiento:** "subir", "bajar", "ir", "venir", "correr", "saltar", "andar", etc.
  - **De estado:** "estar", "yacer", "suceder", "ocurrir", etc.
  - **Pseudointransitivos:** son aquellos verbos transitivos o de predicación incompleta que, en determinadas ocasiones, actúan como intransitivos o de predicación completa. Ejemplo: "El niño **estudia".**

- **Reflexivas:** son aquellas oraciones en las que la acción del verbo empieza y termina en la misma persona (el sujeto). El verbo va acompañado de los pronombres "me", "te", "se" (en singular) y "nos", "os", "se" (en plural).

  Las reflexivas se dividen en:

  - **Reflexivas directas:** cuando el pronombre realiza la función de C.D. Obsérvese el siguiente ejemplo.

    Gloria **se** lava.

    C. D.

  - **Reflexivas indirectas:** cuando el pronombre realiza la función de C.I. Obsérvese el siguiente ejemplo.

    Gloria **se** lava los dientes.

    C. I. C. D.

- **Recíprocas:** son aquellas oraciones en las que un sujeto múltiple realiza y recibe de forma "recíproca" la acción del verbo.
  El verbo va acompañado de los pronombres "nos", "os", "se". También pueden dividirse en:

  - **Recíprocas directas.** Obsérvese el siguiente ejemplo.

    Juan y Pedro **se** pelean.

    C. D.

  - **Recíprocas indirectas.** Obsérvese el siguiente ejemplo.

    Juan y Pedro **se** regalaron un helado

    C. I. C. D.

- **Impersonales:** son aquellas oraciones que no llevan sujeto o que este es de difícil identificación. Pueden ser:
  - **Naturales:** aquellas cuyo verbo indica fenómenos de la naturaleza ("llover", "granizar", "nevar", "tronar"...). Ejemplo: **"Llovió** torrencialmente".
  - **Eventuales:** aquellas cuyo verbo generalmente no es un verbo impersonal, pero en ciertas ocasiones, es decir, eventualmente, actúa como impersonal. Los verbos "eventualmente impersonales" van en tercera persona del plural. Ejemplo: **"Tratan** muy bien en aquel hotel".
  - **Gramaticalizadas:** aquellas que la gramática ha convertido en expresiones fosilizadas o invariables, en frases hechas del tipo "érase una vez", "hay mucha gente", "hace frío". Los verbos con los que se forman las impersonales gramaticalizadas son "hacer", "haber" y "ser".
  - **Reflejas:** aquellas cuyo verbo va siempre en tercera persona del singular y va acompañado del pronombre "se". En este caso, el pronombre "se" no cumple ninguna función sintáctica, sino que sencillamente es un signo deimpersonalidad.

ACTIVIDAD COMPLEMENTARIA

3. ¿Cuál es la definición de la oración simple?
4. Indique cuál es la clasificación de las oraciones simples.

La oración compuesta

La **oración compuesta** es aquella que se compone de dos o más predicados y, por tanto, de dos o más verbos en forma personal.

Cada uno de estos predicados forma unidades sintácticas llamadas proposiciones, que forman la oración compuesta y que, según las relaciones que establecen entre sí, se dividen de la manera siguiente:

- **Oraciones yuxtapuestas:** están formadas por proposiciones que carecen de enlaces gramaticales; van señaladas por pausas (signos de puntuación). Las yuxtapuestas poseen distinta entonación.
- **Oraciones coordinadas:** están formadas por proposiciones del mismo nivel gramatical, por lo que ninguna proposición desempeña una fun-

ción en la estructura de las demás. Van unidas por conjunciones coordinadas. Las coordinadas pueden ser:

- Copulativas.
- Disyuntivas.
- Adversativas.
- Ilativas.
- Explicativas.

- **Oraciones subordinadas:** están formadas por proposiciones de distinto nivel gramatical:

  - Principal: es la proposición de mayor nivel gramatical. No va encabezada por conjunciones subordinadas o pronombres relativos.
  - Subordinada: es la proposición de menor categoría gramatical. Va encabezada por conjunciones subordinadas o pronombres relativos. Indica una circunstancia de la principal o actúa como complemento de la principal. Las subordinadas pueden ser:

    - Sustantivas:

      - En función de complemento directo.
      - En función de complemento indirecto.
      - En función de sujeto.
      - En función de complemento de régimen.
      - En función de atributo.
      - En función de complemento de un sustantivo y de un adjetivo.

    - Adjetivas:

      - Especificativas.
      - Explicativas.

    - Adverbiales:

      - Temporales.
      - Locales.
      - Modales.
      - Comparativas.
      - Causales.
      - Consecutivas.
      - Condicionales.
      - Concesivas.
      - Finales.

Las oraciones compuestas se tratarán con mayor detalle más adelante en el presente unidad de aprendizaje, en concreto, en el apartado 7.

ACTIVIDAD COMPLEMENTARIA

5. ¿Cuál es la definición de la oración compuesta?
6. Indique cuál es la clasificación de las oraciones compuestas.

APLICACIÓN PRÁCTICA

Clasifique las siguientes oraciones en simples o compuestas.

a. Nació en esta casa y en ella murió.
b. Antonio le contestó de mala manera.
c. La semana pasada mi hermano comprobó que el trabajo es muy duro.
d. El juez preguntó al acusado como si ya fuera culpable.
e. Luna es mi perra.

Solución

a. Oración compuesta.
b. Oración simple.
c. Oración compuesta.
d. Oración compuesta.
e. Oración simple.

3.2. Modalidades: enunciativas, interrogativas, exclamativas, exhortativas o imperativas, optativas o desiderativas, dubitativas y de posibilidad

Las oraciones se pueden clasificar atendiendo a su modalidad. La palabra "modalidad" viene del latín *modus* o actitud que el emisor adopta al hablar, y esta actitud afecta en gran medida a la entonación oracional.

Las modalidades oracionales, que se explican a continuación, son: enunciativas, interrogativas, exclamativas, exhortativas o imperativas, optativas o desiderativas, dubitativas y de posibilidad.

Enunciativas

Cuando el hablante se limita a hacer saber algo, a informar, al oyente. También se reconocen por una entonación cuyo final es descendente. Ejemplo: "Los alumnos preguntaban sus dudas al maestro".

El hablante expresa una realidad de forma objetiva. Las oraciones enunciativas corresponden a la función representativa del lenguaje y suelen llevar el verbo en modo indicativo. Pueden dividirse en afirmativas y en negativas.

EJEMPLO

- Juan tiene veinte años (oración enunciativa afirmativa).
- Juan no tiene veinte años (oración enunciativa negativa).

Interrogativas

Cuando el hablante formula una petición de información al oyente. La entonación interrogativa es muy característica y fácil de reconocer.

Las oraciones interrogativas cumplen la función apelativa del lenguaje, ya que el hablante pregunta una información al oyente, y suelen llevar el verbo en modo indicativo.

Existen cuatro clases de oraciones interrogativas, que son las siguientes:

- **Totales:** preguntan por la totalidad de la oración, es decir, se pide información sobre todo el mensaje de la oración. Se representan en la escritura con los signos de interrogación. La respuesta es "sí" o "no". Ejemplos: "¿Regresarás pronto?", "¿Puedes darme dinero?".
- **Parciales:** solo preguntan por una parte de la oración, por un elemento del mensaje. Se reconocen porque aparece en ella una de las siguientes palabras interrogativas: "qué", "quién", "cuál", "cómo", "cuándo",

"cuánto", "dónde" (obsérvese que todas llevan tilde). Ejemplo: "¿Viene Juan o Sergio?".

- **Directas:** son oraciones independientes y llevan signos de interrogación. Ejemplo: "¿Cuándo vas a venir?".
- **Indirectas:** son proposiciones subordinadas dentro de una oración compuesta. No llevan signos de interrogación, sino que van encabezadas por partículas interrogativas. Ejemplo: "Le preguntaron cuándo iba avenir".

ACTIVIDAD COMPLEMENTARIA

7. ¿Cuántas clases de oraciones interrogativas existen? Descríbalas brevemente y elabore una de cada tipo.

Exclamativas

Cuando el hablante expresa con especial énfasis su mensaje, como: "¡Qué película más fantástica!", "¡Es una película fantástica!".

El hablante expresa una emoción o cualquier otro rasgo de afectividad. Las oraciones exclamativas cumplen la función apelativa del lenguaje, suelen llevar el verbo en modo indicativo, aunque a veces este va en modo subjuntivo, y pueden ir acompañadas de signos de exclamación y de partículas exclamativas.

EJEMPLO

- ¡Qué feliz soy!
- ¡Eres un pelmazo! (modo indicativo).
- ¡Dios sea alabado! (modo subjuntivo).

Exhortativas o imperativas

Cuando el hablante impone, de algún modo, su voluntad al oyente. El hablante expresa una orden y, en algunas ocasiones, un ruego. Las oraciones imperativas cumplen la función apelativa del lenguaje y llevan el verbo en modo imperativo. Ejemplo: "¡Vete fuera!".

Además de poseer también una entonación propia, se reconocen por:

1. Las oraciones imperativas **afirmativas** tienen formas verbales propias, las del presente de imperativo: "canta", "cantad"; "teme", "temed"; "parte", "partid". Ejemplos: "Canta (tú) en voz alta", "Cantad (vosotros) en voz alta". El sujeto (tú, vosotros) aparecería detrás del verbo.
2. Las oraciones imperativas **negativas** emplean las formas verbales del presente de subjuntivo: "no cantes", "no cantéis"; "no temas", "no temáis"; "no partas", "no partáis". Ejemplo: "No cantéis (vosotros) tan alto, por favor".

Optativas o desiderativas

Cuando el hablante expresa deseo. Las oraciones optativas llevan el verbo en modo subjuntivo. Ejemplo: "¡Ojalá disfrutemos de un magnífico tiempo!".

Dubitativas y de posibilidad

Cuando el hablante presenta el mensaje desde la duda, la posibilidad, expresando probabilidad. Estas "actitudes" del emisor pueden expresarse con un adverbio ("quizá", "acaso", "probablemente"...), una locución adverbial o con formas verbales. En las oraciones dubitativas el verbo va en modo subjuntivo ("Quizá vaya al cine").

EJEMPLO

- Adverbio: Probablemente llegue tarde.
- Locución adverbial: Tal vez llegue tarde.
- Formas verbales: Debió de llegar tarde.

ACTIVIDAD COMPLEMENTARIA

8. Enumere las modalidades oracionales y ponga un ejemplo de cada una de ellas. A continuación, analice las siguientes oraciones e indique a qué modalidad pertenece cada una de ellas.

   - ¿Qué vas a estudiar el año que viene?
   - No fumes aquí dentro, por favor.
   - Nadie te ha llamado.
   - ¿Van a venir tus padres a la boda?
   - Ojalá no llueva este fin de semana.
   - Puede que tenga que viajar a Madrid en breve.
   - ¡No te muevas!
   - No sé si llegaré a tiempo a la fiesta.

APLICACIÓN PRÁCTICA

Convierta la oración "Este vaso está roto" en interrogativa, exclamativa, optativa o desiderativa y dubitativa o de posibilidad.

Solución

- Interrogativa: ¿Está roto el vaso?
- Exclamativa: ¡Este vaso está roto!
- Optativa o desiderativa: Ojalá este vaso esté roto.
- Dubitativa o de posibilidad: Quizá este vaso esté roto.

4. Uso de sintagmas. Clases de sintagmas (nominal, preposicional, verbal, adjetival y adverbial)

HILO CONDUCTOR

En la clase de hoy, Susana va a explicar qué es un sintagma sujeto y sintagma predicado. Para ello, utiliza un ejemplo que pide a uno de los alumnos, que indica: "Las uvas pasas de la Axarquía malagueña muestran una calidad excepcional frente a las de otras procedencias". Susana indica que en esta frase, el sintagma sujeto es: "Las uvas pasas de la Axarquía malagueña".

El sintagma es una unidad de la lengua formado por una o varias palabras que desempeña una función en una unidad superior que es la oración. El sintagma, por tanto, es una unidad intermedia de la lengua.

Obsérvese el siguiente ejemplo en el cuadro que se muestra a continuación.

El **hermano** de mi amigo	**compró** flores en la floristería de su calle.
Núcleo	Núcleo
SINTAGMA-SUJETO (unidad intermedia)	**SINTAGMA-PREDICADO** (unidad intermedia)
ORACIÓN (unidad superior)	

4.1. Clases de sintagmas

Todo sintagma está constituido por un elemento principal que recibe el nombre de núcleo (N.) del sintagma, que puede ir acompañado o no de otros elementos lingüísticos (palabras, sintagmas...).

Según sea la categoría gramatical del núcleo, así se dividirán los sintagmas:

- **Sintagma nominal (S.N.):** es aquel cuyo núcleo es un sustantivo. Véase el siguiente ejemplo.

El **niño** inteligente.

N.

S. N.

- **Sintagma preposicional (S.Prep.):** es el que está formado por una preposición, que es el núcleo, seguida de un sintagma nominal. Véase el siguiente ejemplo.

Me gusta el café **con** mucha **leche.**

Prep-N S. N.

S. Prep.

- **Sintagma verbal (S.V.):** es aquel cuyo núcleo es un verbo. Véase el siguiente ejemplo.

Él **corre** a su casa.

N.

S. V.

- **Sintagma adjetival (S.Adj.):** es aquel cuyo núcleo es un adjetivo. Véase el siguiente ejemplo.

María es **alta.**

N.

S. Adj.

- **Sintagma adverbial (S.Adv.):** es aquel cuyo núcleo es un adverbio. Véase el siguiente ejemplo.

Él vive lejos.

N.

S. Adj.

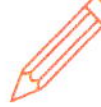

ACTIVIDAD COMPLEMENTARIA

9. ¿Qué es un sintagma y cuántas clases de sintagmas se pueden encontrar? Reflexione sobre estas cuestiones y elabore oraciones con cada tipo de sintagma.

Estructura del sintagma nominal

En general, el sintagma nominal presenta la estructura funcional o sintáctica que se presenta en el siguiente cuadro.

DETERMINANTE + NÚCLEO + ADYACENTE

Cada una de estas funciones puede ser realizada por las clases de palabras que aparecen en la siguiente tabla.

FUNCIÓN SINTÁCTICA	CATEGORÍA GRAMATICAL
Determinante	- Artículo. - Adj. Demostrativos. - Adj. Posesivos. - Adj. Numerales. - Adj. Indefinidos. - Adj. Interrogativos o Exclamativos.
Núcleo	- Sustantivo. - Pronombre. - Palabras sustantivadas (especialmente infinitivos y adjetivos calificativos).
Adyacente	- Adjetivos calificativos. - Sintagma preposicional (= Complemento del Nombre). - Sustantivo (= Aposición) - Proposiciones de relativo.

Los nombres o sustantivos se rodean en la oración de otras palabras, que complementan al sustantivo y forman con él una unidad muy cohesionada: **el sintagma.**

El sintagma es una unidad del discurso que posee cohesión formal y funcional:

- **Cohesión formal:** está compuesto por uno o más elementos morfológicos, entre los cuales uno (el sustantivo) funciona como núcleo.

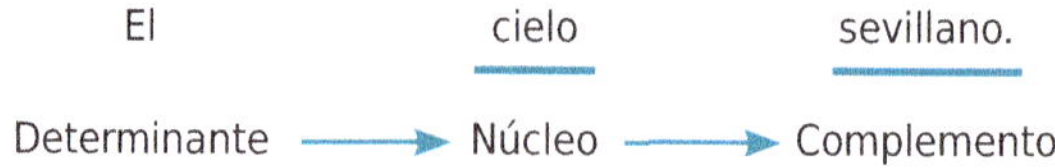

  El sustantivo impone a los elementos que lo acompañan los morfemas de género y de número: si el sustantivo fuera "tierra", se diría "la tierra sevillana".
- **Cohesión funcional:** el sintagma ejerce una función dentro de la oración.

EJEMPLO

- Función de **sujeto:** "El coche negro ha ganado".
- Función de **complemento directo:** "El coche negro ha ganado el trofeo".

APLICACIÓN PRÁCTICA

Indique los sintagmas nominales que encuentre en el siguiente texto.

"Estaba en una habitación pequeña, con techo en declive y la pared blanca. Había una cama de hierro negro, cubierta con una colcha floreada, y un lavabo de loza. Parecía la habitación de algún criado o criada de la casa, y tal vez lo fuera. Desde la ventana, allá abajo, se divisaba la bahía".

Ana María Matute. Pequeño teatro (1954).

Solución

- El sintagma nominal **"una habitación pequeña"** está dentro del sintagma preposicional "en una habitación pequeña".

Continúa en página siguiente >>

<< *Viene de página anterior*

- El sintagma nominal **"una colcha floreada"** está dentro del sintagma preposicional "con una colcha floreada".
- El sintagma nominal **"la ventana"** está dentro del sintagma preposicional "Desde la ventana".

5. Utilización de sujeto y predicado. Concordancia

HILO CONDUCTOR

En el Instituto Barahona se llevan a cabo unas jornadas de integración cultural. Se observa cómo al aplicar la concordancia entre sujeto y predicado a muchos hablantes anglosajones les supone un gran esfuerzo. Susana insiste centrándose en el denominado sujeto expreso para a continuación explicar algunos ejemplos con sujeto paciente.

La oración se compone de dos elementos básicos: el **sujeto** y el **predicado.**

Entre ambos deben darse dos situaciones imprescindibles:

- La **concordancia,** es decir, que tengan el mismo número y la misma persona.
- La **compatibilidad semántica,** esto es, que los mensajes que entre ambos trasmiten sean correctos y aceptables.

5.1. El sujeto

El sujeto es la persona, animal o cosa de la que se dice algo en la oración.

Puede ser de dos clases:

- **Sujeto agente:** es el que "realiza" la acción del verbo. Va en las oraciones activas. Obsérvese el siguiente ejemplo.

Juan tiene cuatro caramelos.

Sujeto agente

- **Sujeto paciente:** es el que "padece o sufre" la acción del verbo. Va en las oraciones pasivas (verbo "ser" + participio) y en las pasivas reflejas (pronombre "se" + verbo en voz activa).

El sujeto también puede ser:

- **Sujeto expreso:** cuando aparece claramente en la oración. Obsérvese el siguiente ejemplo.

Nosotros jugamos al baloncesto.

Sujeto expreso

- **Sujeto omitido:** cuando no aparece en la oración pero se sobrentiende fácilmente por las desinencias verbales. Ejemplo: "Jugamos al baloncesto" ("Nosotros" sería el sujeto omitido).
- **Sujeto múltiple:** cuando la acción del verbo la realizan o reciben dos o más sujetos. Obsérvese el siguiente ejemplo.

Mis amigos y yo jugamos al baloncesto.

Sujeto múltiple

5.2. El predicado

El predicado es todo aquello que se dice del sujeto en una oración. El predicado puede ser de dos clases:

- **Predicado nominal (P.N.):** es el predicado de las oraciones atributivas o copulativas. Su verbo es copulativo ("ser", "estar", "parecer"...) y no desempeña la función de núcleo, sino que hace de cópula (C.) entre el sujeto y el atributo, que es el núcleo semántico del P.N.
  El atributo puede presentarse de tres maneras:
  - Como un **sintagma adjetivo o adjetival.** Obsérvese el siguiente ejemplo.

El pájaro es **grande.**

Atributo (S. Adj.)

- Como un **sintagma nominal.** Obsérvese el siguiente ejemplo.

Mi amigo es **fontanero.**

Atributo (S. N.)

- Como un **sintagma preposicional.** Obsérvese el siguiente ejemplo.

El vino era **de Málaga.**

Atributo (S. Prep.)

- **Predicado verbal** (**P.V.**)**:** es el predicado de las oraciones predicativas. El verbo cumple la función de núcleo del predicado. Está presente tanto en las oraciones activas como en las pasivas. Su verbo puede ir acompañado de complementos.

APLICACIÓN PRÁCTICA

En las oraciones que se presentan a continuación, indique cuál es el sujeto y cuál es el predicado. Además, señale de qué tipo de sujeto y predicado se trata.

a. El día y la noche estaban muy hermosos.
b. Los tejados de la casa tenían varias tejas desprendidas.
c. Aquello presentaba mal cariz.
d. Mariano retuvo al abogado bastante rato.
e. La fiesta de anoche fue animada por un grupo contratado por el novio.

Solución

a. El día y la noche estaban muy hermosos:

Continúa en página siguiente >>

<< Viene de página anterior

- El día y la noche: **sujeto expreso múltiple y agente.**
- Estaban muy hermosos: **predicado nominal.**

b. Los tejados de la casa tenían varias tejas desprendidas:

- Los tejados de la casa: **sujeto expreso y agente.**
- Tenían varias tejas desprendidas: **predicado verbal.**

c. Aquello presentaba mal cariz:

- Aquello: **sujeto expreso y agente.**
- Presentaba mal cariz: **predicado verbal.**

d. Mariano retuvo al abogado bastante rato:

- Mariano: **sujeto expreso y agente.**
- Retuvo al abogado bastante rato: **predicado verbal.**

e. La fiesta de anoche fue animada por un grupo contratado por el novio:

- La fiesta de anoche: **sujeto expreso y paciente.**
- Fue animada por un grupo contratado por el novio: **predicado verbal.**

5.3. Clases de oraciones según el sujeto y el predicado

Atendiendo al sujeto y al predicado, las oraciones simples se pueden clasificar de la siguiente manera:

- Según el **sujeto:**
  - **Personales:** el sujeto existe. Puede encontrarse presente en la oración o elíptico. Obsérvese el siguiente ejemplo.

Sujeto Presente: "mi hermano".

Mi hermano está enfermo.

Sujeto Elíptico (yo).

No tengo sueño.

- **Impersonales:** el sujeto no existe. Ejemplo: "¿Está lloviendo?".

- Según el **predicado:**

  - **Predicativas:** son aquellas que poseen un predicado verbal, es decir, aquellas cuyo núcleo es un verbo predicativo. Obsérvese el siguiente ejemplo.

PV

Mis padres **vienen** mañana.

Vpred.

  - **Copulativo-atributivas:** son aquellas que poseen un predicado nominal, es decir, las que se construyen con un verbo copulativo ("ser", "estar", "parecer" y "resultar", cuando significan igualdad) y un atributo. Obsérvese el siguiente ejemplo.

PN

La capital de España **es** **Madrid.**

Vcop. ATRIB.

A continuación, se expone un esquema-resumen con las diferentes clases de oraciones según el sujeto y el predicado.

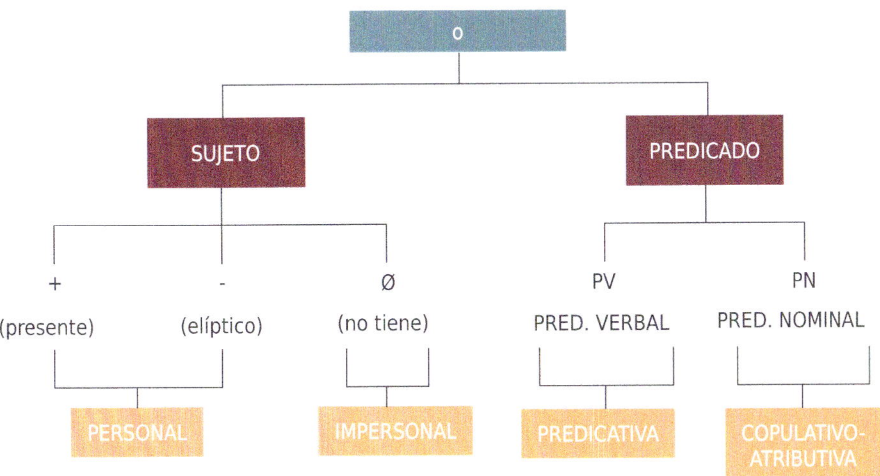

ACTIVIDAD COMPLEMENTARIA

10. Atendiendo al sujeto y al predicado, ¿qué clasificación se realiza de las oraciones simples? Analice cada tipo de oración y ponga un ejemplo de cada una de ellas.

5.4. La concordancia

Según la *Gramática de la Lengua Española,* de Emilio Alarcos Llorach, la relación de dependencia entre el segmento que funciona como sujeto explícito y la terminación de persona (o sujeto gramatical) del verbo se hace patente mediante la **concordancia,** que consiste en igualar los morfemas de persona y número entre ambos sujetos. Esto se ejemplifica en el esquema que aparece a continuación.

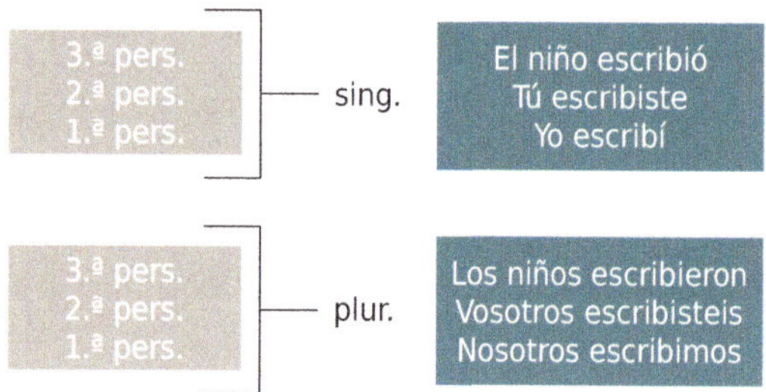

Por otra parte, la *Nueva gramática de la lengua española* (Real Academia Española) indica que los adjetivos concuerdan en género y número con el sustantivo, tanto si son modificadores ("Ojos melancólicos", "Las tranquilas tardes sanjuaninas") como si son atributos o predicativos ("Los invitados estaban callados", "Lo creíamos tímido"), incluso cuando el sujeto está tácito: "Comieron callados", "Era muy tímido".

Los rasgos de género y número de los adjetivos y de otros modificadores del sustantivo carecen de interpretación semántica y constituyen únicamente **marcas de concordancia.**

6. Utilización de complementos verbales

HILO CONDUCTOR

Uno de los asistentes a las jornadas de integración cultural tiene mucha curiosidad sobre los complementos verbales, por lo que Susana le explica algunos de los más comunes y significativos, como son los atributos o adjetivos, los adverbios o los denominados complementos directos e indirectos.

El verbo es una categoría gramatical que, por su propia naturaleza, exige y admite más complementos que las demás. Dentro de un predicado todos los elementos sintácticos que lo componen (menos el verbo, que es su núcleo) cumplen la función de **complemento.**

Las palabras y sintagmas que pueden desempeñar la función de complemento del verbo son:

- Un **adjetivo.** Véase el siguiente ejemplo.

La sala	está	**vacía**
	C. Atrib. (Adj.)	

- Un **adverbio o locución adverbial.** Véase el siguiente ejemplo.

Luis	dormía	**dentro.**
	N.	C. C. (Adv.)

- Un **sintagma nominal o preposicional.** Véanse los siguientes ejemplos.

Comía	**chocolate**
N.	C. D. (S. N.)
Vimos	**a tu hermana.**
N.	C. D. (S. Prep.)

- Un **pronombre.** Véase el siguiente ejemplo.

Me dio una manzana.
C. I. (Pron.)

- Un **verbo en forma no personal** (infinitivo, gerundio, participio) con o sin preposición. Véanse los siguientes ejemplos.

Quiero **pasear.**
C. D. (Inf.)

Lo cogió **sin pensar.**
C. C. (Prep. + Inf.)

- Una **oración.** Véase el siguiente ejemplo.

Pienso **que se oirá bien.**
C. D. (Oración.)

ACTIVIDAD COMPLEMENTARIA

11. Reflexione sobre los tipos de palabras o sintagmas que pueden desempeñar la función de complemento del verbo. Ponga ejemplos.

6.1. El Complemento Directo

El **Complemento Directo (C.D.)** es el complemento que completa y precisa el significado, muy amplio, que poseen los **verbos transitivos** o de predicación incompleta.

EJEMPLO

"Enseñé **unas cajas".**

C.D.

El Complemento Directo puede presentarse de las siguientes formas:

- Como una **palabra.** Véase el siguiente ejemplo.

Quiero **pan.**

C. D.

- Como un **sintagma nominal.** Véase el siguiente ejemplo.

Vio **las casas grandes.**

C. D. (S. N.)

- Como un **sintagma preposicional,** con la preposición "a" cuando es nombre de persona. Véase el siguiente ejemplo.

Visitó **a su hermana.**

C. D. (S. Prep.)

- Como un **pronombre personal,** especialmente "lo", "la", "los", "las". Véase el siguiente ejemplo.

Lo reconoció.

C. D.

- Como una **proposición** (subordinada sustantiva). Véase el siguiente ejemplo.

Dijo **que no vendría.**

C. D. (Prop. Sub. Sust)

El Complemento Directo se reconoce:

- Convirtiendo la oración activa en pasiva: el C.D. de la oración activa pasa a ser el sujeto de la pasiva. Véase el siguiente ejemplo.

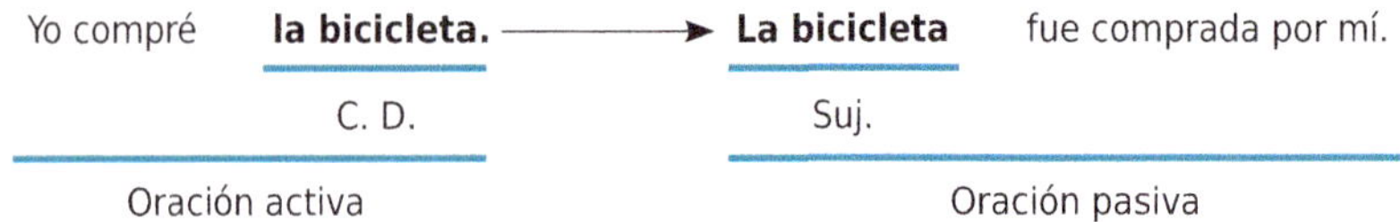

- Sustituyéndolo por "lo", "la", "los", "las". Véase el siguiente ejemplo.

Yo compré **la bicicleta.** → Yo **la** compré.

C. D. Suj.

- Por su localización en la oración, que suele ser detrás del verbo, unas veces sin preposición y otras con ella.

6.2. El Complemento Indirecto

El **Complemento Indirecto (C.I.)** es el que expresa el beneficiario o el perjudicado por la acción del verbo. Puede ir tanto con **verbos transitivos** como con **verbos intransitivos.**

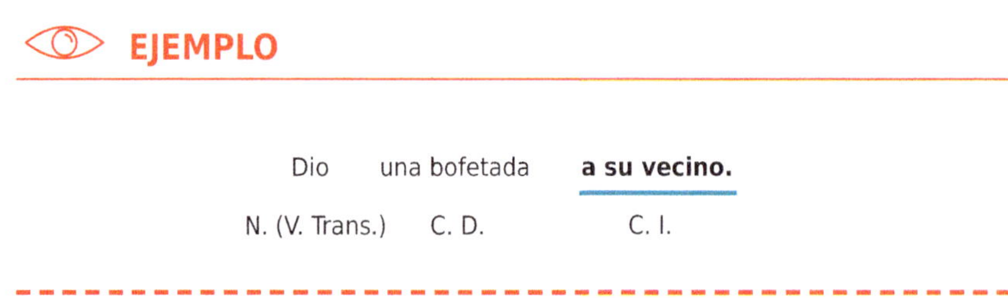

El Complemento Indirecto se presenta de las siguientes formas:

- Como un **sintagma preposicional** (con las preposiciones "a" o "para"). Véase el siguiente ejemplo.

Di un beso **a mi novia.**

C. I. (S. Prep.)

- Como un **pronombre personal,** sobre todo "le", "les". Véase elsiguiente ejemplo.

Le enseñé la carta.

C. I.

- Como una **proposición.** Véase el siguiente ejemplo.

Da limosna **a quien te la pida.**

C. I. (Prop.)

El Complemento Indirecto se reconoce:

- Porque lleva delante las preposiciones "a" o "para".
- Porque puede sustituirse por los pronombres "le", "les".

ACTIVIDAD COMPLEMENTARIA

12. Reflexione sobre las siguientes cuestiones:

    - ¿Qué función desempeña el Complemento Indirecto?
    - ¿Con qué tipo de verbos puede ir el Complemento Indirecto?

APLICACIÓN PRÁCTICA

En las siguientes oraciones, señale los pronombres que cumplen la función de Complemento Directo y de Complemento Indirecto.

a. Me lo dieron.
b. Nos trajeron al colegio.
c. Los novios las dejaron solas.
d. El hombre tiró aquello a la basura.
e. El soldado tenía muchas balas y dejó varias en su mochila.
f. El artista se peinó el pelo con mucho cuidado.

Solución

a. Me (C.I.) lo (C.D.) dieron.

b. Nos (C.D.) trajeron al colegio.

c. Los novios las (C.D.) dejaron solas.

d. El hombre tiró aquello (C.D.) a la basura.

e. El soldado tenía muchas balas y dejó varias (C.D.) en su mochila.

f. El artista se (C.I.) peinó el pelo con mucho cuidado.

6.3. El Complemento Circunstancial

El **Complemento Circunstancial** (**C.C.**) indica las circunstancias (lugar, tiempo, modo, causa, fin, materia, instrumento, compañía) en las que se realiza la acción del verbo.

EJEMPLO

Voy **por la noche.**

C. C. Tiempo

El Complemento Circunstancial se presenta de las siguientes formas:

- Como un **adverbio.** Véase el siguiente ejemplo.

Oye **siempre.**

C. C. T. (Adv.)

- Como un **sintagma nominal.** Véase el siguiente ejemplo.

Nevó **el otro día.**

C. C. T. (S. N.)

- Como un **sintagma preposicional.** Véase el siguiente ejemplo.

Nevó **en el monte.**

C. C. L. (S. Prep.)

- Como una **proposición** (subordinada adverbial). Véase el siguiente ejemplo.

Hablaré **donde pueda hacerlo.**

C. C. L. (Prop. Sub. Adv.)

El Complemento Circunstancial se reconoce porque puede llevar cualquier preposición.

Téngase en cuenta que, en una misma oración, pueden ir varios complementos circunstanciales.

6.4. El Complemento de Régimen

El **Complemento de Régimen** (**C.R.**), también llamado **Suplemento,** es un sintagma preposicional que, sin ser complemento directo ni indirecto, no puede ser suprimido sin alterar el significado de la oración, ya que su existencia es imprescindible para el significado del verbo al cual complementa.

EJEMPLO

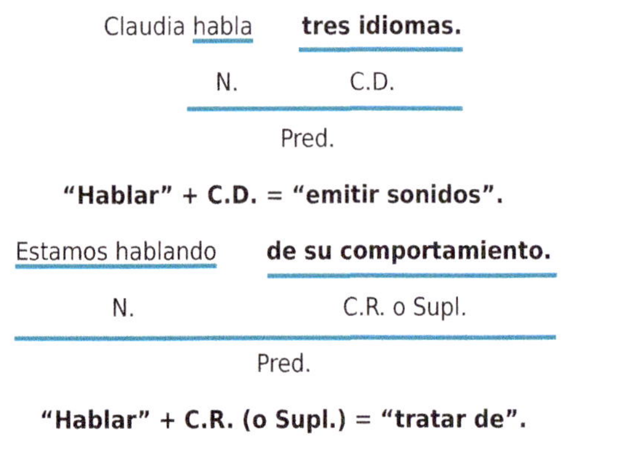

El Complemento de Régimen se presenta siempre como un **sintagma preposicional.** Véanse los siguientes ejemplos.

Informaron **del accidente.**
C. R. (S. Prep.)

Cuentan **con mi apoyo.**
Supl. (S. Prep.)

El Complemento de Régimen se reconoce:

- Porque no puede ir con el Complemento Directo en la misma oración, ya que son incompatibles.
- Porque va siempre con una preposición.

Algunos de los verbos que llevan este complemento son: "carecer de", "disponer de", "constar de", "quejarse de", "confiar en", "contar con", "protestar por", "depender de", "aspirar a", "tratar de", "cumplir con", "mirar por", "entender de", "hablar de".

6.5. El Complemento Agente

El **Complemento Agente (C.Ag.)** es el que realiza la acción en lasoraciones pasivas (que llevan sujeto paciente).

El Complemento Agente siempre se presenta como un **sintagma preposicional,** la preposición más frecuente es "por". Véase el siguiente ejemplo.

El mueble	es construido	**por el carpintero.**
Suj. Paciente	N. (V. pasivo)	C. Ag. (S. Prep.)
	O. Pasiva	

El Complemento Agente se reconoce:

- Porque es un complemento exclusivo de las oraciones pasivas.
- Porque, al pasar una oración pasiva a activa, este complemento se convierte en sujeto agente. Véanse los siguientes ejemplos.

- Oración pasiva:

El baúl era cargado	**por el hombre.**
	C. Ag.

- Oración Activa:

El hombre	cargaba el baúl
Sujeto	

6.6. El Complemento Predicativo

El **Complemento Predicativo (C.Pvo.)** complementa al verbo y, al mismo tiempo, al sujeto o al Complemento Directo de la oración.

El periodista puso verdes a los concejales
C.Pvo.

El alumno respondió nervioso
C.Pvo.

El Complemento Predicativo se puede confundir con el atributo, pero se diferencia de él en dos aspectos:

- El atributo va con verbos copulativos ("ser", "estar", "parecer"), mientras que el Complemento Predicativo va con verbos plenos semánticamente ("andar", "vivir", "dormir", "resultar", "continuar", "llegar", "responder", "nacer", etc.). Las oraciones que forman se llaman **oraciones asimiladas a atributivas.**
- El atributo se puede cambiar por "lo", mientras que el Complemento Predicativo no se puede cambiar.

Véanse los siguientes ejemplos.

- Pedro está **tranquilo.** → Pedro lo está.
  Atrib.
- Mi abuela anda **despacio.** → Mi abuela lo anda. (Es incorrecto).
  Pvo.

El Complemento Predicativo se presenta:

- Como un **sintagma nominal,** que concuerda en género y número con el sustantivo (o pronombre) al que acompaña. Véase el siguiente ejemplo.

La eligieron **presidenta.**
Pvo. (S.N.)

- Como un **sintagma adjetival,** que concuerda en género y número con el sustantivo (o pronombre) al que acompaña. Véase el siguiente ejemplo.

El niño se levantó **sobresaltado**

Pvo. (S.Adj.)

ACTIVIDAD COMPLEMENTARIA

13. Indique qué función cumple el Complemento Predicativo en la oración, y analice las formas en que se puede presentar dicho complemento.

A modo de conclusión, hay que destacar que todos los elementos sintácticos que componen un predicado, a excepción del núcleo, cumplen la función de **complemento.**

A continuación, se presenta un resumen de todos los complementos verbales en la siguiente tabla.

Complementos verbales			
Función sintáctica	**Verbo que acompaña**	**Categoría gramatical**	**Cómo se reconoce**
Complemento Directo (C.D.)	Verbos transitivos en voz activa	Una palabra Un sintagma nominal Un sintagma preposicional (con la preposición a) Un pronombre personal Una proposición subordinada sustantiva	Convirtiendo la oración activa en pasiva: pasa a ser sujeto paciente Sustituyéndolo por lo, la, los, las Suele ir detrás del verbo (con o sin preposición)
Complemento Indirecto (C.I.)	Verbos intransitivos y transitivos	Sintagma preposicional (con las preposiciones a o para) Un pronombre personal Una proposición	Lleva delante las preposiciones a o para Se puede sustituir por le, les

Continúa en página siguiente >>

<< Viene de página anterior

Complementos verbales			
Función sintáctica	**Verbo que acompaña**	**Categoría gramatical**	**Cómo se reconoce**
Complemento circunstancial (C.C.)		Un adverbio Un sintagma nominal Un sintagma preposicional Una proposición subordinada adverbial	Lleva cualquier preposición Puede haber varios en la misma oración Indica circunstancia de tiempo, modo, lugar, causa, fin, ...
Complemento de Régimen (C.R.) o Suplemento (Supl.)	Verbos que rigen preposición	Un sintagma preposicional	Siempre lleva preposición Es incompatible con el complemento directo
Complemento Agente (C.Ag.)	Verbos en voz pasiva	Un sintagma preposicional encabezado por la preposición por	Complemento exclusivo de las oraciones pasivas Convirtiendo la oración pasiva en activa: pasa a ser sujeto agente Siempre lleva la preposición por
Complemento Predicativo (C.Pvo.)	Verbos plenos semánticamente que forman oraciones asimiladas a atributivas	Un sintagma nominal Un sintagma adjetival	No se puede sustituir por lo

7. Uso de oraciones compuestas: yuxtaposición, coordinación, subordinación. Enlaces y conectores

 **HILO CONDUCTOR**

Profundizando en el análisis sintáctico de las oraciones expuestas durante las jornadas celebradas en el Instituto Barahona, Susana comienza a introducir información sobre las oraciones compuestas. En primer lugar habla de las oraciones copulativas por ser uno de los tipos más comunes.

Como ya se explicó en el punto 3.1 del presente unidad de aprendizaje, la **oración compuesta** es aquella que tiene dos o más predicados y, por tanto, dos o más verbos en forma personal.

Cada uno de estos predicados forma unidades sintácticas llamadas **proposiciones**, que, según las relaciones que establecen entre sí, se dividen en:

- **Oraciones yuxtapuestas** (carecen de enlaces gramaticales).
- **Oraciones coordinadas** (unidas por conjunciones coordinadas):
  - Copulativas ("y", "e", "ni", "que").
  - Disyuntivas ("o", "u", "o bien").
  - Adversativas ("pero", "mas", "sino", "sin embargo").
  - Ilativas ("así que", "luego", "en efecto").
  - Explicativas ("es decir", "o sea", "esto es").
- **Oraciones subordinadas** (proposiciones de distinto nivel gramatical):
  - Principal (no va encabezada por conjunciones subordinadas o pronombres relativos).
  - Subordinada (encabezada por conjunciones subordinadas o pronombres relativos):
    - Proposiciones subordinadas sustantivas:
      - En función de sujeto.
      - En función de complemento directo.
      - En función de complemento indirecto
      - En función de complemento de régimen.
      - En función de atributo.
      - En función de complemento del nombre.
      - En función de adyacente.
    - Proposiciones subordinadas adjetivas o de relativo: especificativas o explicativas.
    - Proposiciones subordinadas adverbiales:
      - Temporales.
      - Locales.
      - Modales.
      - Comparativas.
      - Causales.
      - Consecutivas.
      - Concesivas.
      - Finales.

7.1. Yuxtaposición y coordinación

La yuxtaposición y la coordinación son dos maneras que tienen las oraciones, sean simples, complejas o compuestas, de unirse para formar un texto, una unidad de sentido superior.

La **yuxtaposición** consiste en la unión de oraciones por medio de una pausa: una coma, un punto y coma, un punto y seguido, dos puntos, etc.

La **coordinación** consiste en la unión de oraciones por medio de un nexo que no establece una relación de dependencia entre ellas, sino que establece una relación de independencia sintáctica, es decir, ninguna de las oraciones unidas por el nexo de coordinación depende sintácticamente de la otra. El nexo utilizado se denomina conjunción de coordinación.

La diferencia entre yuxtaposición y coordinación es la presencia o ausencia de la conjunción.

Se trata de una cuestión de estilo: la coordinación impone un estilo más lento y reposado; frente a la yuxtaposición, que supone un estilo más ágil y rápido. La relación semántica entre dos oraciones coordinadas no cambia si se sustituye el nexo por una pausa; o, al contrario, dos oraciones yuxtapuestas se convierten en coordinadas por medio de un nexo.

- **Yuxtaposición:**
  "Hoy lo he visto en la calle. No ha salido de viaje".

- **Coordinación:**
  "Hoy lo he visto en la calle; por lo tanto, no ha salido de viaje".

- **Yuxtaposición:**
  "Puedes hacer lo que quieras: estudiar, ver la tele, oír la radio...".

- **Coordinación:**
  "Puedes hacer lo que quieras, es decir, estudiar o ver la tele u oír la radio...".

Clasificación de las oraciones coordinadas

Las oraciones coordinadas se clasifican en función del nexo o conjunción coordinante que las relaciona.

Las proposiciones coordinadas son aquellas que cumplen las siguientes condiciones:

- Son proposiciones del mismo nivel gramatical.
- Van unidas por enlaces o conjunciones coordinadas.
- Si se leen por separado, tienen sentido relativamente completo.
- En la oración a la que pertenecen se enlazan con otras proposiciones, pero no se funden entre sí hasta el punto de que funcionen como un elemento sintáctico de la otra.

Basándose en su significado, estas proposiciones se pueden clasificar en diferentes tipos, que se explican a continuación.

Coordinadas copulativas

Semánticamente, indican adición, es decir, al contenido de una proposición se suma el de la otra. Por tanto, entre las oraciones se establece una relación de suma o adición.

Los nexos son "y", "e", "ni", "además", "junto con", "que" (excepcionalmente), etc.

Ejemplo: "Ve al mercado **y** compra pan **y** vino **y** pescado. No se te olvide, **además,** la fruta fresca".

Formalmente, hay que diferenciar entre las conjunciones "y", "e", "ni":

- "Y" se emplea cuando las proposiciones son afirmativas. La conjunción "e" sustituye a "y" cuando la palabra siguiente comienza por "i" o "hi". Ejemplo: "María lee **y** Juan ve la TV".
- "Ni" se emplea cuando las proposiciones son negativas, y suele repetirse delante de cada proposición. Ejemplo: **"Ni** María lee **ni** Juan ve la TV".

Coordinadas disyuntivas

El nexo disyuntivo plantea en cada oración relacionada una opción, de tal modo que la elección de una excluye a las demás.

Ejemplos: "¿Deseas almorzar carne **o** pescado?". "¿Vienes **o** te quedas?".

El enlace disyuntivo más frecuente es la conjunción "o", aunque, a veces, cuando la siguiente palabra empieza por la letra "o", es sustituida por "u". Además, existen "bien", "o bien", "ya", "ora".

Ejemplos: **"O** estás atento **o** no te enterarás de nada". "Debes leer **u** oír la radio".

Los nexos disyuntivos pueden aparecer repetidos delante de cada oración relacionada.

Ejemplos: **"O** llamas por teléfono **o** me envías un *e-mail"*. **"O bien** recibes la notificación hoy, **o bien** mañana".

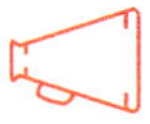

RECUERDA

Semánticamente, los significados de las coordinadas disyuntivas se excluyen entre sí.

Coordinadas adversativas

La conjunción adversativa establece una relación de oposición o contrariedad entre dos oraciones.

Ejemplo: "Ahora llueve, **pero** saldrá el sol por la tarde".

Esta oposición puede ser solo parcial (adversativas restrictivas) o total (adversativas exclusivas):

- **Adversativas restrictivas:** sus nexos son "pero", "mas", "aunque", "sin embargo", "con todo", etc.
  Ejemplos: "Nunca me visita, **pero** me llama por teléfono todos los días". "No dice nada, **aunque** se le entiende todo".
- **Adversativas exclusivas:** los nexos son "sino", "salvo", "fuera de", etc.
  Ejemplos: "No escribe los libros, **sino** los edita". "Todo aquel mundo desapareció; **salvo** algunos vestigios".

RECUERDA

Semánticamente, las coordinadas adversativas indican oposición, es decir, lo que se afirma en una proposición contradice, en mayor o menor grado, lo que se afirma en la otra.

Coordinadas ilativas

El nexo ilativo establece también una relación entre dos oraciones, en donde el segundo miembro expresa una consecuencia o conclusión del primero. Otras veces señala el paso a otra cosa.

Los nexos son: "por lo tanto", "luego", "con que", "por consiguiente", "pues", "así que", "en verdad", "en efecto", "ahora bien", etc.

Ejemplos: "No he conseguido el trabajo; **por lo tanto,** no me traslado". "Se ha asignado todas las tareas, **luego** no cuenta con nosotros". "Era un día maravilloso, **en efecto** el sol brillaba en el cielo".

RECUERDA

Semánticamente, las coordinadas ilativas indican una consecuencia o una conclusión de la proposición anterior, que viene a ser la causa.

Coordinadas explicativas

Relación, una vez más, entre dos oraciones, en la que la segunda proporciona una explicación o aclaración de la primera.

Los nexos suelen ir entre comas: "es decir", "o sea", "esto es".

Ejemplos: "Mantenemos una relación cortés, **es decir,** solo nos saludamos". "Este es un libro de miscelánea, **esto es,** recoge artículos sobre distintos temas".

RECUERDA

Las proposiciones coordinadas se clasifican según el tipo de relación que las une y, por lo tanto, según las conjunciones que las enlazan.

ACTIVIDAD COMPLEMENTARIA

14. ¿Cuál es la clasificación de las oraciones coordinadas? Descríbalas brevemente.

7.2. Subordinación

En una oración compuesta se dice que una de sus proposiciones es **subordinada** cuando funciona como si fuera un elemento (o complemento) de la principal, o la modificara en su conjunto.

EJEMPLO

Yo quiero	que estés alegre
Principal	Subordinada

A continuación se abordará el estudio de estas proposiciones, de nivel inferior al de la principal, clasificándolas en proposiciones sustantivas, adjetivas y adverbiales.

Proposiciones subordinadas sustantivas

Son aquellas proposiciones que, dentro de la oración compuesta, desempeñan las mismas funciones que el **sustantivo** en la oración simple:

Sujeto, Complemento Directo, Complemento de Régimen, Atributo, Complemento de un Nombre y **Complemento de un Adjetivo.**

Las funciones de Vocativo, Complemento Indirecto, Complemento Circunstancial y Complemento Agente no aparecen normalmente dentro de la estructura de las proposiciones subordinadas sustantivas.

De manera simplificada, estudiaremos los siguientes elementos de estas proposiciones.

Proposición subordinada sustantiva: Sujeto

- Función: Sujeto de la oración principal.
- Partícula introductoria: "que", a veces precedida de artículo.
- Verbos de la proposición principal:
  - "Ser" + atributo. Obsérvese el siguiente ejemplo.

Es falso que yo haya robado la moto.

Prop. Sub. Sust. -Suj.

  - Verbo transitivo en pasiva-refleja. Obsérvese el siguiente ejemplo.

Se vio que los pájaros salían de la jaula

Prop. Sub. Sust. -Suj.

  - Verbo intransitivo, con o sin Complemento Indirecto. Obsérvese el siguiente ejemplo.

Me interesa que vengas

Prop. Sub. Sust. -Suj.

Proposición subordinada sustantiva: Complemento Directo

- Función: Complemento Directo de la oración principal.

- Partícula introductoria:
  - "Que", introduciendo la proposición sustantiva. Obsérvese el siguiente ejemplo.

    Temo **que me suspendan**

    Prop. Sub. Sust. -C.D.

  - Proposición de infinitivo sin partícula. Obsérvese el siguiente ejemplo.

    Pienso **ganar la carrera**

    Prop. Sub. Sust. -C.D.

  - Proposición yuxtapuesta a la principal mediante:
    - El estilo directo. Obsérvese el siguiente ejemplo.

      Mi padre dijo: **"no llegues tarde".**

      Prop. Sub. Sust. -C.D.

    - El estilo indirecto (interrogativa indirecta). Ejemplo: "Cuéntame cómo ocurrió todo".
    - La conjunción condicional "si" o un pronombre o adverbio interrogativos. Ejemplo: "Dime si has aprobado".
  - Verbos de la proposición principal:
    - De lengua.
    - De entendimiento.
    - De percepción.
    - De duda, temor y posibilidad.

Proposición subordinada sustantiva: Complemento de Régimen

- Función: Complemento de Régimen del verbo de la proposición principal.
- Partícula introductoria:

- "Que", precedida de preposición. Obsérvese el siguiente ejemplo.

La madre cuida **de que su hijo pequeño coma**

Prop. Sub. Sust. -C.R.

- Infinitivo precedido de preposición. Obsérvese el siguiente ejemplo.

Se trata **de conseguir la victoria.**

Prop. Sub. Sust. -C.R.

- Verbos de la proposición principal: verbos que necesitan ir seguidos siempre de una preposición.

Proposición subordinada sustantiva: Atributo

- Función: Atributo del verbo copulativo de la proposición principal.
- Partícula introductoria: "que". Obsérvese el siguiente ejemplo.
- Verbos de la proposición principal: verbos copulativos y asimilados.

El jefe está **que arde**

Prop. Sub. Sust. -Atrib

Proposición subordinada sustantiva: Complemento del Nombre y Adyacente

- Función: Complemento del Nombre o Adyacente de un sustantivo o adjetivo de la proposición principal.
- Partícula introductoria:
  - "Que", precedida de preposición. Obsérvese el siguiente ejemplo.

Tengo deseos **de que todos vivan en paz.**

Prop. Sub. Sust. -C.N.

- Infinitivo sin "que". Obsérvese el siguiente ejemplo.

Este campo está preparado **para sembrar maíz.**

Prop. Sub. Sust. -Ady

Proposiciones subordinadas adjetivas

Función

Desempeñan en la oración compuesta la función del adjetivo en la oración simple, es decir, la de **adyacente** del sustantivo. Obsérvese el siguiente ejemplo.

- El ladrón **que huía** fue atrapado por la policía. (O. Comp. Sub.)

  Porp. Sub. Adj. -Ady

- El ladrón **fugitivo** fue atrapado por la policía. (O. simple).

  S. Adj. -Ady

El uso de estas proposiciones es, a veces, indispensable, ya que existen ideas complejas que ningún adjetivo léxico puede abarcar suficientemente.

El ladrón que desde anoche huía de la cárcel fue capturado.

El ladrón ¿? fue capturado.

Las proposiciones subordinadas adjetivas se llaman también **proposiciones de relativo,** porque el nexo que las introduce es un **pronombre** o un **adverbio relativo** que cumple una función sintáctica en dicha proposición (Sujeto, C. Directo, C. Circunstancial, etc.).

Pronombre

El **pronombre relativo** se refiere a un sustantivo, un adjetivo, un adverbio o una proposición denominada **antecedente,** ya que generalmente va delante de él. Obsérvese el siguiente ejemplo.

Encontré a tu primo **que** estaba en el cine.
Antecedente

Relativo y antecedente concuerdan en género y número, pero pueden desempeñar funciones diferentes en sus respectivas proposiciones. Así, en el empleo anterior, el antecedente "primo" funciona como núcleo del C.D., y el relativo "que" es el sujeto de la subordinada de relativo. Obsérvese el siguiente ejemplo.

Encontré a tu **primo** **que** estaba en el cine.
Suj. Pred.
Det. N. Prop. Sub. Relat. -Ady.
E. T.
N C.D.
P.V.

A veces, el pronombre relativo puede referirse a un sustantivo que se va a mencionar después. Este sustantivo recibe el nombre de **consecuente.** Obsérvese el siguiente ejemplo.

Al **que** vi ayer fue a tu primo.
Consecuente

Existe también el **antecedente callado,** que es aquel que, por diversos motivos, no se expresa de forma explícita. Ejemplo: **"Quien** bien te quiere te hará llorar".

El relativo se puede presentar solo y acompañado con el **artículo** ("el que", "la que", "los que", "las que", "el cual", "la cual", etc.).

También puede ir precedido de **preposición,** que señala la función del pronombre relativo en su proposición o la función de la proposición subordinada adjetiva respecto a la principal.

Obsérvense los siguientes ejemplos.

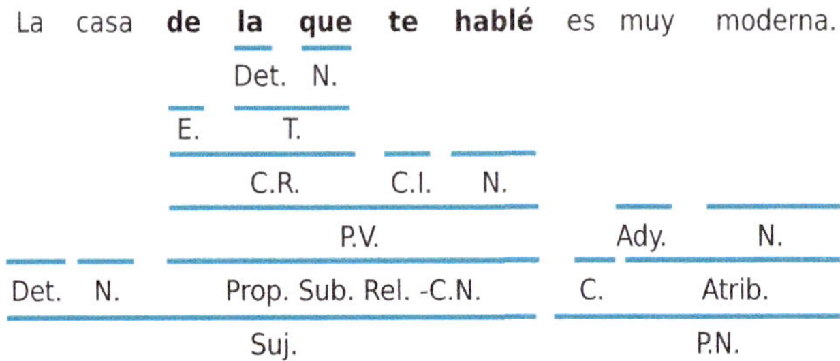

Escribió **a los que estaban ausentes.**

Det. N. C. Atrib.

Suj. P.N.

E. Prop. Sub. Relat. -T.

N. C.I.

P.V.

Clases

- Proposiciones subordinadas adjetivas o de relativo **especificativas**que:
    - Concretan, precisan y determinan el significado del antecedente.
    - Suponen una adjetivación necesaria y no se pueden suprimir sin alterar sustancialmente el sentido de la oración.
    - No llevan comas de separación entre el antecedente y el relativo.
    - No se efectúa pausa al leerlas.

EJEMPLO

Las manzanas que estaban muy maduras se cayeron.

- Proposiciones subordinadas adjetivas o de relativo **explicativas** que:
  - Expresan una cualidad circunstancial o que se quiere destacar en el sustantivo.
  - No son necesarias.
  - Se separan por comas y se hace pausa al leerlas.

EJEMPLO

El vino, **que encargaste,** se había agotado.

Proposiciones subordinadas adverbiales

Las proposiciones subordinadas adverbiales funcionan como proposiciones complementarias del predicado verbal de la proposición principal. Es decir, este tipo de proposiciones modifica o complementa no a uno de los elementos de la proposición principal, sino a la proposición entera.

Estas proposiciones se dividen de la siguiente manera:

- **Temporales:**
  - Función: indican la circunstancia de tiempo en la que ocurre la acción de la proposición principal, es decir, su función sintáctica es la de Complemento Circunstancial de Tiempo (C.C.T.).
  - Partículas introductorias: "cuando", "mientras", "apenas", "después que", "siempre que", etc. Obsérvese el siguiente ejemplo.

Siempre que vienes, me pides dinero.
Prop. Sub. Adv.-C.C.T.

  - Formas no personales:
    - **Infinitivo** precedido de preposición y locuciones conjuntivas. Obsérvese el siguiente ejemplo.

Antes de **pagar,** revisa la cuenta.

Prop. Sub. Adv. de Inf.-C.C.T.

- **Participio** absoluto o concertado. Obsérvese el siguiente ejemplo.

Terminados los deberes, salió a jugar.

Prop. Sub. Adv. de Part.-C.C.T.

- **Gerundio** simple o compuesto. Obsérvese el siguiente ejemplo.

Saliendo de su casa, se iba de paseo.

Prop. Sub. Adv. de Part.-C.C.T.

Locales:

- Función: indican la circunstancia de lugar en la que ocurre la proposición principal, es decir, su función sintáctica es de Complemento Circunstancial de Lugar (C.C.L.).
- Partículas introductorias: "donde", "adonde", "de donde", "por donde", "desde donde", etc.
  Obsérvense los siguientes ejemplos.

- Iremos **donde** tú digas.

Porp. Sub. Adv. -C.C.L.

- No sé **de donde** viene.

Porp. Sub. Adv. -C.C.L.

Modales:

- Función: indican la manera de realizar la acción de la proposición principal, es decir, su función sintáctica es la de Complemento Circunstancial de Modo (C.C.M.).
- Partículas introductorias: "como", "igual que", "del mismo modo que", "según que", etc. En la proposición principal aparecen elementos correlativos del tipo: "así", "tal", etc.
  Obsérvese el siguiente ejemplo.

Se comportó tal **como** se esperaba.

Prop. Sub. Adv. -C.C.T.

- Formas no personales:

  - **Infinitivo** precedido de preposición. Obsérvese el siguiente ejemplo.

Sin **responder,** miró fijamente.

Prop. Sub. Adv. -C.C.M.

  - **Gerundio** simple. Obsérvese el siguiente ejemplo.

Vivía **mendigando** por la calle.

Prop. Sub. Adv. -C.C.M.

Comparativas:

- Función: indican la comparación de dos hechos, uno en la proposición principal y otro en la subordinada. A veces funcionan como complemento del cuantificador que aparece en la proposición principal.
- Partículas introductorias:

  - **Comparativas de igualdad:** "lo mismo... que", "tanto... como", "tan + adjetivo + como", "igual de + adjetivo + que". Obsérvese el siguiente ejemplo.

Tu traje es **tan espectacular** **como** el mío.

Prop. Sub. Adv. -Comp.

1.er término comparación 2.º término comparación

  - **Comparativas de superioridad:** "más + adjetivo + (de lo) que". Obsérvese el siguiente ejemplo.

Hoy ha amanecido **más nublado** **que** (amaneció) ayer.

Prop. Sub. Adv. -Comp.

1.er término comparación 2.º término comparación

- **Comparativas de inferioridad:** "menos + adjetivo + que". Obsérvese el siguiente ejemplo.

La niña es **menos obediente** **que** era antes.

Prop. Sub. Adv. -Comp.

1.er término comparación 2.º término comparación

- **Causales:**

  - Función: indican la causa por la que se produce la acción de la proposición principal, es decir, su función sintáctica es la de Complemento Circunstancial Causal (C.C.C.).
  - Partículas introductorias: "porque", "pues", "como", "puesto que", "pues que", "a causa de que", etc.
  Obsérvese el siguiente ejemplo.

No salgo **porque** llueve.

Prop. Sub. Adv. -C.C.C.

  - Formas no personales:

    - **Participio** absoluto. Obsérvese el siguiente ejemplo.

Terminado el trabajo, puedes irte.

Prop. Sub. Adv. -C.C.C.

    - **Gerundio.**
    - **Infinitivo** precedido de las preposiciones "a" y "por". Obsérvese el siguiente ejemplo.

Toma el regalo **por haber** acertado.

Prop. Sub. Adv. -C.C.C.

- **Consecutivas:**

  - Función: indican la consecuencia de la acción de la proposición principal. Las consecutivas funcionan como complemento de un intensificador que aparece en la proposición principal.

- Partículas introductorias: el transpositor consecutivo "que" siempre es el que introduce este tipo de subordinadas. En la principal se encuentran intensificadores como: "tan", "tanto", "así", "tal", "de modo", etc.
  Obsérvese el siguiente ejemplo.

Pensaba **tanto** **que** le dolía la cabeza.

Prop. Sub. Adv. -Consecutiva

- **Condicionales:**

  - Función: indican la condición para que se cumpla la proposición principal.
  - Partículas introductorias: "si", "cuando", "donde", "mientras", "con tal que", "a menos que", "siempre que", etc.
    Obsérvese el siguiente ejemplo.

Si haces los deberes, saldrás de paseo.

Prop. Sub. Adv. Cond.

  - Formas no personales:

    - **Infinitivo** precedido de preposición. Obsérvese el siguiente ejemplo.

Con **venir,** ya tiene premio.

Prop. Sub. Adv. Cond.

    - **Gerundio.** Obsérvese el siguiente ejemplo.

Estudiando aprobarás.

Prop. Sub. Adv. Cond.

- **Concesivas:**

  - Función: establecen un obstáculo a la acción de la proposición principal.

- Partículas introductorias: "aunque", "siquiera que", "aun (cuando)", "así", "si bien", "por más que", etc.
  Obsérvese el siguiente ejemplo.

Aunque llueva, saldremos de paseo.

Prop. Sub. Adv. Conc.

- Formas no personales:

  - **Infinitivo** precedido de nexos concesivos. Obsérvese el siguiente ejemplo.

A pesar de **llover,** salieron.

Prop. Sub. Adv. Conc. de Inf.

  - **Gerundio** precedido de "aun" e "incluso". Obsérvese el siguiente ejemplo.

Aun **lloviendo,** saldremos.

Prop. Sub. Adv. Conc. de Ger.

  - **Participio** precedido de "aun" e "incluso". Obsérvese el siguiente ejemplo.

Incluso firmado el tratado, el país con problemas.

Prop. Sub. Adv. Conc. de Part.

- **Finales:**

  - Función: indican el fin de lo contado en la proposición principal, es decir, su función sintáctica es la de Complemento Circunstancial de Finalidad (C.C.F.).
  - Partículas introductorias: "para que", "a fin de que", "a que", "con el objeto de que", etc.
  - Obsérvese el siguiente ejemplo.

Robó el pan **para que** comieran sus hijos.
Prop. Sub. Adv. C.C.F.

- Formas no personales:
  - **Infinitivo** precedido de preposición. Obsérvese el siguiente ejemplo.

Se fue de España para **conocer** mundo.
Prop. Sub. Adv. C.C.F.

ACTIVIDAD COMPLEMENTARIA

15. ¿Cuál es la clasificación de las oraciones subordinadas? Descríbalas brevemente.

APLICACIÓN PRÁCTICA

Indique qué oraciones son consecutivas y cuáles comparativas.

a. Es tan pesado que todo lo consigue.
b. No es tan difícil como parece.
c. La película era tan divertida que no paramos de reír.
d. Come tanto que va a reventar.
e. Come tanto como los demás.
f. Estoy tan cansado que creo que me iré a casa.
g. Mis hijos salen de fiesta tanto como les apetece.
h. Este chico es tal como me imaginaba.

Solución

a. Es tan pesado que todo lo consigue: **consecutiva.**
b. No es tan difícil como parece: **comparativa.**
c. La película era tan divertida que no paramos de reír: **consecutiva.**

Continúa en página siguiente >>

<< Viene de página anterior

d. Come tanto que va a reventar: **consecutiva.**
e. Come tanto como los demás: **comparativa.**
f. Estoy tan cansado que creo que me iré a casa: **consecutiva.**
g. Mis hijos salen de fiesta tanto como les apetece: **comparativa.**
h. Este chico es tal como me imaginaba: **comparativa.**

7.3. Enlaces y conectores

La función de estos elementos lingüísticos es la de unir palabras, grupos de palabras y oraciones. Reciben, también, el nombre de **nexos** o **elementos de relación.**

Nexos
Elementos gramaticales explícitamente formales aunque invariables en su forma. Son unidades morfosemánticas independientes, que incluyen un valor significativo, no designativo, sino nocional orientador y situacional.

Preposiciones

Las preposiciones son elementos de relación o nexos, invariables en su forma y sin significado léxico. Son morfemas independientes, aunque su significado depende del contexto en el que se encuentren.

La preposición **"de"** puede indicar:

Continúa en página siguiente >>

<< Viene de página anterior

- **Procedencia:** "Álvaro es de León".
- **Pertenencia:** "El coche de Pedro".
- **Materia:** "Está hecho de madera".
- **Tiempo:** "Llegamos de madrugada".

Las preposiciones sirven para unir:

- Un nombre, núcleo del sintagma nominal, con su complemento preposicional. Véanse los siguientes ejemplos.

- Un adjetivo, núcleo del sintagma adjetival, con su complemento preposicional. Véanse los siguientes ejemplos.

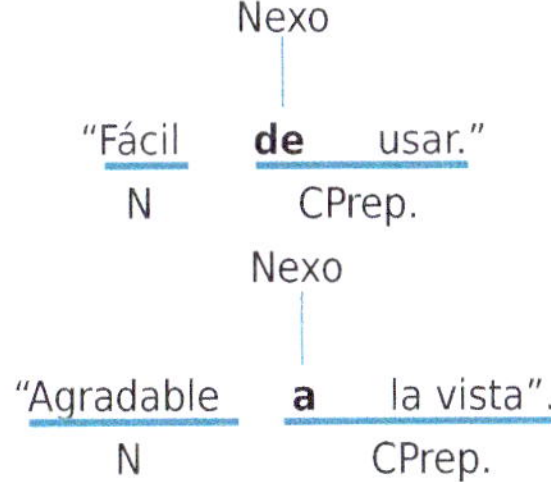

- Un adverbio, núcleo del sintagma adverbial, con su complemento preposicional. Véanse los siguientes ejemplos.

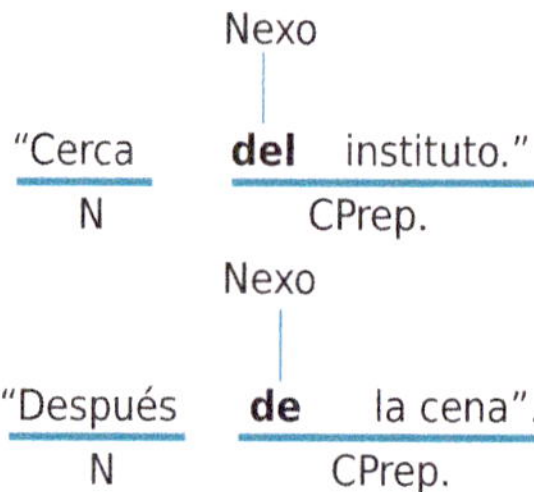

- Un verbo, núcleo del predicado, con sus complementos (C. Directo, C. Indirecto, Suplemento, C. Circunstancial, C. Agente, etc.). Véanse los siguientes ejemplos.

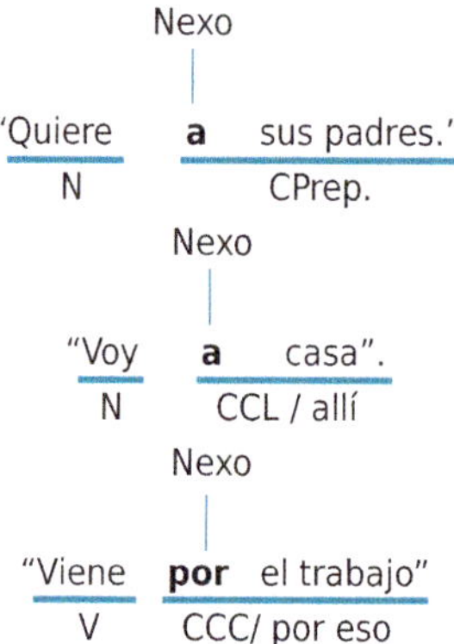

Se pueden distinguir las preposiciones de las locuciones preposicionales (expresiones formadas por varias palabras que equivalen a preposiciones):

- **Preposiciones simples o propias:** "a", "ante", "bajo", "cabe", "con", "contra", "de", "desde", "en", "entre", "hacia", "hasta", "mediante", "para", "por", "según", "sin", "sobre", "tras", "excepto", "durante" y "salvo".
- **Locuciones o preposiciones impropias:** "a causa de", "de entre", "en relación con", "conforme a", etc.

A continuación, se presenta la clasificación de las preposiciones en el siguiente cuadro.

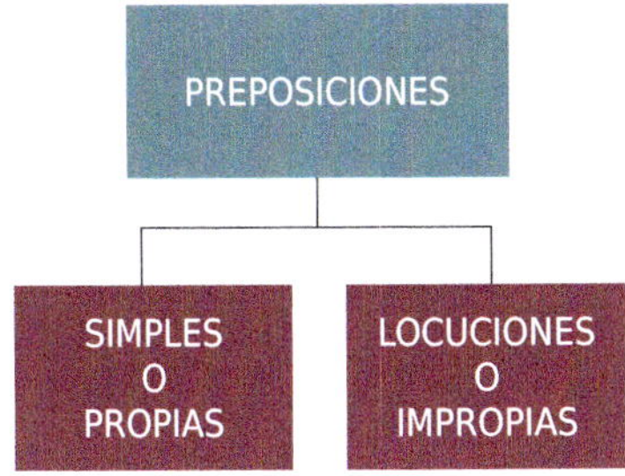

RECUERDA

Las preposiciones se clasifican, desde el punto de vista formal, en preposiciones simples o propias y locuciones preposicionales o preposiciones impropias.

Conjunciones

Las conjunciones son morfemas independientes e invariables en su forma cuya función es la de ser nexo entre palabras, sintagmas, proposiciones y oraciones. Estos morfemas gramaticales sirven para unir:

- Dos palabras, grupos de palabras y oraciones. Ejemplos: "He visto a Natalia **y** a Antonio José juntos". "No sabe leer **ni** escribir". "Calla **o** sal de la clase".
- Un elemento de la oración con otro. Ejemplos: "El libro **que** quiero". "Prefiero **que** vengas". **"Aunque** lo veas, no lo creerás".

Las conjunciones se clasifican, desde el punto de vista funcional o sintáctico, en conjunciones coordinadas y subordinadas:

- **Conjunciones coordinadas:** unen dos elementos de idéntica categoría sintáctica, sin establecer entre ellos ninguna relación de dependencia, puesto que cada uno podría funcionar por sí solo.
  Las conjunciones coordinadas pueden ser copulativas, disyuntivas, adversativas, distributivas y explicativas.

EJEMPLO

Teresa y María estudian Medicina.
Sujeto **Sujeto**

La conjunción "y" une dos elementos que tienen la misma categoría o función sintáctica: la de sujeto.

- **Copulativas:** indican un significado de suma. Las conjunciones coordinadas copulativas son "y", "e", "ni", "que":
  - "E" reemplaza a "y" cuando la palabra siguiente empieza por "i" o "hi".
  - "Ni" indica negación, y por eso se usa en oraciones negativas.
  - "Que" es un arcaísmo y solo aparece en frases hechas o de carácter culto.
  - Locuciones conjuntivas como "además de", "amén de", y palabras como "incluso" y "hasta" también pueden tener valor copulativo.
- **Disyuntivas:** expresan juicios contradictorios. Las conjunciones coordinadas disyuntivas son "o", "u", "o bien":
  - "U" reemplaza a "o" cuando la palabra siguiente empieza por "o", "ho".
- **Adversativas:** indican oposición o contrariedad. Las conjunciones coordinadas adversativas son: "pero", "sino", "sin embargo", "no obstante", "con todo", "más bien", "antes bien".
- **Distributivas:** su significado es de alternancia, no de exclusión. Sus nexos son partículas correlativas más que verdaderas conjunciones. Las partículas correlativas distributivas son: "bien... bien", "ora... ora", "ya... ya", "uno... otro", "aquí... allí", etc.
- **Explicativas:** su significado es de aclaración. Las conjunciones coordinadas explicativas son: "o sea", "es decir", "esto es".

- **Conjunciones subordinadas:** cuando la conjunción une un elemento principal (primario) con otro que lo complementa (secundario).
Las conjunciones subordinadas pueden ser completivas, condicionales, concesivas, finales, consecutivas, causales, temporales, locales, modales y comparativas.

Véanse los siguientes ejemplos.

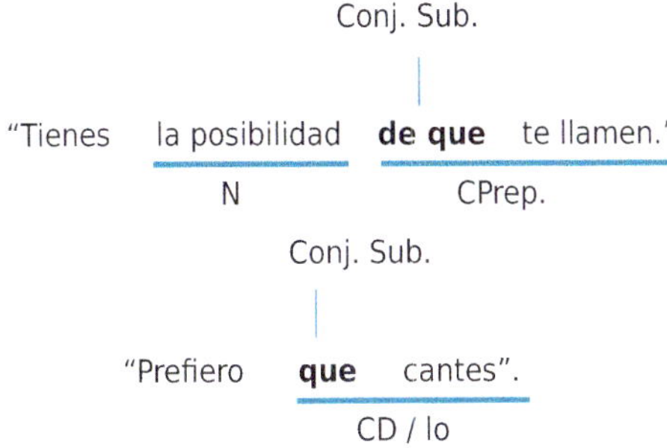

- **Completivas:** introducen las llamadas proposiciones subordinadas sustantivas. Las proposiciones subordinadas completivas son: "que", "si". Véanse los siguientes ejemplos.

  - Quiero **que** vengas.
    Porp. Sub. Sust. -C.D.
  - Dime **si** vas a venir.
    Porp. Sub. Sust. -C.D.

- **Condicionales:** expresan una condición sin la cual no se cumplirá lo expuesto en la proposición principal. Las conjunciones subordinadas condicionales son: "si", "con tal (de) que", "a condición de que", "en caso de que", "a menos que".

EJEMPLO

- Si vienes, avísame.
- En caso de que vengas, avísame.

- **Concesivas:** expresan una objeción que no impide el desarrollo de la oración principal. Las conjunciones subordinadas concesivas son: "aunque", "a pesar de que", "a pesar de", "aun cuando", "por más que".

Ejemplo: "Aunque no lo creas, estudio".

- **Finales:** expresan la finalidad de la oración principal. Las conjunciones subordinadas finales son: "para que", "a fin de que", "con el fin de que", "con vistas a que", "con objeto de que".

  Ejemplo: "Vengo para que me ayudes".

- **Consecutivas:** expresan la consecuencia de la acción principal, es decir, de lo expuesto en la oración principal. Las conjunciones subordinadas consecutivas son: "luego", "con que", "por consiguiente", "por tanto", "pues bien", "así que", "de tal manera que", "hasta el punto de que".

  Ejemplo: "Hablas mucho, luego te arrepientes".

- **Causales:** establecen la causa de lo expresado en la oración principal. Las conjunciones subordinadas causales son: "porque", "puesto que", "pues", "como", "ya que", "en vista de que", "como quieraque".

  Ejemplo: "Escribió una carta porque lo necesitaba".

- **Temporales:** expresan el tiempo en el que acontece lo dicho en la oración principal. Las conjunciones subordinadas temporales son: "cuando", "mientras (que)", "hasta que", "antes de que", "después de que", "desde que", "tan pronto como", "a medida que", "siempre que".

  Ejemplo: "Cuando llegues, escríbeme".

- **Locales:** indican el lugar donde se desarrolla la acción principal. Las conjunciones subordinadas locales son: "donde", "adonde", "de donde", "por donde".

  Ejemplo: "Aparece donde menos lo esperas".

- **Modales:** expresan el modo en el que se lleva a cabo lo expresado en la oración principal. Las conjunciones subordinadas modales son: "como", "así como", "según".

  Ejemplo: "Monté el mueble según indicaban las instrucciones".

- **Comparativas:** establecen una relación de igualdad o desigualdad entre dos elementos. Las conjunciones subordinadas comparativas son: "tanto... como", "tan... como", "tanto... cuanto", "más... que", "menos... que".

Ejemplo: "Tu libro está **menos** estropeado que (está) el mío".

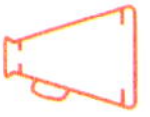

RECUERDA

Las conjunciones subordinadas establecen una relación de dependencia entre las proposiciones, de forma que una se supedita a otra.

ACTIVIDAD COMPLEMENTARIA

16. ¿Qué función cumplen las preposiciones y las conjunciones dentro de la oración? Busque información y averigüe si existen otros elementos que funcionen como nexos entre palabras y oraciones.

8. Utilización del vocabulario en la expresión oral y escrita

HILO CONDUCTOR

Una vez expuestas gran parte de las figuras utilizadas en la formulación de una frase, Susana pide reflexionar sobre la riqueza del léxico en lengua castellana. De hecho, indica que es casi imposible que un individuo conozca la totalidad de términos o léxico de su propia lengua, haciendo normalmente uso de un vocabulario básico.

Vidal Lamíquiz, en su obra *Lengua española. Método y estructuras lingüísticas,* afirma que toda lengua posee un tesoro de términos léxicos que pone a disposición de todos los individuos de la comunidad lingüística. Pero cada uno de esos individuos no posee, ni conoce ni emplea en igual medida el arsenal de riqueza léxica de su lengua.

Para un individuo lingüístico, el **vocabulario** es el conjunto de términos lexicales que emplea como hablante. Así, su vocabulario quedará manifiesto y comprobable en el conjunto de textos, orales o escritos, que produzca en sus realizaciones lingüísticas actualizadas.

Es obvio señalar que el vocabulario de un locutor es más reducido que el caudal léxico que conoce.

Léxico
Conjunto de términos lexicales que un individuo lingüístico posee como oyente o como lector, es decir, en interpretación semasiológica.

Por tanto, si se tiene en cuenta que, normalmente, un individuo no conoce la totalidad del léxico de su lengua, se puede resumir lo explicado en el siguiente gráfico.

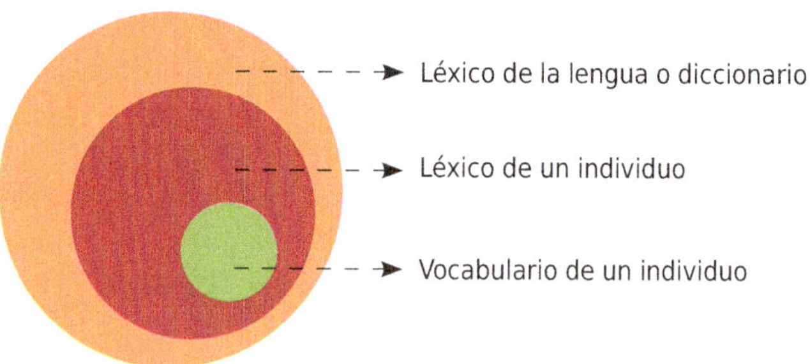

Se puede establecer una diferencia entre el **vocabulario fundamental,** que es el conjunto de unidades léxicas actualizadas por varios componentes de un grupo sociolingüístico, y el **vocabulario básico,** que es el conjunto de unidades léxicas que emplean en el discurso todos los hablantes de dicho grupo sociolingüístico.

El léxico de una lengua se reúne y recoge alfabéticamente en los diccionarios.

Por otra parte, un grupo sociolingüístico peculiar es el que instaura y maneja el **vocabulario técnico** de unidades léxicas específicas de una determinada ciencia o técnica. La distribución de los términos ofrece aquí, además, un condicionamiento sociocultural, según el grado de formación alcanzado por cada hablante en esa ciencia o técnica.

El léxico de una lengua es el conjunto de palabras que los hablantes de la misma emplean para comunicarse.

A continuación se tratarán los aspectos de la palabra relacionados con su formación y con su significado, las relaciones semánticas que se establecen entre las palabras, y la constitución del léxico de una lengua.

8.1. Formación de palabras: prefijos y sufijos

Según se recoge en la *Ortografía de la lengua española* (2010), de la RAE, última publicada y la más completa de las ortografías académicas, el proceso de formación de palabras o voces nuevas a partir de prefijos o sufijos se denomina **derivación**.

Derivación
Consiste en formar palabras añadiendo a un lexema un morfema derivativo: “Sal” (lexema) + “-ero” (sufijo) = “salero” (palabra derivada).

Los prefijos y los sufijos no son palabras, sino elementos afijos, carentes de autonomía, que necesariamente deben unirse a una base léxica (una palabra o, a veces, una expresión pluriverbal), a la que aportan diversos valores significativos, dando lugar a nuevas palabras.

Los prefijos se unen a la base por delante: "antinatural", "contraindicación", "desatar", "reabrir", "superaburrido"; y los sufijos, por detrás: "dormitorio", "noviazgo", "tontísimo", "trigal".

Prefijos

En la derivación con prefijos, hay que tener en cuenta que estos no cambian la categoría gramatical de la palabra, pero sí añaden significados nuevos:

- Los de **tiempo.** Ejemplo: "Posgraduado".
- Los de **lugar.** Ejemplo: "Antecámara".
- Los de **cantidad.** Ejemplo: "Monocultivo".
- Los de **tamaño o intensificación.** Ejemplo: "Repasar".
- Los de **negación, oposición o privación.** Ejemplo: "Impropio".

Las normas que deben seguirse para la correcta escritura de los prefijos en español son las siguientes:

- Se escriben unidos a la base a la que afectan cuando esta está constituida por una sola palabra: "antirrobo", "expresidente", "posventa", "precontrato", "vicesecretario", etc. Si se forma una palabra anteponiendo a la base varios prefijos, estos también deben escribirse sin guion intermedio: "antiposmodernista".
- Se unen con guion a la palabra base cuando esta comienza por mayúscula (una sigla o un nombre propio): "mini-USB", "pro-Obama". También es necesario emplear el guion cuando la base es un número, con el fin de separar la secuencia de letras de la de cifras: "sub-21", "super-8".
- Se escriben separados de la base a la que afectan cuando esta está constituida por varias palabras: "ex relaciones públicas", "anti pena de muerte", "pro derechos humanos", "super en forma", "vice primer ministro".

Un mismo prefijo se puede escribir unido a la base, con guion o separado en función de la palabra base ("supercansado", "super-8", "super en forma").

Sufijos

El derivado resultante de la unión de una base y un sufijo se escribe siempre en una sola palabra: "abordaje", "alimenticio", "angelote", "anunciación", "bibliotecario", "tontería".

En la derivación con sufijos, hay que señalar que:

- Los sufijos apreciativos, afectivos o expresivos añaden una valoración subjetiva al significado del lexema.

EJEMPLO

Miedica, pequeñito, casucha.

- Los sufijos no apreciativos cambian el significado del lexema y, a veces, su categoría gramatical.

EJEMPLO

Igualdad, poderoso, blanquear, velozmente.

ACTIVIDAD COMPLEMENTARIA

17. Realice las siguientes cuestiones:

    - Indique cuáles son los diferentes tipos de prefijos que se pueden encontrar.
    - Forme palabras derivadas con los siguientes sufijos:

      - -ico.
      - -illo.
      - -ito.
      - -ín.
      - -uelo.

APLICACIÓN PRÁCTICA

A partir de las siguientes palabras, forme otras tres palabras derivadas de cada una de ellas.

a. **Libro**
b. **Agua**
c. **Coger**
d. **Brazo**
e. **Forma**
f. **Tener**

Solución

a. Libreta, librería, libresco
b. Acuoso, aguado, aguacero
c. Acogida, recoger, encogido
d. Abrazar, brazalete, brazada
e. Formación, deforme, formal
f. Detener, sostener, tenencia

8.2. Conocimiento de arcaísmos y neologismos

En el devenir histórico, una lengua va dejando atrás cierta cantidad de lastre, mientras al propio tiempo va adquiriendo nueva savia. Tanto el lastre como la savia nueva consisten en léxico y fraseología, principalmente. Hay palabras y frases que han dejado de figurar en los libros desde hace muchos años, siglos tal vez, y palabras y frases que han entrado en el caudal léxico hace muy pocos años.

Los primeros se llaman **arcaísmos,** y no es fácil que vuelvan a tener un lugar en la lengua con la misma grafía y el mismo significado desaparecidos; los segundos se llaman **neologismos,** y están entrando en la lengua constantemente; unos, los más útiles y necesarios, arraigan y se quedan entre nosotros, sea con su propia forma, sea dotándolos de características que los hagan semejantes a las de su nuevo medio y permitan utilizarlos con cualidades morfosintácticas similares, según afirma Martínez de Sousa *(Manual de estilo de la lengua española).*

Arcaísmos

Un **arcaísmo** es una forma léxica o construcción sintáctica que pertenece a un estado de lengua desaparecido o en vías de desaparición, conservada en territorios en los que, pese a mantener cierta homogeneidad lingüística, se producen diferenciaciones dialectales.

En la actualidad perviven algunos arcaísmos en ciertas zonas (sobre todo rurales) de España y en Hispanoamérica.

EJEMPLO

Palabras como "agora", "maguer" o "apoteca", que significan respectivamente "ahora", "aunque" y "botica", son hoy arcaísmos.

Algunos registros lingüísticos son particularmente conservadores, especialmente los registros literarios y formales. Los refranes o proverbios son especialmente abundantes en arcaísmos. Otros contextos en los que abundan los arcaísmos son el lenguaje jurídico o la liturgia basada en textos canónicos.

En algunos escritos literarios, los arcaísmos se utilizan para dar mayor belleza a la expresión, para recrear una época pasada, o incluso con efecto cómico. Pero un excesivo uso de arcaísmos puede dificultar la comprensión de un texto.

SABÍAS QUE...

Entre los clásicos españoles, el historiador Juan de Mariana era aficionado a los arcaísmos; en cambio, Cervantes se burlaba de ellos.

Hay que diferenciar entre **arcaísmos absolutos** (formas que han desaparecido de todas las variantes de la lengua) y **arcaísmos relativos** (desaparecen de una familia, pero se siguen usando en otra). Lo opuesto a un arcaísmo relativo es una **innovación.** Cuando un elemento viejo es sustituido en alguna de las variedades de una lengua, se dice que dicha variedad ha innovado en el uso de ese elemento.

El arcaísmo es toda palabra o expresión que, si bien llegó a ser muy utilizada en el pasado, hoy en día ha caído en desuso o no se usa frecuentemente (solo en ciertos contextos específicos o con fines especiales), o ha sido reemplazada por un término nuevo o una variante.

Neologismos

Un **neologismo** es una palabra o expresión de reciente creación, tomadade otra lengua o que recibe una acepción nueva, y que pasa a formar parte de una lengua en un determinado nivel de ella.

En una lengua se están creando nuevas palabras continuamente, y los procedimientos para ello son varios:

- **Morfológicos:** son aquellos que dan como resultado palabras derivadas, compuestas, parasintéticas y acrónimos.

- "Hiper" (prefijo) + "mercado" (lexema) = "Hipermercado" (palabra derivada).
- "Droga" + "dependencia" = "Drogodependencia" (palabra compuesta).
- "Sida" (acrónimo).

- **Léxicos:**
    - Con formantes grecolatinos: "metrópolis", "cardiopatía", "políglota".
    - Por préstamos actuales de otraslenguas:
        - Extranjerismos: son aquellas palabras extranjeras que mantienen su forma original: *"marketing"*, "pop".
        - Calcos semánticos: son la "traducción" de expresiones extranje-
        - ras por palabras castellanas, que adoptan un nuevo significado: "baloncesto", "perrito caliente".

- Palabras castellanizadas: son aquellas palabras extranjeras admitidas por la Academia y que su ortografía se adapta a la pronunciación castellana: "espagueti", "garaje", "cruasán", "chándal".

- **Fonéticos:** creación de palabras cuyos sonidos imitan la realidad que designan. Se denominan onomatopeyas: "chirriar", "traqueteo", "sisear", etc.
- **Semánticos:** son palabras ya existentes en castellano que adquieren un significado nuevo: "boca del metro", "piso piloto", "pasarlo bomba", "congelar los salarios".

Las palabras nuevas, una vez que se generalizan, dejan de ser neologismos: "manjar", "mitin", "televisión", etc. Fueron en su día neologismos, pero hoy son palabras de uso común.

ACTIVIDAD COMPLEMENTARIA

18. Describa qué es un arcaísmo y qué es un neologismo, y ponga algún ejemplo de cada uno.

8.3. Explicación de préstamos y extranjerismos

Una de las principales vías para la ampliación del léxico de una lengua es la adopción de voces de otros idiomas con los que los hablantes de aquella establecen contacto. Este recurso para la adquisición de nuevos términos ha sido constante a lo largo de la historia del español. La procedencia de esas palabras, su perdurabilidad, el ámbito al que pertenecen y su grado de integración en nuestra lengua se han visto condicionados por los factores políticos, económicos y socioculturales de nuestro entorno en cada momento histórico.

Esas voces procedentes de otras lenguas se denominan generalmente **préstamos y extranjerismos,** y se explican a continuación.

Préstamos

Los **préstamos lingüísticos** son palabras procedentes de otros idiomas que nuestra lengua ha ido incorporando a su vocabulario a lo largo de la historia por razones culturales, sociales, económicas, etc.

DEFINICIÓN

Préstamo

Término proveniente de "prestar", del latín "praestare", que hace referencia a un extranjerismo integrado en el sistema de la lengua, la cual lo recibe mediante la adaptación de su estructura fónica y morfológica ("fútbol", del inglés *"football")*.

Martínez de Sousa distingue entre:

- **Préstamo aclimatado:** préstamo no integrado totalmente en la lengua que lo recibe: *"week-end", "water-closet"*.
- **Préstamo integrado o asimilado:** préstamo adaptado a las reglas fonológicas y gráficas de la lengua que lo recibe: *"carroussel"* (francés) > "carrusel" (español).

  Los préstamos lingüísticos más significativos son:
- Los **arabismos,** que proceden del árabe. Ejemplos: "aceite", "acequia", "alcalde", "alcohol", "azúcar", etc.
- Los **germanismos,** que proceden de la lengua germana. Ejemplos: "guerra", "guante", "níquel", "nazi", etc.
- Los **galicismos,** que proceden de la lengua francesa. Ejemplos: "gabinete", "galleta", "peaje", etc.
- Los **anglicismos,** que proceden de la lengua inglesa. Ejemplos: "club", "vagón", "mitin", "líder", "jersey", etc.
- Los **italianismos,** que proceden de la lengua italiana. Ejemplos: "novela", "soneto", "piloto", etc.

Hay que destacar los numerosos **americanismos,** es decir, palabras provenientes de las lenguas de los nativos del continente americano, que forman parte de la lengua española.

EJEMPLO

Algunos americanismos que en nuestra lengua forman parte del uso común son "patata", "canoa" y "cacao".

Asimismo, son importantes y abundantes los préstamos de las otras lenguas españolas:

- **Vasquismos,** que proceden de la lengua vasca. Ejemplos: "chabola", "chatarra".
- **Catalanismos,** que proceden de la lengua catalana. Ejemplos: "forastero", "porche".
- **Galleguismos,** que proceden del gallego. Ejemplos: "filloa", "morriña".

A modo de resumen, en el esquema que se presenta a continuación se pueden observar los diferentes tipos de préstamos lingüísticos que han influido en la formación del léxico español.

ACTIVIDAD COMPLEMENTARIA

19. ¿De qué lenguas proceden los préstamos que forman parte de la lengua española? Busque información al respecto y elabore un listado de palabras españolas procedentes de otras lenguas.

Extranjerismos

En el *Diccionario de Lexicografía Práctica* se definen los **extranjerismos** como aquellas voces, frases o giros propios de un idioma que son empleados en otro.

Martínez de Sousa defiende que este uso puede ser necesario, y entonces los extranjerismos deben ser bienvenidos, aceptados y aclimatados a nuestra grafía y fonética, labor que, en general, ha tomado sobre sí la Academia Española. Si son necesarios, pues, hay que admitirlos, y una postura conservadora opuesta a su admisión y adaptación sería retrógrada y llevaría al empobrecimiento lingüístico.

CONSEJO

La regla de oro en relación con los extranjerismos debe ser la de no utilizarlos sino en casos de necesidad, y entonces, en la medida de lo posible, adaptarlos a la grafía y la fonética de nuestro idioma.

En la *Ortografía de la lengua española* (RAE, 2010), se sostiene que los extranjerismos pueden servir para nombrar realidades nuevas para las que la propia lengua no dispone de término designativo. Pero en muchos otros casos son simplemente fruto del mimetismo lingüístico hacia lenguas de gran prestigio e influencia cultural en un momento histórico dado.

NOTA

En el caso de los extranjerismos incorporados en épocas pasadas, no existe conciencia en los hablantes actuales de su originaria condición de extranjerismos, por lo que ya se consideran voces españolas. Así sucede con la gran masa de arabismos, galicismos, italianismos, etc. incorporados a nuestro idioma, como es el caso de "alcalde", "jardín", "canalla", "maíz" y "huracán".

Si se analiza el comportamiento de los extranjerismos incorporados a la lengua española a lo largo de su historia, se comprueba la tendencia de estos a acomodarse a los patrones característicos de nuestro idioma, pues, en general, terminan adoptando una pronunciación y una grafía acordes con las pautas fonológicas, silábicas, prosódicas y ortográficas propias del español, y realizando la flexión nominal (de género y número) o verbal (de persona, tiempo, modo, etc.) de acuerdo con las pautas morfológicas de nuestro sistema lingüístico. Este proceso de acomodación de los extranjerismos se realiza mediante procedimientos muy diversos.

Una vez completado el proceso de acomodación a los patrones propios de nuestra lengua, estas voces extranjeras se consideran **extranjerismos adaptados,** en oposición a los **extranjerismos crudos o no adaptados,** que son aquellos que se utilizan con la grafía y la pronunciación (más o menos exacta o aproximada) que tienen en su lengua de origen, y no se ajustan, por ello, al sistema fonológico ni ortográfico del español.

Aquellos extranjerismos que arraigan en el uso y no son fruto de modas pasajeras, tras una primera etapa en la que se emplean en su forma originaria, acaban, por lo general, experimentando los cambios necesarios para su plena integración en nuestra lengua. Pero hay también extranjerismos que, por diversos motivos, manifiestan una mayor resistencia a la adaptación.

IMPORTANTE

Es necesario tener en cuenta que la proliferación indiscriminada de extranjerismos crudos o semiadaptados en textos españoles puede resultar un factor desestabilizador de nuestro sistema ortográfico. De ahí que la Real Academia

Continúa en página siguiente >>

<< Viene de página anterior

Española, junto con el resto de las que con ella integran la Asociación de Academias de la Lengua Española, procuren orientar los procesos de adopción de extranjerismos para que su incorporación responda, en lo posible, a nuevas necesidades expresivas y se produzca dentro de los moldes propios de nuestra lengua.

ACTIVIDAD COMPLEMENTARIA

20. ¿Qué diferencia hay entre los extranjerismos adaptados y los extranjerismos crudos o no adaptados? Justifique su respuesta.

8.4. Uso de abreviaturas, siglas y acrónimos

Se consideran **abreviaciones gráficas** aquellas formas de representación concisa de las unidades léxicas cuya motivación es, en principio, puramente gráfica, esto es, que responden a la intención de representar abreviadamente en la escritura palabras o expresiones complejas. Bajo este concepto se engloban, pues, tanto las abreviaturas como las siglas, procedimientos hoy diferenciados que, no obstante, comparten un mismo origen.

Por tanto, los dos procedimientos de abreviación gráfica son, por un lado, las **abreviaturas** y, por otro, las **siglas,** dentro de las cuales forman un grupo especial aquellas cuya estructura permite leerlas como palabras ("ovni", "sida", "OTAN", "Unicef", etc.) y que se denominan, específicamente, **acrónimos.**

Abreviaturas

Una **abreviatura** es la representación gráfica reducida de una palabra o grupo de palabras, obtenida por eliminación de algunas de las letras o sílabas de su escritura completa.

Las abreviaturas españolas pueden acuñarse mediante contracción y truncamiento, y siempre se cierran con un punto (o una barra inclinada, en algunos casos muy concretos).

SABÍAS QUE...

No todas las formas gráficas reducidas son abreviaturas. Elementos como "Fe" (por "hierro") o "N" (por "nitrógeno" o "norte") no son abreviaturas, sino símbolos.

Suele distinguirse entre **abreviaturas "personales",** las que cualquier hablante particular genera para uso propio en su escritura privada, y **abreviaturas "convencionales",** que son aquellas reconocidas y empleadas comúnmente por los usuarios de una lengua.

En cuanto a su lectura, las abreviaturas son un fenómeno de reducción meramente gráfica, por lo que su lectura corresponde a la realización de la forma plena de la palabra abreviada.

Como ya se ha indicado, los dos procedimientos básicos para formar abreviaturas son:

- Por **truncamiento,** suprimiendo letras o sílabas finales de la palabra abreviada: "art." por "artículo", "cent." por "centavo", "sig." por "siguiente". La abreviatura así obtenida siempre debe terminar en consonante: "pról." como abreviatura de "prólogo". Se habla de **truncamiento extremo** cuando solo se mantiene la letra inicial de la palabra abreviada. Se da normalmente en aquellas abreviaturas que corresponden a expresiones pluriverbales y fórmulas fijas: "r. p. m." por "revoluciones por minuto".
- Por **contracción,** conservando solo las letras más representativas, aquellas que resultan suficientes para que pueda identificarse sin dificultad la palabra abreviada. En las abreviaturas así formadas figuran siempre la letra inicial y normalmente también la letra o sílaba final, e incluyen a menudo una o varias letras interiores: "Alfz." por "alférez", "blvr." por "bulevar", "cta." por "cuenta", "dcha." por "derecha", "atte." por "atentamente", "Fdez." por "Fernández".

RECUERDA

La abreviatura es la grafía que resulta de reducir el cuerpo gráfico de una palabra o un grupo de palabras.

Siglas y acrónimos

Una **sigla** es un signo lingüístico formado con las letras iniciales de cada uno de los términos que integran una expresión compleja, por ejemplo: "ONU" por "Organización de las Naciones Unidas".

En la actualidad, el empleo de siglas es un fenómeno muy extendido, pues permite reducir a una sola pieza léxica expresiones complejas que se necesita manejar de modo recurrente a lo largo de un mismo texto. Así, las siglas, que hasta no hace mucho se empleaban casi exclusivamente en los nombres de instituciones, empresas u organizaciones, han pasado a utilizarse de manera generalizada para abreviar expresiones complejas que designan conceptos, objetos, sistemas, etc.

Es evidente que, tanto en el plano oral como en el escrito, resulta más económico e inmediato el uso de formas como "ONG" o "VIH" que el de sus correspondientes desarrollos "organización no gubernamental" y "virus de la inmunodeficiencia humana". Así, el uso de la sigla evita sobrecargar aquellos textos en los que una misma denominación debe utilizarse profusamente, a la vez que facilita la lectura al condensarla en una unidad mínima.

CONSEJO

Aunque permiten ahorrar tiempo y esfuerzo tanto en la escritura como en la lectura, conviene usar las siglas con comedimiento, en especial si no resultan transparentes o no son de conocimiento general, facilitando siempre al lector las claves para su interpretación.

Cuando, como sucede en la mayoría de los casos, la secuencia de letras que conforman la sigla presenta una estructura no pronunciable como palabra, se recurre en su lectura al deletreo de los grafemas que la componen, lo que constituye uno de los rasgos más característicos de las siglas prototípicas: "FBI", "GPS", "ONG". No obstante, hay siglas que presentan una estructura que permite su pronunciación como palabras, como ocurre en los casos de "ONU", "ovni" o "sida". Este tipo de siglas recibe el nombre de **acrónimos.** Así pues, los acrónimos no son más que un conjunto especial de siglas cuya estructura se acomoda a los patrones silábicos característicos del español, lo que favorece su lectura normal por sílabas. Por ello, con frecuencia, tras una primera fase en que los acrónimos aparecen escritos enteramente con mayúsculas por su condición de siglas ("OVNI", "SIDA", "UNESCO", "UNICEF"), acaban por lexicalizarse, esto es, por incorporarse al léxico general del idioma, bien como nombres comunes, bien como nombres propios ("ovni", "sida", "Unesco", "Unicef").

DEFINICIÓN

Acronimia

Procedimiento para la formación de neologismos, especialmente técnicos y científicos, a partir de extremos de los componentes léxicos de un sintagma o denominación, como "télex", de "teleprinter exchange".

ACTIVIDAD COMPLEMENTARIA

21. Responda a las siguientes preguntas:

- ¿En qué consisten la abreviatura, la sigla y el acrónimo?
- ¿Considera igual de útiles estos procedimientos de abreviación gráfica? Justifique su respuesta.

8.5. Utilización de sinónimos y antónimos

Dos figuras más presentes en la formación de frases u oraciones son los sinónimos y antónimos; elementos que permitirán una descripción de calidad.

Sinónimos

Cuando dos o más palabras presentan una relación de semejanza significativa, se denomina **sinonimia.** La sinonimia, por tanto, es la relación entre dos o más palabras de la misma categoría gramatical que tienen un significado idéntico. Estas palabras se llaman **sinónimos.**

EJEMPLO

- Burro, asno, pollino.
- Barco, vapor, embarcación, navío.
- Aeroplano, avión, reactor.
- Feliz, dichoso.
- Hallar, encontrar.
- Pueril, infantil.
- Minúsculo, ínfimo, exiguo.

Se pueden distinguir dos clases de sinónimos:

- **Sinónimos absolutos:** son muy pocos, y surgen cuando entre dos palabras se da un significado idéntico. Puede decirse que son palabras intercambiables. Ejemplo: "infatigable" = "incansable".
- **Sinónimos parciales:** son palabras que tienen significados no idénticos, sino semejantes. Esta semejanza del significado depende de diferentes circunstancias:
  - Variantes geográficas. Ejemplos: "papa"/"patata", "judía"/ "habichuela".
  - Variantes sociales o de situación. Ejemplos: "odontólogo"/"dentista", "dinero"/"pasta".
  - Variantes combinatorias. Ejemplos: "hombre delgado" / "intestino delgado".
  - Variantes expresivas. Ejemplos: "persona buena"/"estupenda"/"sen sacional"/"formidable".

La explicación de por qué existen en la lengua dos o más palabras distintas para designar una misma realidad, **referente,** no parece una cuestión fácil, aunque existen algunas razones evidentes:

- Ciertas realidades ("referentes") reciben un nombre u otro según la región geográfica donde se utilizan. Ejemplos: "jofaina"/"palangana", "ciervo"/"venado", "calendario"/"almanaque".
- O se produce sinonimia con palabras de distinto nivel de lengua:
  - Niveles culto/estándar. Ejemplos: "deceso"/"fallecimiento", "asta"/"cuerno", "hado"/"destino", "anegar"/"inundar".
  - Niveles estándar/vulgar. Ejemplos: "suspender"/"catear", "trabajar"/"currar", "amigo"/"colega".

- La introducción de préstamos produce, también, sinonimias. Ejemplos: "fútbol"/"balompié", "sándwich"/"emparedado", "voleibol"/"balonvolea".

APLICACIÓN PRÁCTICA

De las dos columnas que se presentan a continuación, relacione las palabras que sean sinónimas.

a	Oftalmólogo
b	Cefalea
c	Litigio
d	Oriundo
e	Aflicción
f	Lipotimia
g	Angosto

	Desmayo
	Pleito
	Jaqueca
	Tristeza
	Ocultista
	Originario
	Estrecho

Solución

a	Oftalmólogo
b	Cefalea
c	Litigio
d	Oriundo
e	Aflicción
f	Lipotimia
g	Angosto

f	Desmayo
c	Pleito
b	Jaqueca
e	Tristeza
a	Ocultista
d	Originario
g	Estrecho

Antónimos

Los **antónimos** son aquellas palabras que niegan el significado de su término positivo. La relación entre el antónimo y su término positivo puede presentar una gradación.

EJEMPLO

- Alto / bajo.
- Grande / pequeño.

Los antónimos pueden ser:

- Léxicos. Ejemplo: "frío"/"caliente".
- Formados por prefijos con significación negativa ("a-", "des-", "dis-", "in-"). Ejemplos: "adecuado"/"inadecuado", "aliento"/"desaliento".

Por otra parte, se distinguen tres tipos de antónimos:

- **Graduales o contrarios:** cuando dos vocablos se oponen entre sí dentro de una gradación. Ejemplos: "niño"/"viejo", "blanco"/"negro".
- **Complementarios:** cuando la oposición entre dos palabras es excluyente, es decir, la presencia de una excluye la otra. Ejemplos: "muerto"/"vivo", "macho"/"hembra", "hablar"/"callar".
- **Recíprocos:** se trata de términos que se implican recíprocamente, ya que la presencia de uno implica la del otro. Ejemplos: "vender"/"comprar", "padre"/"hijo", "dar"/"recibir".

RECUERDA

Cuando la relación entre los significados es de oposición, los términos se llaman antónimos.

ACTIVIDAD COMPLEMENTARIA

22. Realice las siguientes cuestiones:

- Defina los conceptos de sinónimo y antónimo.
- Busque palabras sinónimas de: dotar, hundir, lleno, apodo, cuerda, pestillo, mono, sabio, coche, sacar.
- Busque palabras antónimas de: saber, fácil, limpio, lleno, suerte, sufrir, casar, amor, huida, perdido.

8.6. Conocimiento de homónimos

Las palabras se relacionan en la lengua de diversos modos. No hay que olvidar que están constituidas por una parte formal (significante) y por otra significativa (significado).

Cuando dos palabras distintas presentan una relación de identidad entre sus significantes ("cola"/"cola", "vino"/"vino", "vaca"/"baca"), se conoce por **homonimia.** Por tanto, la homonimia es la relación que existe entre palabras que tienen el mismo significante pero distintos significados. Estas palabras se llaman homónimos.

Se trata de palabras de origen distinto que, en un estadio determinado de su evolución fonética, coinciden en su forma. Por ejemplo: *duellum* (palabra latina que significaba "guerra", "combate") y *dolus* (palabra latina que significaba "dolor") han derivado en su evolución en las palabras españolas "duelo" ("lucha o combate entre dos") y "duelo" ("dolor, aflicción").

Las palabras homónimas se pueden dividir en:

- **Palabras homófonas,** que son las que se pronuncian igual. Ejemplos: "revelar"/"rebelar" (palabras homónimas homófonas), "bello"/"vello" (palabras homónimas (homófonas).
- **Palabras homógrafas,** que son las que se escriben igual. Ejemplo: "a", letra / "a", preposición (palabras homónimas (homógrafas).

EJEMPLO

Homófonos y homógrafos:

- "Cola" / "cola".
- "Vino" / "vino".
- "Amo" / "amo".

Homófonos no homógrafos:

- "Hasta" / "asta".
- "Bienes" / "vienes".
- "Basto" / "vasto".

Como se observa en el ejemplo anterior, la identidad entre los significantes puede ser total, esto es, fónica y ortográfica. Los términos son entonces tanto homófonos como homógrafos. O bien, la identidad puede ser parcial, en ese caso son homófonos pero no homógrafos.

Asimismo, la homonimia puede ser absoluta y parcial:

- **Homonimia absoluta:** se da entre palabras de la misma categoría gramatical. Ejemplo: "banda" (sustantivo): "cinta" / "banda" (sustantivo): "grupo".
- **Homonimia parcial:** se da entre palabras con diferente categoría gramatical. Ejemplo: "valla" (sustantivo) / "vaya" (verbo).

RECUERDA

La homonimia hace referencia a la identidad fónica (homófonos) y/u ortográfica (homógrafos) entre dos significantes con distintos significados.

APLICACIÓN PRÁCTICA

Complete las siguientes oraciones con una palabra homónima de las que aparecen subrayadas.

- **a. Deseo que esa hierba medicinal..........durante cinco minutos.**
- **b. Marisa era muy sabia porque conocía lo que era la..........de los árboles.**
- **c. A la sombra de un enebro..........una aguja.**
- **d. Pidió un vaso de vino porque..........sediento.**
- **e. Estos grabados están..........con impuestos.**

Solución

- a. Deseo que esa hierba medicinal **hierva** durante cinco minutos.
- b. Marisa era muy sabia porque conocía lo que era la **savia** de los árboles.
- c. A la sombra de un enebro **enhebro** una aguja.
- d. Pidió un vaso de vino porque **vino** sediento.
- e. Estos grabados están **gravados** con impuestos.

8.7. Uso de palabras tabú y eufemismos

El fenómeno del **tabú** se considera de vital importancia en términos lingüísticos porque impone una interdicción o prohibición no solo sobre ciertas personas, animales y cosas, sino también sobre sus nombres. En la mayoría de los casos, aunque no en todos, la palabra sometida al tabú será abandonada y un sustituto, el **eufemismo,** será introducido para llenar ese vacío. Esto entrañará con frecuencia un ajuste en la significación del sustituto.

Las palabras tabú suelen ser sustituidas por los eufemismos

~~TABÚ~~ EUFEMISMO

Palabras tabú

Las **palabras tabú** son palabras existentes en la lengua pero no concretizables en el discurso por causas no lingüísticas.

Según V. Lamíquiz, estas causas pueden ser creencias supersticiosas y de mal agüero que, por ejemplo, hacen sustituir en Andalucía el lexema "culebra" por "bicha"; o en otras regiones "zorro" por "bestia"; incluso por lexema de apariencia semántica afectuosa, como "comadreja" por "guapilla", sustituciones léxicas existentes en todas las lenguas.

Otras causas pueden ser ciertos convencionalismos sociales. Cierta decencia o cortesía impide la presencia, en determinadas situaciones y por su interlocución, de algunos lexemas.

En vez de recurrir al eufemismo, el tabú léxico puede seleccionar dentro del sistema recurriendo a otros niveles lingüístico-culturales o al vocabulario técnico.

SABÍAS QUE...

Tabú es una palabra polinesia que el célebre capitán Cook introdujo en el inglés, de donde pasó a otras lenguas europeas. Según el propio capitán Cook, el término "tiene un significado muy amplio, pero, en general, quiere decir que una cosa está prohibida".

S. Ullmann defiende que los tabús del lenguaje se hallan comprendidos en tres grupos más o menos distintos, según la motivación psicológica que hay tras ellos: unos son debidos al miedo; otros a un sentimiento de delicadeza; y otros, finalmente, a un sentido de decencia y decoro. Estos tres grupos se desarrollan a continuación:

1. **Tabú del miedo.** Las criaturas y las cosas ordinarias dotadas de cualidades sobrenaturales pueden convertirse en objeto de temor y de tabú. De la misma manera, los nombres de los espíritus diabólicos son declarados tabú. Los nombres de objetos inanimados también pueden ser tachados por una prohibición tabú.
2. **Tabú de la delicadeza.** Es una tendencia humana general el eludir la referencia directa a los asuntos desagradables, como la enfermedad y

la muerte. Otro grupo de palabras afectadas por esta forma de tabú son los nombres de los defectos físicos y mentales. Y, por último, otra clase de palabras que a menudo se evitan por razones de delicadeza son los nombres de las acciones criminales tales como estafar, robar y matar.

3. **Tabú de la decencia.** Las tres grandes esferas más directamente afectadas por esta forma de tabú son el sexo, ciertas partes y funciones del cuerpo, y los juramentos. El sentido de la decencia y del pudor ha sido a lo largo de la historia una rica fuente de tabús y de eufemismos.

Romper un tabú es considerado como una falta grave por la sociedad que lo impone.

NOTA

Una palabra tabú es reemplazada a veces por una nueva formación o por un término tomado de una lengua extranjera. Puede ocurrir también que la palabra tabú no se haya desvanecido enteramente, sino que se conserve en una forma modificada.

ACTIVIDAD COMPLEMENTARIA

23. ¿Cuántos tipos de tabú existen? ¿Cuáles son? Explique también a qué hace referencia cada grupo de tabú.

Eufemismos

El **eufemismo** o sustituto léxico, que, según se indica en el *Diccionario de la lengua española* (RAE), es la manifestación suave o decorosa de ideas cuya recta y franca expresión sería dura o malsonante, es también uno de los modos con que puede llenarse un vacío creado por el tabú.

DEFINICIÓN

Eufemismo
Término proveniente del latín euphemismus, y este del griego *euphemismós* ("que habla bien"), que hace referencia a la forma con que se sustituye en la lengua usual una palabra o expresión de mal gusto, inoportuna, malsonante o tabuizada.

Tal como afirma Martínez de Sousa, la utilización de eufemismos no forma parte de la escritura científica, donde a cada cosa o hecho se le da el nombre que le corresponde y que todos entienden. Por ejemplo, un "anciano" es una persona que tiene una edad determinada, a partir de la cual se considera que es "vieja". Si la palabra "viejo" pudiera resultar poco atractiva, se puede sustituir por "anciano", pero no se entiende qué quiere decir "persona de la tercera edad" aplicado a una persona anciana. Ello no presupone que en un escrito científico se empleen palabras que pudieran resultar desagradables para la generalidad de las personas (las llamadas "palabras malsonantes").

Los eufemismos prestan mejores servicios a los sociólogos y a lospolíticos, al poner a su disposición palabras y frases con que ocultar realidades desagradables o inconvenientes. Hablar, por ejemplo, de "desequilibrios territoriales" en vez de "desigualdades regionales", de "empleada de hogar" en vez de "criada" o de "empleado de finca urbana" en vez de "portero", de "económicamente débiles" en vez de "pobres", de "excedente empresarial" en vez de "beneficios empresariales", de "reajuste de precios" en vez de "subida de precios" puede ser conveniente para quien lo utiliza, pero no necesariamente para el directamente interesado.

9. Uso de las reglas de ortografía

HILO CONDUCTOR

Analizando uno de los párrafos del último libro de Carmen Mola "El Clan", se observa que se toma la licencia de hacer uso de términos de origen inglés sin cursivas y en mayúsculas. Susana explica que no se trata de un error, sino de una licencia que el autor ha decidido utilizar para su obra. Con esto, Susana quiere hacer saber que las reglas de ortografía, aunque estén reflejadas y descritas por entidades oficiales, no siempre son definitivas.

El término **ortografía** procede del latín *orthographia,* y este del griego *orthographía,* de *orthós* ("recto") y *gráphein* ("escribir"). Es la parte de la gramática que establece los principios normativos para la recta escritura de las palabras de una lengua, su división a final de línea, el empleo adecuado de los signos de puntuación, la acentuación, las mayúsculas y otros aspectos del lenguaje gráfico.

El sistema ortográfico que hace posible la representación escrita del español está constituido por una serie de signos y recursos gráficos, y por el conjunto de normas que determinan su valor y regulan su empleo.

El conocimiento y el dominio de la ortografía resultan imprescindibles para asegurar la correcta comunicación escrita entre los hablantes de una misma lengua, al garantizar la adecuada creación e interpretación de textos escritos. Pero el dominio de la ortografía no es una tarea fácil, por lo que muchos hablantes castellanos soportan la pesada carga de las numerosas faltas de ortografía. En este sentido, hay que hacer constar que la irrupción de los modernos medios de comunicación (especialmente, los teléfonos móviles) ha incidido en un menosprecio al correcto uso de la ortografía y en acentuar, aún más, las carencias ortográficas de muchos castellanohablantes.

Por otra parte, hay que destacar que dichos medios de comunicación han significado, en la práctica, el abandono del hábito lector o, al menos, la disminución en el mismo. Y la experiencia enseña que solo una lectura frecuente y constante, con un alto nivel de comprensión, es el mejor medio para el perfeccionamiento de la lengua escrita y para el dominio de las reglas que la rigen.

El estudio de las **reglas de ortografía** no es el medio más adecuado para el aprendizaje de la lengua escrita, sobre todo si se utiliza de manera exclusiva.

Pero sí puede ser un complemento fundamental a otras tareas encaminadas a conseguir un solvente dominio de la expresión escrita.

Las reglas ortográficas pueden ser generales o particulares. Las primeras afectan a todo un ámbito de la escritura, mientras que las segundas se aplican a la escritura de palabras concretas.

RECUERDA

La ortografía es el conjunto de normas que regulan la escritura de una lengua.

9.1. Aplicación de las principales reglas ortográficas

La ortografía, en cuanto conjunto o corpus de convenciones que fijan las pautas de la correcta escritura de una lengua, tiene un carácter esencialmente normativo. Se concreta en reglas que deben ser respetadas por todos los hablantes que deseen escribir con corrección, y su incumplimiento da lugar a lo que se conoce como "faltas de ortografía".

Uso de las letras mayúsculas

Las reglas ortográficas que rigen el correcto uso de las letras mayúsculas son las siguientes:

1. Se escriben con letra inicial mayúscula la primera palabra de un escrito y la que vaya después de punto. También todos los nombres propios. Ejemplos: "Madrid", "Guadalquivir", "Antonio".
2. Se escriben con letra inicial mayúscula los atributos divinos, los títulos y nombres de dignidad, los nombres y apodos con que se designa a determinadas personas. Ejemplos: "Creador", "Marqués de Cádiz", "Alfonso X el Sabio".
3. Se escriben con letra inicial mayúscula las jerarquías y cargos importantes cuando equivalen a nombres propios y no van acompañados del nombre de la persona a la que se refieren. Ejemplo: "El Rey".
4. Se escriben con letra inicial mayúscula los tratamientos, especialmente si están en abreviatura. Ejemplos: "Sr.", "Ud." ("usted" cuando se escribe con todas sus letras no debe llevar mayúscula).

5. Se escriben con letra inicial mayúscula los sustantivos y adjetivoscuando forman parte del nombre de una institución, de un cuerpo o de un establecimiento. Ejemplo: "Real Academia Española de la Lengua".
6. Cuando haya que escribir con mayúscula palabras que empiezan por "Ch" o "Ll", solo se escribirá con mayúscula la primera letra. Ejemplos: "Chillida", "Llorente".
7. La numeración romana se escribe con mayúscula. Ejemplos: "Alfonso I", "siglo XX", "tomo VI".

Uso de la B

Se escriben con "b":

1. El sonido final "-bir" de los infinitivos y todas las formas de estos verbos. Se exceptúan "hervir", "servir" y "vivir" y sus compuestos.
2. Los infinitivos y todas las formas de los verbos "beber" y "deber".
3. Los infinitivos y formas verbales de "caber", "haber" y "saber".
4. Las terminaciones "-ba", "-bas", "-ba", "-bamos", "-bais", "-ban" del pretérito imperfecto de indicativo de los verbos de la primera conjugación.
5. El pretérito imperfecto de indicativo del verbo "ir": "iba", "ibas", etc.
6. Las palabras que empiezan por el sonido "bibli-", o con las sílabas "bu", "bur-", "bus-". Ejemplos: "biblioteca", "burro", "burla", "buscar".
7. Las terminaciones "-bundo/a", "-bilidad" (se exceptúan "movilidad" y"civilidad"). Ejemplos: "vagabundo", "amabilidad".
8. Todas las palabras en las que el sonido /b/ preceda a otra consonante. Ejemplos: "amable", "obvio", "absoluto".
9. Los prefijos "bi-", "bis-", "biz-" (que significan "dos o dos veces") y los prefijos "bene-" y "bien-".
10. Los compuestos y derivados de las palabras que llevan "b". Ejemplos: "rebote", "abanderado".

EJEMPLO

- Bilingüismo.
- Bisiesto.
- Biznieto.
- Benévolo.
- Bienhechor.

Uso de la V

Se escriben con "v":

1. Después de las letras "d", "b" y "n". Ejemplos: "adviento", "adverbio", "obvio", "invierno".
2. El presente de indicativo, imperativo y subjuntivo del verbo "ir": "voy", "ve", "vaya". El pretérito indefinido, el pretérito imperfecto y el futuro de subjuntivo de los verbos "estar", "andar", "tener" y sus compuestos: "estuve", "anduviera", "tuviese".
3. Las terminaciones de adjetivos "-ava", "-ave", "-avo"; "-eva", "-eve", "-evo"; "-iva", "-ivo". Se exceptúan "árabe", "sílaba" y sus compuestos.

EJEMPLO

- Octavo, nueva, nociva.
- Mozárabe, trisílabo.

4. Los prefijos "vice-", "villa-", "villar-". Ejemplos: "vicepresidente", "Villaverde", "Villarcayo".
5. Las terminaciones "-viro", "-vira"; "-ívoro", "-ívora", menos "víbora". Ejemplos: "carnívoro", "Elvira".
6. Las terminaciones "-servar" y "-versar" de los verbos. Ejemplos: "conservar", "conversar".
7. Las formas de los verbos que en su infinitivo no tienen "b" ni "v". Se exceptúa el pretérito imperfecto de indicativo del verbo "ir" ("iba", "ibas"...). Ejemplos: "tuve" ("tener"), "estuve" ("estar"), "vayamos" ("ir").
8. Los compuestos y derivados que llevan la letra "v". Ejemplos: "prevenir" ("venir"), "virtuoso" ("virtud").

APLICACIÓN PRÁCTICA

Complete los espacios en blanco de las siguientes palabras con las consonantes "b" o "v", según marcan las reglas ortográficas.

Continúa en página siguiente >>

<< Viene de página anterior

O...ser...ar	**...idriera**	**De...ido**	**Tra...ajo**
...ecino	**...entana**	**...alcón**	**Sensi...ilidad**
...oz	**Ci...ismo**	**...elar**	**Pertur...ar**
...iandante	**...ociferar**		

Solución

Observar	Vidriera	Debido	Trabajo
Vecino	Ventana	Balcón	Sensibilidad
Voz	Civismo	Velar	Perturbar
Viandante	Vociferar		

Uso de la H

Se escriben con "h":

1. Los prefijos "hidr-", "hiper-", "hipo-". Ejemplos: "hidráulico", "hipérbole", "hipócrita".
2. Todas las palabras que empiezan por el diptongo "ue". Ejemplos: "hueco", "huelga".
3. Los prefijos "hecto-", "hepta-", "hexa-", "hemi-" de las palabras compuestas. Ejemplos: "hectómetro", "heptasílabo", "hexágono", "hemiciclo".
4. Los compuestos y derivados de las palabras que tienen "h", excepto los derivados de "hueso", "huevo", "hueco" y "huérfano".

- Huelguista, hortofrutícola.
- Osario (hueso), óvulo (huevo), oquedad (hueco).

ACTIVIDAD COMPLEMENTARIA

24. Escriba tres ejemplos de un uso correcto de la "h", y otros tres de un uso incorrecto.

Uso de la G

Se escriben con "g":

1. El prefijo "geo-" de las palabras compuestas. Ejemplo: "geografía".
2. La terminación "-gen" de los nombres. Ejemplos: "origen", "margen".
3. Las terminaciones "-gélico", "-genario", "-géneo", "-génico", "-genio", "-génito", "-gesimal", "-gésimo", "-gético" y sus plurales y femeninos. Ejemplos: "angélico", "sexagenario", "homogéneo".
4. Las terminaciones "-ger" y "-gir" de los infinitivos. Se exceptúan "tejer" y "crujir" y sus compuestos, que se escriben con "j". Ejemplos: "proteger", "fingir".

NOTA

La "g" con la "e" y con la "i" tiene sonido gutural fuerte: "gente", "gitano". Para obtener ese mismo sonido suave, se coloca una "u" muda entre la "g" y la "e" o la "i": "guerra", "guisar". Si se necesita que la "u" intermedia suene, se pone el signo de la diéresis (¨) sobre la "u": "cigüeña".

Uso de la J

Se escriben con "j":

1. La terminación "-jería". Ejemplo: "relojería".
2. Los tiempos de los verbos cuyo infinitivo lleva "j". Ejemplos: "trabaje" ("trabajar"), "ejecute" ("ejecutar").

3. Las palabras derivadas de otras que llevan "j". Ejemplos: "cajita" ("caja"), "ultrajada" ("ultrajar"), "cojera" ("cojear").
4. Las formas verbales con sonido /je/, /ji/, si sus infinitivos no llevan "g" ni "j". Ejemplos: "traduje" ("traducir"), "deduje" ("deducir"), "traje" ("traer").

Uso de la I y de la Y

1. Al principio de palabra se escribe "i" cuando va seguida de consonante, pero se escribe "y" cuando va seguida de vocal. Ejemplos: "ilustre", "Isabel"; "yate", "yacer", "yegua".
2. Al final de palabra se escribe "i" si esta letra va acentuada, pero se escribe "y" si esta letra no lleva acento. Ejemplos: "reí", "percibí";"rey", "convoy".
3. Se escriben con "y" los plurales de las palabras que en singular terminan en "y". Ejemplos: "reyes" ("rey"), "convoyes" ("convoy").
4. La conjunción copulativa "y". Cuando esta conjunción precede a una palabra que empieza por el sonido /i/, es sustituida por "e".

- Aceitunas y patatas.
- Azucena e Ismael.

5. Se escribe "y" en los tiempos de los verbos en los que aparece este sonido, si sus infinitivos no tienen ni "y" ni "ll". Ejemplos: "cayó" ("caer"), "oyó" ("oír").
6. Se escribe "y" en la sílaba "yec". Ejemplos: "proyecto", "inyección".

Uso de la M

1. Se escribe con "m" y no con "n" antes de "b" y "p". Ejemplos: "ámbar", "comprar".
2. La "m" suele preceder a la "n" en palabras simples. Ejemplos: "alumno", "gimnasia".
3. Se escribe con "m" final en algunas palabras procedentes de otros idiomas, especialmente del latín. Ejemplos: "vademécum", "álbum".
4. El prefijo "in-" se convierte en "im-" antes de "b" y "p", en "ir-" si la palabra a la que antecede empieza por "r", y pierde la "n" delante de "l".

EJEMPLO

- Imborrable, imposible.
- Irresponsable.
- Ilegal.

Uso de la R y la RR

1. En general, el sonido fuerte se escribe con "rr" y el suave con "r". Al final de palabra se escribe "r". Ejemplos: "barril", "cara", "caer".
2. Aunque el sonido sea fuerte, se escribe una sola "r" al principio de palabra y cuando va precedido de "l", "n", "s". Ejemplos: "razón", "alrededor", "enriquecer", "israelita".
3. Se escribe "-rr-" siempre que vaya entre dos vocales, aunque sea una palabra compuesta cuya simple lleva una sola "r". Ejemplos: "vicerrector" ("vice-" + "rector"), "autorretrato" ("auto-" + "retrato").
4. Algunas palabras compuestas pueden escribirse con guion o sin él, en cuyo caso se escribiría "-rr-". Ejemplos: "hispanorromano" ("hispanoromano"), "francorruso" ("franco-ruso").

Uso de la D y la Z

1. Se escribe "d" al final de palabra cuando su plural termina en "-des". Ejemplos: "pared" ("paredes"), "vid" ("vides").
2. Se escribe "z" al final de palabra cuando su plural termina en "-ces". Ejemplos: "pez" ("peces"), "incapaz" ("incapaces").
3. Se escribe "d" al final de la segunda persona del plural de imperativo. Ejemplos: "comprad", "vended".

Uso de la X y la S

1. Se escriben con "x" las preposiciones latinas "extra" o "ex" ("fuera de"). Ejemplos: "extraordinario", "exportar".
2. Se escriben con "s" las palabras que, empezando por "estra-" o "es-", no proceden de las preposiciones latinas citadas y no significan "fuera de". Ejemplos: "estrategia", "estructura".
3. Se escriben con "-x-" intermedia palabras como las siguientes: "asfixia", "tóxico", "oxígeno", "textil", "óxido", "máximo", "saxofón".

9.2. Utilización de los principios de acentuación. Uso de diptongos, triptongos e hiatos

Es necesario que en la descripción escrita dominen los principios de acentuación así como que se identifiquen a los denominados diptongos, triptongos e hiatos. Esto permitirá llevar a cabo una división correcta de los distintos términos en aquellos casos en los que la redacción así lo necesite.

Utilización de los principios de acentuación

Acentuar un término o palabra es fundamental, ya que permitirá diferenciar una preposición de un verbo, un adverbio de un sustantivo, etc. Además, también facilitará el seguimiento de una lectura correcta.

Acento prosódico

El acento prosódico es la mayor intensidad de voz con la que se pronuncia una determinada sílaba en una palabra. Todas las palabras, incluso las monosílabas, llevan este acento. Ejemplos: "arboleda", "tirano", "tú", "lapicero", "cáscara".

La sílaba en la que recae el acento prosódico se llama sílaba **tónica** (es la que lleva el tono, es decir, el acento). Las demás sílabas de la palabra se llaman **átonas** (sin tono). Ejemplos: "macarrones", "campanario", "martillo".

Acento ortográfico

El acento ortográfico es una rayita oblicua, llamada **tilde** (´), que se coloca sobre la vocal de la sílaba tónica de algunas palabras.

 **EJEMPLO**

- Cartón.
- Andáis.
- Té.
- Échamelo.

Reglas generales de acentuación

Según marcan las reglas generales de acentuación, las palabras polisílabas, por el lugar que ocupa el acento prosódico, se dividen en:

- **Palabras agudas:** llevan el acento en la última sílaba. Ejemplo: "camión".
- **Palabras llanas o graves:** llevan el acento en la penúltima sílaba. Ejemplo: "huésped".
- **Palabras esdrújulas:** llevan el acento en la antepenúltima sílaba. Ejemplo: "esdrújula".
- **Palabras sobreesdrújulas:** llevan el acento antes de la antepenúltima sílaba. Ejemplo: "llévatelo".

Las palabras polisílabas llevan acento ortográfico, es decir, llevan **tilde** en los siguientes casos:

- Las **palabras agudas** llevan tilde cuando terminan en vocal, en "n" oen "s". Ejemplos: "corazón", "después".
- Las **palabras llanas** llevan tilde cuando terminan en consonante que no sea "n" ni "s". Ejemplos: "cáncer", "níquel".
- Las **palabras esdrújulas y sobreesdrújulas** llevan tilde siempre. Ejemplos: "fábrica", "dígamelo".

ACTIVIDAD COMPLEMENTARIA

25. Ponga cuatro ejemplos de palabras que lleven acento ortográfico o tilde (aguda, llana, esdrújula y sobreesdrújula).

APLICACIÓN PRÁCTICA

Clasifique las siguientes palabras en agudas, llanas y esdrújulas.

Botón - Culmen - Póntelo - Crisis - Haber - Color - Crímenes - Hábil - Así - Capaz - Síntoma - Puré - Víctima - Virgen.

Continúa en página siguiente >>

<< Viene de página anterior

AGUDAS	LLANAS	ESDRÚJULAS

Solución

AGUDAS	LLANAS	ESDRÚJULAS
Botón	Culmen	Póntelo
Haber	Crisis	Crímenes
Color	Hábil	Síntoma
Así	Virgen	Víctima
Capaz		
Puré		

Diptongos, triptongos e hiatos

Diptongos

Un **diptongo** es la secuencia de dos vocales que se pronuncian en una misma sílaba. Ortográficamente, se consideran diptongos las siguientes combinaciones de vocales:

- La combinación de una **vocal cerrada o débil** ("i", "u") y otra **abierta o fuerte** ("a", "e", "o"). Ejemplo: "avión".
- La combinación de **dos vocales cerradas o débiles** ("iu", "ui"). Ejemplo: "huida".

Atendiendo a esta combinación, existen dos tipos de diptongos, los llamados diptongos crecientes y diptongos decrecientes:

- **Crecientes:** combinación de vocal cerrada o débil seguida de una abierta o fuerte ("ia", "ie", "io"; "ua", "ue", "uo"). Ejemplos: "via-jero", "tiempo", "canción"; "guapa", "puerta", "cuota".
- **Decrecientes:** vocal abierta o fuerte seguida de vocal cerrada o débil ("ai", "ei", "oi"; "au", "eu"). Ejemplos: "aire", "reina", "voy"; "aurora", "feudal".

NOTA

La existencia de una "h" intercalada entre las vocales diptongadas no impide la formación del diptongo. Ejemplo: "ahumado".

Las palabras con diptongos llevan tilde cuando así lo exigen las reglas generales de acentuación. Ejemplo: "murciélago".

En aquellos diptongos que están formados por vocal abierta o fuerte y vocal cerrada o débil, la tilde se coloca sobre la vocal abierta o fuerte, pues en caso contrario dejarían de ser diptongos. Ejemplo: "náutico" ("naútico" sería una acentuación incorrecta).

Por último, apuntar que en diptongos formados por dos vocales cerradas o débiles, la tilde siempre se coloca sobre la segunda vocal. Ejemplo: "acuífero".

ACTIVIDAD COMPLEMENTARIA

26. Explique los tipos de diptongos que existen y ponga un ejemplo de cada uno de ellos.

Triptongos

La secuencia de tres vocales que se pronuncian en una misma sílaba es lo que se denomina **triptongo.** Ortográficamente, se considera triptongo la siguiente combinación de las tres vocales que lo forman:

- La combinación de vocal cerrada o débil + vocal abierta o fuerte + vocal cerrada o débil. Ejemplo: "limpiáis".

Al igual que los diptongos, las palabras con triptongo llevan tilde cuando lo exigen las reglas generales de acentuación. Ejemplo: "cambiéis", "buey".

En los triptongos, la tilde siempre va sobre la vocal abierta o fuerte; un triptongo no puede llevar tilde sobre la vocal cerrada o débil, pues se convertiría en hiato. Ejemplo: "estudiáis" ("estudíais" sería una acentuación incorrecta).

Hiatos

Se puede definir el **hiato** como la secuencia de dos vocales que no se pronuncian en la misma sílaba, sino que pertenecen a sílabas consecutivas distintas. Ortográficamente, esta es la combinación de las vocales que forman la sílaba con hiato:

- Dos vocales iguales. Ejemplo: "chiíta".
- Dos vocales abiertas o fuertes. Ejemplo: "recreo".
- Vocal abierta o fuerte átona ("a", "e", "o") + vocal cerrada o débil tónica ("í", "ú"), y viceversa, es decir, ("í", "ú") + ("a", "e", "o"). Ejemplos: "maíz", "tía".

Los hiatos formados por dos vocales iguales o por dos vocales abiertas o fuertes siguen las reglas generales de acentuación. Ejemplos: "aéreo", "dehesa".

Un hiato obliga a leer separadamente dos vocales contiguas, por lo que hay veces que habrá que poner tilde sobre palabras que no cumplen las normas generales de acentuación. Este es el caso de la palabra "maíz": es una palabra aguda terminada en "-z" que se tilda para que se produzca el hiato.

NOTA

Normalmente, no hay diptongo en las palabras cuyo primer elemento es un prefijo. Ejemplo: "re-unido".

ACTIVIDAD COMPLEMENTARIA

27. ¿Cuál es la definición de hiato? Escriba algunos ejemplos de hiatos.

9.3. Manejo de los signos de puntuación (punto, coma, dos puntos, punto y coma, raya, paréntesis, comillas, signos de interrogación yexclamación)

Los **signos de puntuación** son los signos ortográficos que organizan el discurso para facilitar su comprensión, poniendo de manifiesto las relaciones sintácticas y lógicas entre sus diversos constituyentes, evitando posibles ambigüedades y señalando el carácter especial de determinados fragmentos (citas, incisos, intervenciones de distintos interlocutores en un diálogo, etc.).

De la puntuación depende en gran medida la comprensión de los textos escritos, de ahí que las normas que la regulan constituyan un aspecto básico de la ortografía.

Punto

El **punto** es el signo ortográfico utilizado para cerrar partes de la comunicación con sentido en sí mismas. Indica pausa completa y entonacióndescendente.

Hay tres tipos de punto, como se ve a continuación:

- El **punto y seguido:** se utiliza para separar oraciones en las que se trata un mismo tema. Después del punto y seguido se puede seguir escribiendo en la misma línea, si es posible.
- El **punto y aparte:** se usa para separar párrafos que desarrollan ideas diferentes. Es aconsejable dejar un renglón en blanco entre un párrafo y otro.
- El **punto y final:** indica que el escrito ha concluido.

Colocar un punto y aparte o un punto y seguido suele ser una decisión subjetiva del que escribe. Por ello, no se debe olvidar que es necesario seguir una lógica y no utilizar los signos de puntuación arbitrariamente.

En cuanto al estilo, no queda bien un escrito en el que abunden los párrafos largos, como tampoco es atractivo un texto en el que aparezcan párrafos excesivamente cortos.

Algunos de los usos más frecuentes del punto son:

- Después de las abreviaturas. Ejemplos: "excmo.", "etc.", "pág.".
- Separando los minutos de las horas en las expresiones del tiempo (a veces se usan los dos puntos). Ejemplos: "15.00", "8.50".
- No se usa el punto tras los signos de interrogación y admiración, pero sí delante, si les precede una oración enunciativa, ya sea afirmativa o negativa.

EJEMPLO

- ¿Estudias o trabajas? ¿Dónde?
- Esas peras están muy frescas y buenas. ¿Cuánto vale el kilo?
- No vas al cine el viernes. ¿Por qué?

ACTIVIDAD COMPLEMENTARIA

28. ¿En qué se diferencian el punto y seguido, el punto y aparte, y el punto y final? Escriba un texto breve en el que haga uso de los tres tipos de punto.

Coma

La **coma** separa los elementos presentes (palabras, oraciones...) en un mismo enunciado, por tanto, indica pausa breve y su entonación es ascendente o suspendida.

Algunos de los usos de la coma son:

- Separar los componentes de una enumeración (palabras, grupos de palabras y oraciones), excepto los que estén precedidos de las conjunciones:
  - Copulativas: "y" (delante de palabras que no comienzan por vocal "i-" o "hi-"), "e" (delante de palabras que empiecen por la vocal "i-" o la sílaba "hi-"), "ni".

- Disyuntivas: "o" (delante de palabras que no empiecen por "o-" y "ho-"), "u" (delante de palabras que empiecen por "o-" y "ho-").

EJEMPLO

- Mario habla francés, alemán e inglés.
- Debes elegir entre uno u otro.

- Separar el último elemento de una relación separada por punto y coma. Ejemplo: "Pintó de rojo los cuadros; de verde, los círculos; de azul, los triángulos y de amarillo, el resto".
- Aislar los vocativos (nombre del receptor del mensaje) del resto de la oración. Ejemplos: "Fabián, compra el pan". "Mamá, no tomes tanta sal".
- Separar incisos explicativos, sean estos aposiciones, oraciones de relativo u oraciones de otro tipo (a veces, se utilizan paréntesis o rayas). Ejemplo: Vi a Juan, el primo de Luis, en la calle. (Aposición). El chico, que te presenté el sábado, se fue a Londres ayer. (Oración de relativo). El título de la película -ahora me acuerdoes Kunfusion.
- Cuando las partes de la oración presentan el orden invertido, la coma separa el elemento antepuesto siempre que admita la paráfrasis "en cuanto a". Ejemplo: "En cuanto a las flores, yo me encargo de comprarlas" ("Yo me encargo de comprar las flores").
- Separar oraciones subordinadas condicionales. Ejemplos: "Si quieres venir al campamento, tienes que apuntarte esta semana". "Ese árbol dará fruto en primavera, si llueve antes".
- Se antepone a la conjunción o locución conjuntiva que introduce oraciones adversativas, consecutivas y causales. Ejemplo: "Fui al concierto, pero no me gustó. (Oración adversativa)". "No vamos de excursión, porque está lloviendo (Oración causal)". "Es verano, por tanto hace mucho calor. (Oración consecutiva)".
- Entre comas aparecen locuciones y adverbios, con los que se separan ciertos complementos oracionales: "por último", "en fin", "pues bien", "ahora bien", "por el contrario", "sin embargo", "por ejemplo", "esto es", "o sea", "es decir". Ejemplos: "A mi prima le gusta el colegio, es decir, le gusta estudiar". "Tenéis donde elegir, por ejemplo, esa lámpara". "Efectivamente, así fue".
- Sustituir un verbo omitido que aparece antes o que se sobrentiende. Ejemplos: "Ana tiene ocho perros; yo, ninguno". "Marta es una buena estudiante; José, un buen trabajador".

- En las cabeceras de las cartas, separa el lugar y la fecha. Ejemplos: "Antequera, 22 de junio de 2005". "Marbella, 3 de enero de 2005".
- Separar la parte entera de la decimal en expresiones numéricas. Ejemplos: "3,1416"; "58,16"; "0,106".

IMPORTANTE

En los textos escritos, es tan incorrecto no poner las comas adecuadas como ponerlas innecesariamente.

ACTIVIDAD COMPLEMENTARIA

29. ¿Cuál es la función de la coma en los textos escritos? Escriba un texto breve en el que haga uso de la coma.

Dos puntos

Los **dos puntos,** que tienen entonación descendente, indican una pausa similar a la del punto.

Se utilizan para introducir enunciados, que pueden ser de distintos tipos:

- Enumeraciones. Ejemplo: "Las provincias de la comunidad autónoma andaluza son: Almería, Cádiz, Córdoba, Granada, Huelva, Jaén, Málaga y Sevilla".
- Citas textuales, que se iniciarán con comillas (inglesas o latinas) y mayúsculas. Ejemplo: El profesor nos dijo muy serio: "A partir de mañana podéis venir a clase sin uniforme". Mi amiga dijo con gran emoción: «Sí, quiero».
- Fórmulas de saludo en cartas y documentos, tras las cuales se escribirá mayúscula. Ejemplo: "Queridos primos: Estoy en la playa y quería escribiros unas líneas...".
- Oraciones que expresan una relación causa-efecto, una conclusión o explicación. Ejemplo: "Los ingresos de este año han aumentado considerablemente: la campaña de *marketing* hizo efecto".

- Un ejemplo, anécdota, cuento o historia. Ejemplo: "La última vez que estuve en la playa con mis amigos tuve una agradable sorpresa: me estaba metiendo en el agua cuando una chica me llamó. Era una compañera de la facultad que no veía desde hacía años".
- Expresiones de tiempo, separando las horas de los minutos (también puede usarse el punto). Ejemplo: "Eran las 10:30 cuando comenzó a llover".

NOTA

Salvo casos excepcionales, tras los dos puntos no es necesario escribir mayúscula.

Punto y coma

El **punto y coma** es un signo intermedio entre el punto y la coma, con el que se separan los períodos oracionales de un párrafo que tienen mayor conexión que cuando se utiliza un punto, pero menor que cuando se hace uso de la coma.

El punto y coma tiene entonación descendente (como el punto y la coma), e indica una pausa mayor que la coma y menor que el punto.

IMPORTANTE

Detrás del punto y coma no se escribe mayúscula, y se continúa escribiendo en el mismo renglón.

El uso del punto y coma en el texto escrito es una elección subjetiva del redactor en la mayoría de las ocasiones; sin embargo, hay ciertos casos en los que se suele hacer uso de este signo de puntuación:

- Para separar los elementos de una enumeración cuando son expresiones que incluyen comas. Ejemplo: "Joaquín comió pescado; Mariam, carne; Francisco, verdura; y yo, ensalada".

- Para separar oraciones yuxtapuestas con cierta vinculación semántica, especialmente si estas ya contienen comas. Ejemplo: "Afortunadamente, todo quedó en un susto; la madre y su bebé ya volvieron a su casa".
- Para explicar algo que se acaba de decir. Ejemplo: "Tu hermana, finalmente, viajó a Londres; llevaba todo el año planeándolo".
- Parasepararconjuncionesylocucionesconjuntivas("pero","mas","sinembargo","portanto","enfin"...)enoracioneslargas.Ejemplo:"Habéisestado estudiando durante todo el año sin descanso; por consiguiente, aprobaréis el examen y conseguiréis plaza".
- Para describir una idea particular que está contenida en otra general que se mencionó previamente. Ejemplo: "A mi marido le fascinan el Cubismo y los pintores cubistas; entre todos los cubistas, Picasso es su favorito".
- Para unir oraciones que no están perfectamente enlazadas la una con la otra. Ejemplo: "Me preguntó que dónde estaríamos el viernes que viene; ¿sospechará lo de la fiesta sorpresa?".

CONSEJO

Es recomendable alternar el punto y el punto y coma en los párrafos para evitar, de esta manera, un lenguaje entrecortado por la sucesión de puntos.

ACTIVIDAD COMPLEMENTARIA

30. Los dos puntos y el punto y coma son signos de puntuación parecidos, pero que cumplen funciones diferentes. Según su punto de vista, ¿qué diferencias fundamentales se dan en su uso?

Raya

La **raya** (así como los paréntesis y corchetes) se usa para introducir aclaraciones o incisos en un texto. El autor y las circunstancias textuales favorecerán el decantarse por una u otra opción.

La raya es utilizada fundamentalmente para:

- Introducir aclaraciones o incisos que interrumpen el discurso. Ejemplo: "Se marchó de España -su país natal tras el estallido de la Guerra Civil".
- Señalar las intervenciones de los personajes en un texto de narración dialógico.

EJEMPLO

- ¿Qué quieres decir con eso? ¿Qué te pasa? ¿Cómo piensas llegar a tu barrio? ¿A pie?
- ¿Sabes cuántos kilómetros hay hasta allí?
- No quiero estorbarte.
- ¿Estás enfadado?
- No.
- ¿Estás celoso?-sonrió encantada.

A. Martín y J. Ribera: Todos los detectives se llaman Flanagan.

- Introducir comentarios del narrador en las intervenciones de los personajes.

EJEMPLO

- Pero, ¡Emilio! -exclamó Andrea-. ¿Qué haces aquí?
- Acabo de regresar de mi viaje -respondió Emilio-.

Paréntesis

Con el **paréntesis** se introducen aclaraciones, incisos o informaciones adicionales en un texto, que se separan del resto del discurso.

Indica interrupción del discurso para intercalar alguna observación necesaria o de escasa relación con el texto. Ejemplo: "El partido (estaba lloviendo a mares) fue aburrido".

Algunos de los usos más frecuentes del paréntesis son los siguientes:

- Con el paréntesis se intercala algún dato o precisión (fecha, autor de una obra, significado de unas siglas, provincia). Ejemplo: "Vivo en Ribadesella (Asturias)".
- Con el paréntesis se encierra una palabra o parte de ella, introduciéndose así varias opciones en el texto al mismo tiempo. Ejemplo: "Los (las) alumnos(as) de secundaria visitarán Salamanca en el mes de febrero".

NOTA

Si el texto que aparece entre paréntesis termina en punto, este se colocará antes del cierre de dicho paréntesis: "(El muchacho coge la maleta y sale del escenario.)".

ACTIVIDAD COMPLEMENTARIA

31. Hay un signo ortográfico similar a los paréntesis: los corchetes. Busque información sobre dicho signo e indique su función en el texto.
32. Establezca las semejanzas y las diferencias entre los paréntesis y los corchetes.

Comillas

A continuación se muestran los diferentes usos y tipos de **comillas.**

- Los usos más frecuentes de las comillas son:
  - Introducir citas textuales.
  - Marcar un término discordante o especial en el discurso o texto.
  - Señalar tono irónico en una determinada palabra oexpresión.
  - Introducir nombres de cuadros, piezas musicales oartículos.
  - Indicar que una palabra o expresión está usada de forma metalingüística.
- Los diferentes tipos de comillas son:

- Compuestas:
  - Latinas (« »), muy usadas en países latinoamericanos.
  - Inglesas (“ ”).
  - Simples (‘’).

En la siguiente tabla se relacionan los diferentes tipos de comillas con sus correspondientes usos.

COMILLAS

Tipos	Usos
Compuestas (latinas e inglesas)	Citas textuales o términos especiales en un texto. Nombres de cuadros, piezas musicales, etc.
Simples	Palabras o expresiones metalingüísticas

CONSEJO

No se debe abusar del uso de las comillas en un texto escrito, pues quedaría antiestético y la lectura sería más difícil.

ACTIVIDAD COMPLEMENTARIA

33. Ponga varios ejemplos de los diferentes tipos de comillas según sus usos más frecuentes.

Signos de interrogación y exclamación

Los signos de interrogación y exclamación se escriben en todas las oraciones interrogativas y exclamativas directas, pero nunca en las indirectas. El signo de apertura se coloca al principio de la oración. En español es obligatorio el signo de apertura; no así en otras lenguas, como la inglesa o la francesa.

EJEMPLO

- ¿Cuántos años tiene Raquel? Me preguntaba cuántos años tiene Raquel (interrogativa indirecta).
- ¡Cuántos años tiene Raquel! Me asombré al saber cuántos años tiene Raquel (exclamativa indirecta).

En el caso de que se sucedan varias preguntas o exclamaciones breves, estas se separan por medio de puntos y comas.

EJEMPLO

- ¿Dónde comemos?; ¿en casa?; ¿en este restaurante?
- ¡Qué guapo es tu hijo!; ¡qué grande está!; ¡qué bueno es!

Después del signo de cierre de la interrogación o exclamación nunca se escribe punto. Ejemplo: "¿Dónde habéis estado? Os esperábamos para cenar".

RECUERDA

La puntuación tiene como fin primordial facilitar que el texto escrito transmita de forma óptima el mensaje que se quiere comunicar.

ACTIVIDAD COMPLEMENTARIA

34. ¿Qué son los signos de interrogación y exclamación? ¿Para qué se usan los signos de interrogación y exclamación en la escritura?
35. Escriba varias oraciones haciendo uso de ambos tipos de signos.

10. Resumen

Los enunciados son mensajes con sentido completo en sí mismos; tienen autonomía sintáctica, es decir, no dependen de una unidad sintáctica superior; y presentan una entonación característica (enunciativa, exclamativa, desiderativa...). Pueden ser oracionales, nominales, adjetivales, adverbiales o interjectivos.

La oración es la unidad de la lengua con autonomía semántica, sintáctica y fonológica para expresar un pensamiento completo y con intención comunicativa.

La oración simple tiene un solo predicado y, por tanto, un solo verbo en forma personal. Puede clasificarse siguiendo dos criterios: el semántico (enunciativas, interrogativas, imperativas, dubitativas, optativas, exclamativas) y el sintáctico (atributivas y predicativas).

La oración compuesta tiene dos o más predicados y, por tanto, dos o más verbos en forma personal.

Las oraciones se pueden clasificar atendiendo a su modalidad. Las modalidades oracionales son: enunciativas, interrogativas, exclamativas, exhortativas o imperativas, optativas o desiderativas, dubitativas y de posibilidad.

El sintagma es una unidad intermedia de la lengua, formado por una ovarias palabras. Los sintagmas cumplen una función sintáctica dentro de la oración. Según la categoría gramatical del núcleo del sintagma, este puede ser nominal, preposicional, verbal, adjetival o adverbial.

Los dos constituyentes básicos de la oración son el sujeto y el predicado. Entre ambos deben darse dos situaciones imprescindibles: concordancia y compatibilidad semántica. El sujeto es la persona, animal o cosa de la que se dice algo en la oración; el predicado es todo aquello que se dice delsujeto.

El verbo es una categoría gramatical que, por su propia naturaleza, exige y admite más complementos que las demás. Dentro de un predicado, todos los elementos sintácticos que lo componen (menos el verbo, que es su núcleo) cumplen la función de complemento.

Cada uno de los predicados de la oración compuesta forma unidades sintácticas llamadas proposiciones que, según las relaciones que establecen entre sí, se dividen en oraciones yuxtapuestas, oraciones coordinadas y oraciones subordinadas.

Los enlaces y conectores son elementos lingüísticos cuya función es la de unir palabras, grupos de palabras y oraciones. Reciben, también, el nombre de nexos o elementos de relación, y son las preposiciones y las conjunciones.

El vocabulario es el conjunto de términos lexicales que emplea un hablante, y queda manifiesto en sus producciones orales o escritas.

El proceso de formación de palabras o voces nuevas a partir de prefijos o sufijos se denomina derivación. Los prefijos y los sufijos no son palabras, sino elementos afijos, carentes de autonomía, que necesariamente deben unirse a una base léxica, a la que aportan diversos valores significativos, dando lugar a nuevas palabras.

Hay palabras y frases que han dejado de figurar en los libros desde hace muchos años (arcaísmos), y palabras y frases que han entrado en el caudal léxico hace muy pocos años y están entrando en la lengua constantemente (neologismos).

Otra de las principales vías para la ampliación del léxico de una lengua es la adopción de voces de otros idiomas. Esas voces procedentes de otras lenguas se denominan préstamos y extranjerismos.

Los dos procedimientos de abreviación gráfica son, por un lado, las abreviaturas y, por otro, las siglas, dentro de las cuales forman un grupo especial aquellas cuya estructura permite leerlas como palabras y que se denominan, específicamente, acrónimos.

La sinonimia es la relación entre dos o más palabras de la misma categoría gramatical que tienen un significado idéntico. Por otra parte, las palabras antónimas niegan el significado de su término positivo.

La homonimia, que puede ser absoluta o parcial, es la relación que existe entre palabras con el mismo significante pero distinto significado.

El tabú impone una prohibición sobre personas, animales y cosas, y sobre sus nombres. En muchos casos, la palabra sometida al tabú será abandonada, y el eufemismo será introducido para llenar ese vacío.

El sistema ortográfico que hace posible la representación escrita del español está constituido por una serie de signos y recursos gráficos, y por el conjunto de normas que determinan su valor y regulan su empleo.

Las reglas ortográficas deben ser respetadas por todos los hablantes que deseen escribir con corrección, y su incumplimiento da lugar a lo que se conoce como "faltas de ortografía".

De la acentuación y la puntuación depende en gran medida la comprensión de los textos escritos, de ahí que las normas que las regulan constituyan un aspecto básico de la ortografía.

Ejercicios de autoevaluación
Unidad de Aprendizaje 2

1. Indique si las siguientes afirmaciones son verdaderas o falsas.

a. Un texto se compone de oraciones o enunciados oracionales: puede estar constituido por una sola oración o por más de una.

- Verdadero
- Falso

b. El sujeto de la oración simple está formado principalmente por un verbo, por eso el núcleo del sujeto es el verbo.

- Verdadero
- Falso

c. Los enunciados clasificados como frases pueden ser unimembres o bimembres.

- Verdadero
- Falso

2. ¿Cuáles son las diferentes modalidades oracionales? Descríbalas brevemente.

____

____

____

____

3. Complete el siguiente texto.

El sintagma es una unidad de la ______________ formado por una o varias ______________ que desempeña una función en una unidad ______________ que es la ______________. El sintagma, por tanto, es una unidad de la lengua.

4. Relacione cada tipo de sujeto con la función que desempeña en la oración.

a. Sujeto agente.
b. Sujeto paciente.
c. Sujeto expreso.
d. Sujeto omitido.
e. Sujeto múltiple.

_ No aparece en la oración, pero se sobrentiende fácilmente por las desinencias verbales.
_ Es el que "padece o sufre" la acción del verbo.
_ La acción del verbo la realizan o reciben dos o más sujetos.
_ Es el que "realiza" la acción del verbo.
_ Aparece claramente en la oración.

5. ¿Qué es el Complemento de Régimen?

____
____
____

6. Un tipo de oración que no pertenece al grupo de las oraciones coordinadas es:

a. Oración coordinada disyuntiva.
b. Oración coordinada comparativa.
c. Oración coordinada adversativa.
d. Oración coordinada ilativa.

7. Indique si las siguientes afirmaciones son verdaderas o falsas.

a. Los prefijos y los sufijos no son palabras, sino elementos afijos, carentes de autonomía, que necesariamente deben unirse a una base léxica, a la que aportan diversos valores significativos, dando lugar a nuevas palabras.

- Verdadero
- Falso

b. Los préstamos lingüísticos son palabras procedentes de otros idiomas que nuestra lengua ha ido incorporando a su vocabulario a lo largo de la historia por razones culturales, sociales, económicas, etc.

- Verdadero
- Falso

c. Un arcaísmo es una palabra o expresión de reciente creación, tomada de otra lengua o que recibe una acepción nueva, y que pasa a formar parte de una lengua en un determinado nivel de ella.

- Verdadero
- Falso

8. Explique en qué se diferencia una abreviatura de una sigla. A continuación, describa de forma breve cuáles son los dos procedimientos básicos para formar abreviaturas.

____

____

9. Las palabras que llevan el acento antes de la antepenúltima sílaba son las palabras...

a. ... agudas.
b. ... llanas o graves.
c. ... esdrújulas.
d. ... sobreesdrújulas.

10. Complete el siguiente texto.

Los signos de ____________ y ____________ se escriben en todas las oraciones interrogativas y exclamativas ____________, pero nunca en las____________. El signo de____________ se coloca al principio de la oración. En español es____________ el signo de apertura; no así en otras lenguas, como la ____________ o la ____________.

Unidad de aprendizaje 3

Realización de producciones orales

Contenido

1. Introducción
2. Comunicación verbal e interacción social
3. Identificación de los tipos de producciones orales
4. Desarrollo de habilidades lingüísticas para escuchar, hablar y conversar
5. Resumen

Objetivos

El objetivo general de esta Unidad de Aprendizaje es:

→ Referir verbalmente ideas, hechos, opiniones y sentimientos de forma ordenada, clara y coherente, ajustándose a cada situación de comunicación y aplicando las normas de uso lingüístico.

Los objetivos específicos de esta Unidad de Aprendizaje son:

→ Comprender el sentido fundamental de producciones orales sencillas, diferenciando las ideas principales de las secundarias, los hechos de las opiniones y extrayendo consecuencias evidentes de la información presentada.

→ Interpretar correctamente instrucciones orales para realizar determinadas actividades de poca complejidad, relativas a la vida cotidiana, social, profesional o a situaciones de aprendizaje.

→ Expresar oralmente las ideas y opiniones personales sobre un tema relacionado con la actualidad social, política o cultural, mediante la participación en conversaciones o debates planificados, de manera que la intervención sea clara, coherente y adecuada al contexto e intención comunicativa.

→ Expresar oralmente las ideas y opiniones personales respetando los tratamientos de confianza y cortesía en la interacción verbal y empleando un lenguaje no discriminatorio hacia las personas y las diferentes culturas.

→ Elaborar esquemas y resúmenes de exposiciones orales no muy extensas, identificando adecuadamente el propósito comunicativo, las tesis y los principales argumentos que se presentan y los datos más relevantes.

→ Realizar una presentación oral bien estructurada sobre un determinado tema planificado previamente y con la ayuda de determinados recursos (notas escritas, carteles o diapositivas).

1. Introducción

Comunicarnos con los demás es algo que sabemos y hacemos continuamente sin aparente esfuerzo. Es sorprendente cómo un fenómeno como el de la comunicación y el uso de la lengua, que es algo tan cotidiano en nuestras vidas, resulte a la vez tan complejo de descifrar. Entre los rasgos característicos del comportamiento lingüístico destacan, por un lado, su carácter activo a la vez que interactivo y, por otro, su carácter constructivo.

El uso del lenguaje no es tan sencillo como puede parecer a primera vista. Sería un grave error restringir la comunicación solo a la transmisión de información por medio de un código, pues no basta solo con el uso del código lingüístico para explicar la comunicación humana en todas sus dimensiones. Es necesario, pues, dar cabida a la realidad extralingüística, a todos aquellos aspectos o elementos situacionales y contextuales que configuran la situación comunicativa.

Los seres vivos son seres sociales que necesitan relacionarse y comunicarse. La comunicación no es un invento de los dos últimos siglos, aunque sí es cierto que en los últimos años ha experimentado unos cambios espectaculares en cuanto a la comunicación entre seres humanos.

La comunicación no es algo exclusivo del hombre, sino que puede presentar diferentes y variadas formas. Las más importantes son la comunicación verbal o humana y la comunicación no verbal. Se puede decir que la primera se caracteriza por el uso de palabras, mientras que en la segunda no existen las palabras. El presente contenido de aprendizaje se centrará en la comunicación verbal y en los diferentes tipos de producciones orales.

Para poder entender de una forma más práctica los principios básicos en cuanto a la comunicación verbal, tratando aspectos como el desarrollo de habilidades lingüísticas, nos seguiremos basando en los casos a los que se enfrenta Susana durante su labor como profesora de lengua castellana y literatura en el Instituto Barahona.

2. Comunicación verbal e interacción social

HILO CONDUCTOR

Para comenzar con el nuevo trimestre, Susana, como responsable del Departamento de Lengua Castellana y Literatura del Instituto Barahona, indica la importancia de generar talleres donde se practique la oratoria y así obtener una buena base en dicho arte y comunicar eficazmente.

En la **comunicación verbal** se usan los llamados **códigos verbales,** que son aquellos sistemas de comunicación que emplean palabras habladas o escritas. Solo los seres humanos usan un lenguaje basado en códigos verbales.

Las características del lenguaje humano, que lo diferencian de otras formas de lenguaje o sistemas de comunicación, como el animal, son:

1. La **oralidad,** por el uso natural de signos orales o hablados.
2. La **linealidad,** ya que los signos están dispuestos unos detrás de otros.
3. El **carácter discreto, discontinuo o diferencial** de los signos lingüísticos. Esta propiedad es la que permite dividir los enunciados.
4. La **doble articulación** del lenguaje humano tiene que ver con la economía del mismo. El ser humano, por naturaleza, tiene limitadas la memoria y la capacidad para procesar información y para pronunciar sonidos, por lo que esta doble articulación hace posible que con una cantidad mínima de fonemas se construyan un número ilimitado de monemas. La **primera articulación** corresponde a las unidades mínimas con significación y valor fónico, los monemas. La **segunda articulación** corresponde a las unidades mínimas de valor fónico sin significación, los fonemas. Obsérvese a continuación esta característica del lenguaje humano representada en el siguiente cuadro.

1ª Articulación: división de monemas.	
des-cuent-o	unidades mínimas significativas.
2ª Articulación: división de fonemas.	
d/e/s/c/u/e/n/t/o	unidades de valor fonético.

5. La **creatividad** está relacionada con la asombrosa capacidad de los hablantes para no solo producir enunciados, sino además comprenderlos, aunque nunca se hayan emitido o recibido antes.
6. La última de las características, la **reflexividad,** tiene que ver con el simbolismo que caracteriza al lenguaje humano. Es la posibilidad de usar la lengua para referirse a ella misma, es la llamada función metalingüística del lenguaje.

ACTIVIDAD COMPLEMENTARIA

1. De las características del lenguaje humano, ¿cuáles están relacionadas respectivamente con la economía y el simbolismo propios de dicho lenguaje humano? Razone su respuesta.

Dado que la comunicación verbal es exclusivamente humana, esta puede realizarse a través de dos medios: el oral y el escrito. La comunicación será oral cuando se haga uso de la palabra hablada o de signos orales; mientras que si el sistema de comunicación empleado es la palabra escrita, la comunicación, en este caso, será escrita.

El llanto, la risa, un grito, etc. son formas de comunicación oral primarias que informan de distintas situaciones anímicas, tales como alegría, tristeza o miedo. Todos estos son ejemplos de comunicación oral no escrita.

Se puede afirmar que la comunicación oral se realiza "en directo": hablante y oyente concurren en el mismo momento y lugar durante la transmisión del mensaje, lo que permite la reversibilidad del discurso, es decir, que los interlocutores puedan invertir sus papeles de emisor a receptor y viceversa. El contacto vivo entre los interlocutores favorece el uso espontáneo de la lengua, mientras que el intercambio de papeles dificulta conceder a la conversación una cierta unidad de tono, de contenido y de intención.

En el siguiente cuadro se resumen las principales características del lenguaje verbal típico del género humano.

COMUNICACIÓN VERBAL O HUMANA
Oral
Lineal
Discreta, discontinua o diferencial
Con doble articulación (economía del lenguaje)
Creativa
Reflexiva (simbolismo del lenguaje)

ACTIVIDAD COMPLEMENTARIA

2. ¿En qué consiste la doble articulación del lenguaje humano? Ponga un ejemplo tanto de la primera como de la segunda articulación.

Martínez Agudo (*Lingüística de la comunicación y enseñanza de lenguas*) argumenta que el uso del lenguaje como proceso consciente responde a una determinada intención. Nos comunicamos con los demás movidos o impulsados por determinados propósitos o intenciones de comunicación. Tras lo que se dice se esconde siempre una determinada intención comunicativa, o sea, nuestras palabras se orientan hacia la consecución de un determinado propósito o fin.

La interacción verbal parece activarse sobre la base de un gran cúmulo de información que comparte tanto el hablante como el oyente. Cuando nos relacionamos verbalmente con otros interlocutores activamos nuestros saberes socioculturales y nuestra propia visión de la realidad y experiencia, es decir, el mismo discurso apela a conocimientos o datos que pueden utilizarse para comprender la información. En cierto modo, tales conocimientos y creencias hacen posible la comunicación.

RECUERDA

No cabe duda de que los propósitos comunicativos guían la actividad comunicativa.

El uso socialmente exitoso del lenguaje pasa por el conocimiento y el respeto de las convenciones sociales compartidas por una determinada comunidad de habla. En ese sentido, a menudo, se aprecian diferencias culturales en el modo de utilizar los procesos comunicativos también en el seno de una misma comunidad lingüística.

El lenguaje humano constituye la herramienta por excelencia, el cemento que permite construir la vida en sociedad, el engranaje que permite la coordinación en el grupo humano. El lenguaje nos define como especie, está en la base de la construcción del grupo humano, es la herramienta con la que llevamos a cabo la interacción con nuestros semejantes; es, también, la capacidad con la que nos construimos como individuos, el instrumento que organiza nuestros pensamientos.

Debido, precisamente, a la importancia capital que en nuestra vida personal y social desempeña la comunicación verbal, resulta crucial llevar a cabo una reflexión consciente sobre los mecanismos inherentes al uso de la lengua, esto es, poner los procesos comunicativos en el foco de atención.

El lenguaje verbal es una habilidad innata en el ser humano. Todos los individuos, sea cual sea la comunidad a la que pertenezcan, hablan. Sin embargo, el uso del lenguaje está guiado por normas de carácter social. De ese modo, no son mecanismos innatos, sino sociales, los procedimientos de cortesía: pedir las cosas "por favor", dar las "gracias", presentar nuestras excusas, dar el pésame, etc. Y también están controlados por normas sociales aspectos tales como saber cuándo se puede hablar y cuándo resulta más adecuado guardar silencio, cuándo es conveniente reír y en qué momentos es mejor no hacerlo, cuándo hay que usar una variedad lingüística formal y en qué contextos es preferible, en cambio, utilizar formas más espontáneas, etc.

En la conversación son muchos y muy sutiles los recursos regulados por convenciones sociales.

EJEMPLO

Cómo debe formularse una negativa para que no resulte lesiva hacia el interlocutor; cuándo se puede intervenir en una conversación y cuándo hay que esperar el turno; cuál es la cantidad de información pertinente para una respuesta (por debajo de la cual, la respuesta es inadecuadamente escasa, sosa o inexpresiva; y por encima de la cual, el hablante "se está enrollando demasiado" a los ojos de su interlocutor).

ACTIVIDAD COMPLEMENTARIA

3. Reflexione sobre las siguientes cuestiones:

- ¿Cuáles son las normas de carácter social que guían el uso del lenguaje?
- ¿Considera que es importante respetar estas normas en la comunicación verbal? Razone su respuesta.

APLICACIÓN PRÁCTICA

Usted ha asistido a una reunión de trabajo junto a otros compañeros. ¿En qué momentos de dicha reunión deberá tener en cuenta las normas sociales que rigen el uso del lenguaje?

Solución

Las normas sociales que rigen el uso del lenguaje deben ser tenidas en cuenta durante toda la reunión, tanto si es usted el que interviene como si no.

Durante la conversación son muchos y muy sutiles los recursos regulados por convenciones sociales y procedimientos de cortesía: pedir las cosas "por favor", dar las "gracias", presentar excusas, etc.

También están controlados por normas sociales aspectos tales como saber cuándo se puede hablar y cuándo resulta más adecuado guardar silencio, cuándo es conveniente reír y en qué momentos es mejor no hacerlo, cuándo hay que usar una variedad lingüística formal y en qué contextos es preferible, en cambio, utilizar formas más espontáneas, cómo debe formularse una negativa para que no resulte lesiva hacia el interlocutor, cuál es la cantidad de información pertinente para una respuesta, etc.

Por tanto, los recursos indicados deberán ser utilizados por todos los interlocutores tanto en la reunión como en cualquier situación comunicativa.

3. Identificación de los tipos de producciones orales

HILO CONDUCTOR

Para incentivar la participación del alumnado y también fomentar la conversación, Susana decide abrir un debate durante el desarrollo de su clase. De esta forma también aprovechará para corregir aquellas expresiones y gestos que no son utilizados correctamente.

La comunicación oral no solo es la más común, sino también la forma más básica de expresión.

Para comprender mejor los diferentes tipos de producciones orales que se pueden dar, es necesario señalar previamente las siguientes características de la lengua oral:

- El canal a través del cual llega el mensaje al receptor es el auditivo.
- Posee la valiosa ayuda de otro sistema comunicativo, el gestual (impracticable en la lengua escrita).
- Desaparece en el mismo instante de su producción (salvo en las grabaciones), y no existe la posibilidad de volver hacia atrás y repetir exactamente el mensaje, pues la situación comunicativa cambia.
- La comunicación es bilateral (emisor y receptor comparten la misma dimensión temporal y generalmente también espacial), directa e inmediata.
- El receptor es concreto.
- Es básicamente heterogénea, de ahí su gran riqueza, manifestándose las variaciones geográficas, socioculturales y contextuales con mayor vigor que en la lengua escrita (tendente a la estabilidad).

El acto de comunicación oral se desarrolla, en el mismo momento y lugar, con los interlocutores cara a cara, los cuales tienen ante sí los mismos objetos y acontecimientos externos. Esto es, en la comunicación hablada están presentes todos y cada uno de los elementos de la situación. De aquí que en la transmisión oral se produzcan numerosas indicaciones no lingüísticas o lingüísticas de escaso valor significativo o incluso amplias elipsis. Cuanto más identificable sea el referente, más pequeña será la cantidad de información proporcionada por el discurso. Por ello, la lengua hablada representa por antonomasia al lenguaje en situación.

Es posible emitir mensajes tan extensos como "tráeme el lápiz rojo que está en el comedor", pasando por "tráeme el lápiz rojo que está allí", "tráeme el lápiz rojo", "tráeme el rojo", "tráelo", hasta simplemente "trae".

En la comunicación hablada la presencia viva del oyente advierte al emisor si su mensaje está siendo o no correctamente interpretado. El hablante adapta el discurso a las necesidades y reacciones del destinatario, actúa sobre la inercia y distracciones de este.

ACTIVIDAD COMPLEMENTARIA

4. Indique, de forma resumida, cuáles son las características de la lengua oral. Exponga dichas características en una tabla, en contraposición a las de la lengua escrita.

Los diferentes tipos de producciones orales se pueden manifestar mediante un diálogo o un monólogo (dialogadas o monologadas), dependiendo de las intervenciones de los participantes.

3.1. Uso de producciones dialogadas: conversación, debate, tertulia, coloquio y entrevista

Las producciones orales dialogadas son aquellas cuya realización se basa en el diálogo entre dos o más personas.

Conversación

La conversación es la forma primaria y más típica de la comunicación humana. Se caracteriza por la presencia de los interlocutores en una relación interactiva, por la inmediatez y por la ausencia de turnos de habla preestablecidos.

El carácter coloquial, espontáneo o informal de la conversación varía según la relación entre los hablantes y el canal utilizado.

NOTA

La realización prototípica de este género es la conversación coloquial espontánea.

Las principales características de la conversación son el empleo de numerosos deícticos, un predominio de la función expresiva con el apoyo gestual, una temática abierta y una importancia decisiva del mundo compartido por los hablantes.

Conversación informal entre varias personas

RECUERDA

La conversación es la forma de expresión oral más habitual, en la cual dos o más interlocutores dialogan para intercambiar mensajes.

ACTIVIDAD COMPLEMENTARIA

5. ¿Cuáles son las principales características de la conversación? Reproduzca por escrito un ejemplo de conversación informal entre varios amigos.

Debate

El debate es una conversación polémica entre dos o más personas que exponen sus opiniones sobre un tema determinando y las defienden argumentadamente.

Existen diversos tipos de debate: mesas redondas, debates electorales, parlamentarios, etc.

El debate presenta las siguientes características:

- El tema del debate se determina previamente.
- Un moderador presenta el tema a los participantes y se encarga de regular los turnos de palabra.
- La expresión es poco espontánea y debe emplearse un registro formal.

Debate parlamentario (© Fotografía: 360b / Shutterstock.com)

ACTIVIDAD COMPLEMENTARIA

6. Señale las características que presenta el debate. A continuación, busque información por internet de los diferentes tipos de debates (electorales, parlamentarios, mesas redondas, etc.), y señale las diferencias y semejanzas que se dan entre ellos.

Tertulia

La tertulia es una conversación entre un grupo de asistentes que se reúnen para tal fin; a veces, la dirige un moderador.

No es imprescindible establecer el tema, y los asuntos tratados no son necesariamente polémicos.

Tertulia dirigida por un moderador

NOTA

En la tertulia se suele usar un registro próximo al coloquial.

ACTIVIDAD COMPLEMENTARIA

7. ¿Qué tipo de registro se suele usar en la tertulia? Reflexione sobre el tema y elabore un listado de casos en que se puede realizar una tertulia, indicando sus fines u objetivos (por ejemplo, una tertulia literaria, para dar a conocer una nueva novela que acaba de ser publicada).

Coloquio

El coloquio es un diálogo en el cual un grupo de asistentes formula preguntas a uno o varios especialistas sobre un tema de su conocimiento.

En general, en el coloquio existe poca espontaneidad y se utiliza un registro más bien formal.

Coloquio

ACTIVIDAD COMPLEMENTARIA

8. ¿En qué consiste un coloquio? Busque información al respecto y averigüe en qué tipo de instituciones u organismos es frecuente la realización de coloquios (por ejemplo, en universidades).

Entrevista

La entrevista es una conversación en la que una o más personas formulan preguntas a un entrevistado para obtener información u opiniones sobre un determinado tema.

La entrevista ofrece las siguientes características:

- Los enunciados presentan escasa espontaneidad y los contenidos son elaborados.
- Si hay varios interlocutores, se regulan los turnos de intervención.
- Los participantes suelen ponerse de acuerdo previamente sobre el tema.
- En cuanto a su estructura, incluye una introducción, aportación de datos sobre el entrevistado; y el desarrollo, que consiste en una sucesión de preguntas y respuestas.

Entrevista de trabajo

ACTIVIDAD COMPLEMENTARIA

9. Enumere brevemente las características de la entrevista. Desde su punto de vista, ¿qué carácter considera que tendrá una entrevista realizada para contratar a alguien en una empresa? ¿Qué tipo de preguntas cree que se realizarán? ¿Y cómo piensa que debe actuar el entrevistado?

3.2. Uso de producciones monologadas: exposición oral

Las producciones orales monologadas son discursos emitidos por un solo hablante que se dirige a una audiencia: receptor heterogéneo, pasivo y, en general, múltiple.

En este tipo de producciones orales el proceso comunicativo es unilateral.

Exposición oral

La exposición oral es un acto comunicativo unilateral, planificado, de carácter informativo, que generalmente es producto de una investigación o de un trabajo.

NOTA

En la exposición oral predetermina la función referencial del lenguaje.

La exposición oral se caracteriza por lo siguiente:

- Uso de registro formal y una cuidada ordenación de los contenidos.
- Importancia de los elementos no verbales (posturas y gestos) y de los paraverbales (tono, ritmo, velocidad).

La preparación correcta de una exposición oral parte del seguimiento de los siguientes pasos:

- Conocer profundamente el tema.
- Ordenar el material disponible en un guion o esquema que sirva de apoyo para hablar.
- Exponer las ideas con claridad y sencillez.
- Ensayar la exposición cuantas veces se crea conveniente:
  - Aspecto externo:
    - El orador se sitúa delante de la audiencia, de pie mejor que sentado.
    - Si se sienta, debe apoyar los antebrazos sobre la mesa adoptando una postura natural y relajada.
    - Colocar el esquema o guion sobre la mesa.

- Dirigir la mirada hacia el auditorio, intentado mirar alternativamente hacia varios puntos.
- Realizar gestos naturales y moderados.
- Dominar los nervios, procurando dar sensación de tranquilidad y naturalidad.
- No mostrar un apego excesivo a las notas.
- Evitar muletillas.

- Modulación de la voz:

  - Seleccionar el tono de voz adecuado: ni muy alto ni tan bajo que el auditorio no oiga.
  - Ritmo adecuado: ni demasiado lento ni demasiado rápido.
  - Respetar las pausas. Conviene dejar tiempo para que el auditorio asimile lo que se expone.
  - Articular bien todos los sonidos y no omitir los finales de frase.
  - Evitar la monotonía, variar el tono de voz para subrayar ideas y suscitar el interés del público.

La siguiente tabla muestra la estructura que deben presentar las exposiciones orales.

INTRODUCCIÓN	**Objetivos**	Despertar el interés del auditorio.
		Captar su atención.
	Procedimientos	Plantear una pregunta.
		Provocar suspense.
		Personalizar el tema, señalando cómo este afecta a los intereses del público que escucha.
EXPOSICIÓN	**Objetivos**	Concretar el objetivo de la exposición: qué se pretende.
		Evitar la distracción de los oyentes.
	Procedimientos	Seleccionar las ideas que resulten más interesantes para explicar el tema.
		Utilizar medios audiovisuales.
		Usar ejemplos, anécdotas, etc. que despierten la atención del auditorio.
		Reorientar al auditorio, insistiendo periódicamente en las principales ideas de la exposición.
CONCLUSIÓN	**Objetivos**	Fijar en pocas palabras aquello que se ha tratado.
	Procedimientos	Encadenar de forma lógica las ideas fundamentales, concretándolas y matizándolas con claridad y sencillez.

Exposición oral

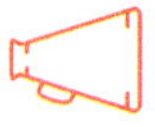

RECUERDA

La exposición es una técnica de comunicación oral en la que una persona se dirige a un grupo para darle a conocer un tema.

ACTIVIDAD COMPLEMENTARIA

10. ¿Cuáles son los pasos a seguir para la correcta preparación de una exposición oral? Realice una tabla donde exponga los objetivos y procedimientos de una exposición oral (introducción, exposición y conclusión) sobre un tema concreto que usted expondría en un caso hipotético.

APLICACIÓN PRÁCTICA

Usted está realizando una exposición oral ante un auditorio, y llega el momento de finalizar la misma. ¿Qué debe tener en cuenta para llevar a cabo una correcta conclusión de su exposición oral?

Continúa en página siguiente >>

<< Viene de página anterior

Solución

Usted deberá considerar, en primer lugar, los objetivos de la conclusión, que son fijar en pocas palabras aquello que se ha tratado durante la exposición.

El procedimiento para desarrollar la conclusión de manera exitosa se basa en encadenar de forma lógica las ideas fundamentales, concretándolas y matizándolas con claridad y sencillez.

Por tanto, la conclusión final no deja de ser una síntesis o resumen de lo dicho.

En ocasiones, a la conclusión de la exposición le puede seguir un coloquio, en el que se da al público la posibilidad de intervenir.

4. Desarrollo de habilidades lingüísticas para escuchar, hablar y conversar

☞ HILO CONDUCTOR

Tras los primeros debates abiertos, Susana incluye algunas grabaciones radiofónicas para observar si se genera una comprensión adecuada, fomentando aspectos como la percepción, la memoria, la predicción o incluso la imaginación.

Hoy en día, la sociedad exige una eficiente capacidad comunicativa. Las posibilidades de trabajo, estudio, relaciones sociales y superación dependen, en buena parte, de nuestra capacidad para interactuar con los demás, teniendo como herramienta fundamental la expresión oral.

La expresión oral también implica desarrollar nuestra capacidad de escuchar para comprender lo que nos dicen los demás. A menudo, hemos escuchado hablar de buenos lectores, excelentes oradores y magníficos escritores; sin embargo, muy rara vez o quizá nunca, hayamos escuchado hablar de un buen oyente.

Una sociedad que aspira a la tolerancia y a la convivencia pacífica y armoniosa tendrá como uno de sus propósitos esenciales desarrollar la capacidad de escucha de sus habitantes, donde debe primar la adquisición de actitudes positivas para poner atención en lo que dice el interlocutor, respetar sus ideas y hacer que este se sienta escuchado.

La capacidad de utilizar de forma óptima las habilidades lingüísticas para escuchar, hablar o conversar implica el desarrollo de aptitudes como fortalecer la articulación correcta, de modo que la pronunciación de sonidos sea clara; entonación adecuada a la naturaleza del discurso; expresión con voz audible para todos los oyentes; fluidez en la presentación de las ideas; adecuado uso de los gestos y la mímica; participación pertinente y oportuna; capacidad de persuasión; y expresión clara de las ideas.

El correcto y adecuado manejo de estas habilidades permitirá, además, el desarrollo de la exposición, la creatividad y el juicio crítico para la toma de decisiones y la solución de problemas.

4.1. Comprensión de textos orales procedentes de medios de comunicación (audiovisuales, radiofónicos), exposiciones orales o conferencias

Un texto oral es un conjunto de enunciados organizados que deben ser coherentes, estar bien cohesionados y ser adecuados. Por tanto, las propiedades de un texto oral deben ser la adecuación, la coherencia y la cohesión.

Además, el texto oral debe cumplir su función comunicativa, es decir, debe tener un contenido, una intención y debe ajustarse a una situación con la máxima efectividad.

Hay que destacar también que el texto oral es una unidad de comunicación que no tiene una longitud definida.

Un texto oral puede ser muy corto, como en el caso de "cuidado con el perro"; o muy largo, como sería un poema o un chiste.

Desde un punto de vista lingüístico, en la comprensión de un texto oral hay tres niveles:

1. Las series de sonidos.
2. Las unidades lingüísticas complejas con sus significados específicos.
3. Las ideas, los significados globales, la integración de la información en el conocimiento ya adquirido, y el ajuste de todo ello a las condiciones de la situación.

Se puede hablar así de dos procesos de traducción: de los sonidos a las unidades lingüísticas, y de estas al significado global con la planificación de la respuesta.

El proceso de comprensión supone cuatro pasos que, si bien ocurren en secuencia lineal (de abajo a arriba), son actualizados y reinterpretados constantemente (de arriba a abajo) en función del conocimiento del mundo, las expectativas esquemáticas y la nueva comprensión textual dentro de un proceso interactivo subconsciente:

1. La percepción del habla: sonido/carácter y reconocimiento de las palabras.
2. La identificación del texto, completo o parcial, como adecuado.
3. La comprensión semántica y cognitiva del texto como una entidad lingüística.
4. La interpretación del mensaje en el contexto.

Las destrezas que comprende son las siguientes:

- Destrezas perceptivas.
- Memoria.
- Destrezas de descodificación.
- Inferencia.
- Predicción.
- Imaginación.
- Exploración rápida.
- Referencia a lo anterior y a lo posterior.

Por otra parte, es preciso recordar que el ser humano utiliza la lengua para comunicarse. La palabra escrita o hablada puede almacenarse, reproducirse y llegar por diferentes medios a un gran número de personas. En este sentido, los medios de comunicación son aquellos que permiten conservar y difundir la palabra en el espacio y en el tiempo.

Dentro de los medios de comunicación, los medios audiovisuales presentan una gran variedad de contenidos y, por lo tanto, también una gran variedad de estilos y formas de lenguaje. Es posible encontrar programas con un lenguaje correcto y elegante; y otros con un lenguaje descuidado, lleno de latiguillos y expresiones vulgares. Las características propias del medio hacen que la imagen y los efectos especiales y visuales reciban, en ocasiones, mayor atención que el lenguaje. Una de las posibilidades de estos medios es la emisión en diferido o en directo. Las emisiones en directo pueden provocar que el lenguaje sea muchas veces descuidado e incorrecto.

Medios de comunicación audiovisuales

En los medios de comunicación radiofónicos, por el contrario, el lenguaje suele estar más cuidado. Se suele buscar que los locutores tengan una pronunciación estándar y un timbre de voz agradable. Salvo algunas excepciones, el lenguaje radiofónico puede ser un buen modelo y ejemplo.

Medios de comunicación radiofónicos

Por otra parte, las exposiciones orales técnicas poseen un carácter más elaborado, con un lenguaje más culto o especializado, y el momento de la producción se rodea de formalidades extremas: el lugar, los destinatarios, los temas, la técnica expresiva, etc.

La exposición puede adoptar numerosas formas: ponencia, discurso, comunicación, conferencia, etc., y suele basarse en un texto escrito previamente, que es leído o memorizado, y dependiendo del grado de libertad que se tome el hablante, se apartará más o menos de este.

Conferencia

Respecto a la forma de expresión, es necesario:

- Pronunciar correctamente y con claridad.
- Favorecer la espontaneidad y la viveza expresiva.
- Establecer una entonación armoniosa con el mensaje, evitando la gesticulación exagerada.
- Controlar el tono de voz, el ritmo de emisión e incluso la posición del propio cuerpo.

En cuanto al contenido del mensaje, es preciso:

- Construir correctamente los mensajes, con orden y precisión.
- Destacar la idea central de la argumentación, apoyándola con otras informaciones secundarias.
- Eliminar aquellos contenidos que no estén directamente relacionados con el mensaje.
- Dominar adecuadamente el tema de la exposición.
- Conseguir una gran riqueza de vocabulario y fluidez de ideas.

ACTIVIDAD COMPLEMENTARIA

11. Analice diferentes programas de radio y televisión que conozca, y describa los estilos y formas de lenguaje que emplean (correcto, elegante, descuidado, vulgar, etc.).

APLICACIÓN PRÁCTICA

Como ya sabemos, los medios de comunicación son aquellos que permiten conservar y difundir la palabra en el espacio y en el tiempo. Pero, ¿qué diferencias fundamentales existen entre los medios de comunicación audiovisuales y los medios de comunicación radiofónicos?

Solución

Los medios audiovisuales presentan una gran variedad de contenidos y, por lo tanto, también una gran variedad de estilos y formas de lenguaje. Es posible encontrar programas con un lenguaje correcto y elegante; y otros con un lenguaje descuidado, lleno de latiguillos y vulgarismos.

La imagen y los efectos especiales y visuales reciben, en ocasiones, mayor atención que el lenguaje. Una de las posibilidades de estos medios es la emisión en diferido o en directo. Las emisiones en directo pueden provocar que el lenguaje sea muchas veces descuidado e incorrecto.

Sin embargo, en los medios de comunicación radiofónicos el lenguaje suele estar más cuidado. Se suele buscar que los locutores tengan una pronunciación estándar y un timbre de voz agradable. Salvo algunas excepciones, el lenguaje radiofónico puede ser un buen modelo y ejemplo.

4.2. Comprensión de instrucciones verbales y petición de aclaraciones

Como es sabido, la comunicación oral es el proceso fundamental que utilizamos para relacionarnos con los demás, dando y recibiendo información en diferentes contextos comunicativos. Según las situaciones y circunstancias de las que se trate, la finalidad de la expresión oral puede ir encaminada en diferentes direcciones: expresar una duda, ofrecer una conclusión, intercambiar opiniones, dar explicaciones, intervenir en una conversación, etc.

Es muy común y frecuente el hecho de dar o recibir instrucciones en cualquier ámbito de nuestra vida diaria (familiar, académico, laboral, etc.), siempre con algún propósito o intención. Dichas instrucciones verbales, por tanto, forman parte de nuestra cotidianidad, ya que constituyen un recurso útil y necesario para la realización de diferentes tipos de tareas.

IMPORTANTE

Es fundamental que las instrucciones estén bien formuladas y sean precisas y claras, evitando interpretaciones erróneas. Asimismo, se debe procurar que el receptor entienda con exactitud el propósito que se persigue, eliminando cualquier tipo de duda.

Para lograr una óptima comprensión de las instrucciones verbales, es necesario captar correctamente el significado y la información que dichas instrucciones transmiten, así como asimilarlos debidamente. De esta forma, el emisor de las instrucciones verbales conseguirá la finalidad perseguida al emitirlas.

La forma más común de expresar las instrucciones es en modo subjuntivo, imperativo o haciendo uso del tratamiento de cortesía: "reflexione", "contad", "dialoguen", etc.

Pueden darse diferentes tipos de instrucciones: las más simples, que normalmente se referirán a una tarea en concreto, serán sencillas y rápidas de realizar; sin embargo, también pueden darse instrucciones más elaboradas y complejas, formadas por diferentes tipos de órdenes, que el receptor deberá realizar en diversos pasos, siguiendo siempre el orden lógico, cronológico o específico, que dichas instrucciones conllevan.

En un contexto académico, una instrucción verbal simple sería: "escuche atentamente"; en cambio, "primero, escuche atentamente y después lea detenidamente el texto, a continuación realice un resumen y explíquelo brevemente" sería un tipo de instrucción verbal compleja, formada por varios pasos a realizar en un orden específico.

Para conseguir el objetivo perseguido con la formulación de las instrucciones, el receptor deberá considerar y tener en cuenta los condicionantes en que pueden estar basadas las mismas: "si tiene alguna duda, expóngala antes de comenzar".

Una satisfactoria comprensión de una instrucción verbal está estrechamente relacionada con una petición de aclaración, siempre que haya algo que no se entienda y deba ser explicado. En este sentido, será conveniente solicitar una aclaración cada vez que no se comprenda una instrucción dada.

La petición de aclaraciones favorece el acto comunicativo en el que hablante y oyente interactúan, ya que ayuda a resolver dudas y problemas que interfieren en la conversación. De esta manera, las aclaraciones facilitan la comprensión del mensaje y mantienen un mutuo entendimiento entre los interlocutores.

La forma adecuada de demandar una aclaración es hacerlo educadamente, bien en modo interrogativo ("¿sería tan amable de explicarlo de nuevo?" "¿lo podría repetir, por favor?", etc.), o bien mediante una explicación ("no he entendido lo que ha querido decir", "necesitaría que especificara ese punto, por favor", etc.).

Por su parte, el interlocutor encargado de ofrecer una aclaración puede realizarla de diversas formas: repitiendo o explicando el significado de aquello que no se ha entendido, poniendo ejemplos, utilizando sinónimos, etc.

Es necesario tener en cuenta que tanto comprender y asumir las instrucciones verbales como demandar aclaraciones, si es preciso, favorece la comunicación oral y la interacción entre los interlocutores en un acto comunicativo determinado, facilitando la cooperación y ayudando a la consecución de los objetivos propuestos.

Para la realización de los actos comunicativos de comprender instrucciones verbales y pedir aclaraciones, es necesario considerar la existencia de los dos procesos básicos de la comunicación: la comprensión y la producción.

Por un lado, la **comprensión** implica la participación del destinatario en un proceso que abarca:

- La percepción o recepción del mensaje, por la cual el emisor recibe las señales por los sentidos correspondientes de acuerdo con el código y el canal respectivos, en principio como unidad material y luego como imágenes en la mente.
- La decodificación, mediante la cual el receptor, conocedor del código, identifica y descifra los signos, con miras a reconocer los contenidos o información objeto de la emisión.
- La interpretación, que se basa en la identificación de la información y demás significados que ha querido dar a entender el emisor. Esto es fundamental para la plena comprensión del mensaje. No basta asignar un significado cualquiera al mensaje, lo pertinente es asignarle el que corresponde a la idea del emisor. Para esto, es necesario que elija entre los significados atribuirles al mensaje dado, el que corresponde al contexto en el que este es enunciado.

Un trabajador recibe instrucciones verbales, que debe comprender correctamente para desarrollar su trabajo de forma eficiente.

Por otra parte, la **producción** implica la participación de un emisor que se encarga de codificar un mensaje con una intención comunicativa. En esta producción del mensaje se pueden distinguir:

- La información, que constituye la materia prima para que el emisor elabore lo que quiere compartir o dar a entender.
- La codificación, que supone una serie de elecciones, del tipo de la información, el código, la intención, el registro y el canal. Asimismo, ha debido tener en cuenta el referente común, el nivel sociocultural, los intereses del interlocutor, el contexto y la retroalimentación disponible.
- La emisión del mensaje o ejecución, para lo cual es necesario una acción psicomotriz que transforma la estructura en vía de codificación en una unidad perceptible, según el tipo de código o canal.

Petición de aclaraciones

ACTIVIDAD COMPLEMENTARIA

12. ¿Considera que se deben tener en cuenta las normas de respeto y cortesía a la hora de dar instrucciones y pedir aclaraciones? ¿Por qué cree que son importantes dichas normas? Razone su respuesta.

4.3. Participación activa en situaciones de comunicación: tertulias y debates sobre temas de actualidad social, política o cultural. Intercambio y contraste de opiniónes

En toda situación comunicativa que pueda darse es fundamental que la propia comunicación sea efectiva, para lo cual es necesario llevar a cabo una participación activa y utilizar todo tipo de herramientas (tanto verbales como no verbales) que sean adecuadas y necesarias.

Es aconsejable tener en cuenta los elementos de la comunicación (que se trataron en el unidad de aprendizaje 1): emisor, receptor, mensaje, código y canal, ya que en cualquier situación todo lo relativo a dichos elementos juega un papel fundamental a la hora de entender aquello que se pretende comunicar.

El emisor ha de utilizar un lenguaje verbal en el que destaque un léxico variado, un tono adecuado y una pronunciación cuidada, siempre apoyándose en el lenguaje corporal.

IMPORTANTE

Es frecuente y habitual que el emisor cometa algún error durante su intervención. En ese caso, dicho error debe ser corregido de inmediato para que no entorpezca la comprensión.

Por su parte, el receptor debe estar atento y prestar atención a aquello que pretenda transmitir el emisor, intentando reconocer su intención comunicativa, es decir, si lo que quiere es hacer una pregunta, compartir una información, convencer de algo, etc. Solo de esta manera la comunicación se puede establecer de forma satisfactoria.

En lo que respecta al canal, es fundamental que la comunicación fluya. Por tanto, si hay algo que no se ha entendido, se deberá explicar de nuevo.

Además, el emisor siempre debe tener en cuenta el público al que se dirige, y saber adaptar su discurso a dicho público. Del mismo modo, es muy importante que el emisor también sepa escuchar a los destinatarios de su mensaje, y que muestre interés por lo que estos tengan que decir. Es fundamental que los receptores puedan expresarse libremente, sin ser interrumpidos.

En cuanto al código, es preciso adaptar tanto el lenguaje verbal como el gestual al interlocutor. Se debe procurar utilizar un tono amable y cordial. Además, cualquier tipo de reclamación ha de realizarse siempre de forma amable y sin perder el respeto. Gritar o insultar a los interlocutores solo puede conllevar que estos dejen de prestar atención, ya que pueden sentirse ofendidos y molestos.

Existen diferentes tipos de situaciones comunicativas (tertulias y debates sobre temas de actualidad social, política o cultural) donde las conversaciones suelen estar más estructuradas y planificadas. Es en estas situaciones donde es fundamental el desarrollo de las habilidades y estrategias comunicativas, aunque su aplicación es necesaria en cualquier tipo de contexto.

Escuchar atentamente al resto de interlocutores, tener en cuenta los turnos de palabra, usar un lenguaje formal, evitando discriminar a otras personas y culturas, y respetar durante la conversación los tratamientos de cortesía y de confianza son las reglas básicas que hay que seguir a la hora de participar en este tipo de tertulias y debates, reglas que siempre deben estar adecuadas al contexto.

CONSEJO

No se debe imponer a los demás el criterio propio, sino que se ha de escuchar y tener en cuenta el punto de vista de todos los participantes.

Las propias reflexiones e ideas han de exponerse de forma coherente y clara. De la misma manera, cada argumento debe ser razonado y expuesto de una manera sencilla y ordenada, apoyándose siempre en datos o hechos objetivos.

En caso de llevar la contraria o rebatir un punto de vista del interlocutor, ha de hacerse siempre aportando razones que puedan desmentir su postura. En estos casos, es conveniente tener en cuenta las siguientes pautas:

- Rechazar cualquier tipo de argumento contrario al propio.
- Presentar datos que puedan invalidar otras posturas.
- Indicar las consecuencias negativas de una propuesta.
- Aceptar el criterio contrario parcialmente, oponiéndose solo en lo esencial.

La mejor manera de fomentar estas estrategias comunicativas es la participación directa en diferentes tipos de situaciones y conversaciones, ya que intervenir activamente en dichas prácticas facilita, también, el desarrollo del juicio crítico necesario a la hora de resolver problemas y de tomar decisiones, y fomenta la colaboración entre los participantes.

Debate en el que se tratan temas de actualidad

RECUERDA

A la hora de participar en tertulias y debates sobre temas de actualidad social, política o cultural, es necesario seguir unas normas básicas adecuadas al contexto.

ACTIVIDAD COMPLEMENTARIA

13. Imagine una tertulia en la que usted participa junto a otros colaboradores. ¿Qué estrategias comunicativas pondría en práctica en dicha situación?

APLICACIÓN PRÁCTICA

Usted es invitado a participar en un debate sobre un tema de actualidad. ¿Qué recomendaciones deberá seguir durante su intervención?

Solución

A la hora de participar en un debate, es necesario seguir unas normas básicas adecuadas al contexto.

Continúa en página siguiente >>

<< Viene de página anterior

En primer lugar, debe llevar a cabo una participación activa y utilizar todo tipo de herramientas, tanto verbales como no verbales, que sean adecuadas y necesarias.

Ha de utilizar un lenguaje verbal en el que destaque un léxico variado, un tono adecuado y una pronunciación cuidada, siempre apoyándose en el lenguaje corporal.

Si comete algún error durante su intervención, dicho error debe ser corregido de inmediato para que no entorpezca la comprensión.

Si hay algo que no se ha entendido, se deberá explicar de nuevo.

Ha de tener en cuenta el público al que se dirige, y saber adaptar su discurso a dicho público. Es muy importante también que sepa escuchar a los destinatarios de su mensaje, y que muestre interés por lo que estos tengan que decir.

Es preciso que adapte tanto el lenguaje verbal como el gestual al interlocutor. Debe procurar utilizar un tono amable y cordial. Además, cualquier tipo de reclamación ha de realizarla siempre de forma amable y sin perder el respeto. Gritar o insultar a los interlocutores solo puede conllevar que estos dejen de prestarle atención, ya que pueden sentirse ofendidos y molestos.

Tiene que escuchar atentamente al resto de interlocutores, tener en cuenta los turnos de palabra, usar un lenguaje formal, evitando discriminar a otras personas y culturas, y respetar durante la conversación los tratamientos de cortesía y de confianza.

No debe imponer a los demás su propio criterio, sino que ha de escuchar y tener en cuenta el punto de vista de todos los participantes.

Ha de exponer las propias reflexiones e ideas de forma coherente y clara. De la misma manera, debe razonar y exponer cada argumento de una manera sencilla y ordenada, apoyándose siempre en datos o hechos objetivos.

Por último, en caso de llevar la contraria o rebatir un punto de vista del interlocutor, debe hacerlo aportando razones que puedan desmentir su postura.

4.4. Utilización de técnicas para la preparación y puesta en práctica de exposiciones orales sobre diferentes temas (sociales, culturales, divulgación científica). Estructuración, claridad y coherencia

Para poder realizar una exposición de forma satisfactoria, es fundamental que nuestra expresión oral sea lo más correcta y cuidada posible.

Los factores que influyen en la expresión oral del ser humano son los siguientes:

- **El ambiente físico.** El hombre necesita del medio natural para vivir. Los diversos factores naturales influyen sobre el hombre y condicionan su forma de ser.
- **La facilidad lexicológica.** A la persona que posea gran riqueza y fluidez verbal le será más fácil transmitir cualquier tipo de mensaje.
- **Las actitudes.** La autoestima personal, riqueza cognitiva e interés por el tema que va a tratarse originan que el emisor exprese sus ideas, sentimientos y emociones con la mayor libertad.
- **El ambiente sociocultural.** El ambiente sociocultural influye de manera pertinente en el desarrollo del proceso de la expresión oral.

La exposición oral consiste en la presentación clara y estructurada de ideas o conceptos sobre un tema con la intención de informar o convencer a los oyentes.

DEFINICIÓN

Exposición oral
Presentación, individual o colectiva, ante un público de algún tema sobre el cual se ha investigado y se tiene alguna información útil que compartir, o donde simplemente se explica un asunto.

Cuando un hablante debe enfrentarse a la tarea de exponer de forma oral un tema o argumento, ha de tener en cuenta diferentes tipos de indicaciones y estrategias para llevar a cabo dicha labor satisfactoriamente.

Es por ello que una correcta y cuidada exposición oral nunca debe realizarse de forma improvisada, sino que, antes de su puesta en práctica, debe prepararse toda la documentación, siguiendo una estructuración y una planificación previas, en las que se considerarán aquellas pautas y técnicas que se tendrán que seguir.

Es fundamental delimitar exactamente el tema que se va a tratar, además el discurso deberá contar con un título que lo defina. Para ello, se puede buscar información libremente en manuales, prensa, medios audiovisuales, etc.

La base teórica que fundamenta la exposición puede ser adecuadamente acompañada por herramientas gráficas, que sirven de gran ayuda para la comprensión de los contenidos. Estos recursos pueden ser imágenes, vídeos, gráficos, mapas, etc., y se usan en las exposiciones orales para representar datos de forma visual.

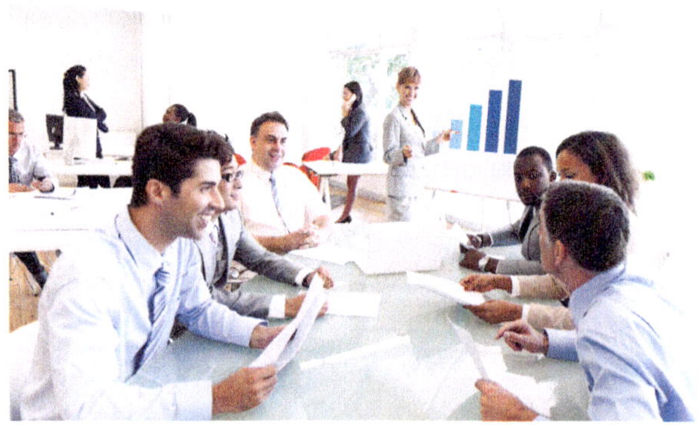

Exposición oral apoyada en gráficos

ACTIVIDAD COMPLEMENTARIA

14. Busque información sobre los diferentes tipos de soportes gráficos (diapositivas, vídeos, mapas, esquemas...), y explique de qué forma cada uno de ellos puede favorecer la puesta en práctica de una exposición oral.

Para la preparación y puesta en práctica de exposiciones orales, sea cual sea el tema a tratar (social, cultural o de divulgación científica), es fundamental tener en cuenta las tres normas básicas que favorecen cualquier tipo de acto comunicativo: la estructuración, la claridad y la coherencia.

Estructuración

La exposición oral debe estar estructurada en tres partes claramente diferenciadas:

- La **presentación,** que ha de ser breve, concisa, amena y sugerente, es decir, que provoque el interés del que escucha.
- El **cuerpo de la exposición,** en el que se explican con claridad las ideas: primero, las principales, luego, las secundarias, evitando salirse del tema con divagaciones.
- La **conclusión final, síntesis o resumen** de lo dicho. En ocasiones, a la exposición le sigue un coloquio, en el que se da al público la posibilidad de intervenir.

NOTA

La exposición puede ir complementada con materiales o recursos que la hagan más atractiva: anécdotas, ejemplos, transparencias, etc.

Claridad

En la exposición oral, el discurso debe ser fluido y claro, por lo que es necesario que el orador domine el uso de la palabra. Igualmente, la exposición ha de ofrecer una estructura clara, con las ideas organizadas y jerarquizadas.

En la preparación del discurso, es conveniente reflexionar sobre la finalidad de la exposición, el espacio donde tendrá lugar esta y la clase de público que la escuchará.

Aunque la exposición oral puede hacerse a través de la lectura, es preferible que se haga de forma directa, mirando al público, para poder observar sus reacciones.

El orador ha de lograr superar la timidez; controlar los nervios y sus gestos; hacer una exposición pausada, ni muy rápida ni excesivamente lenta; modular la voz, dándole el volumen y el tono adecuados; articular correctamente los sonidos, dar la entonación precisa a las frases, hacer las pausas necesarias, evitar muletillas y repeticiones.

IMPORTANTE

Es fundamental comenzar con una idea general de lo que se va decir. Hay que comenzar con las ideas más generales para luego llegar a las ideas más específicas. El tema debe desarrollarse argumentando cada una de las ideas expuestas, utilizando variada documentación (citas, ejemplos, anécdotas, soportes audiovisuales, etc.) para desarrollar el tema de una forma llamativa y nunca monótona.

Coherencia

Es muy importante que la exposición oral sea coherente, es decir, debe estar estructurada de tal modo que las ideas transmitidas no sean contradictorias e incoherentes.

Se considera contradictorio todo aquello que lleva al receptor a la confusión, creando un conflicto lógico que dificulta o hace inviable la comprensión.

En la exposición oral se debe seguir un orden lógico, presentando la información nueva en un orden estructurado.

La coherencia depende también del conocimiento de la realidad que comparten el receptor y el emisor.

En definitiva, es fundamental que en la exposición oral no se presenten contradicciones que confundan al destinatario.

RECUERDA

En la exposición oral, para especificar los límites de la intervención, es importante fijar unos objetivos antes del comienzo de esta, exponer claramente los temas a tratar y hacer un resumen al final de lo que se ha dicho.

ACTIVIDAD COMPLEMENTARIA

15. Según su punto de vista, ¿por qué son tan importantes la estructuración, la claridad y la coherencia para la preparación y puesta en práctica de exposiciones orales? Razone su respuesta.

APLICACIÓN PRÁCTICA

Usted está preparando una exposición oral que deberá presentar ante un público. Para conseguir ponerla en práctica de forma exitosa, ¿qué criterios deberá seguir?

Solución

Es fundamental que su exposición sea lo más correcta y cuidada posible, teniendo en cuenta las diferentes indicaciones y estrategias para llevar a cabo dicha labor satisfactoriamente.

No debe realizarla de forma improvisada, sino que, antes de su puesta en práctica, deberá preparar toda la documentación, siguiendo una estructuración y una planificación previas, en las que se considerarán aquellas pautas y técnicas que se tendrán que seguir.

Ha de delimitar exactamente el tema que va a tratar. Además, deberá poner un título a su discurso. Puede buscar información en manuales, prensa, medios audiovisuales, etc.

También puede utilizar herramientas gráficas como imágenes, vídeos, gráficos, mapas, etc., para representar datos de forma visual.

Por último, y no menos importante, deberá tener en cuenta las tres normas básicas que favorecen cualquier tipo de acto comunicativo: la estructuración, la claridad y la coherencia.

4.5. Desarrollo de actitudes respetuosas, reflexivas y críticas. Adaptación al contexto y a la intención comunicativa

Las pautas básicas para poder participar en una situación comunicativa, de cualquier ámbito, y hacerlo de manera adecuada y exitosa, son el fomento de actitudes respetuosas, reflexivas y críticas, y la adaptación al contexto y a la intención comunicativa.

Es frecuente participar en debates, coloquios o tertulias, o bien asistir como oyente, y encontrar una situación donde no se cumplen las normas de respeto y cortesía básicas entre los interlocutores. Estas actitudes poco adecuadas se dan diariamente en diferentes contextos, como pueden ser el ámbito académico, laboral, o incluso en los medios de comunicación.

El moderador de un debate puede encontrarse en una situación muy desagradable, incluso violenta, cuando los participantes no respetan las reglas básicas de educación y comunicación verbal.

IMPORTANTE

Para procurar que este tipo de situaciones desagradables o violentas no se den, es fundamental considerar y poner en práctica actitudes que fomenten la crítica, la reflexión y el respeto, ya sea como participante o como receptor.

En definitiva, a la hora de intervenir en un debate es muy importante adoptar una actitud respetuosa, basada en el seguimiento de las recomendaciones que se enumeran a continuación:

- Respetar el turno de palabra del adversario dialéctico sin interrumpirle, con el fin de no cortar su argumentación.
- No exponer hechos o ideas ajenas al tema sobre el que se debate, con el fin de obtener algún tipo de beneficio sobre las conclusiones finales.
- Cumplir todas las normas fundamentales de educación y realizar un debate limpio, justo y honesto, y bajo ningún concepto insultar o emitir comentarios difamatorios sobre el resto de interlocutores.

El desarrollo de actitudes respetuosas favorece la interacción comunicativa, la cooperación y el compañerismo entre los interlocutores.

Cuando no se participa directamente en el debate, sino que se asiste como público, es necesario también adquirir una serie de actitudes reflexivas y críticas, como las siguientes:

- Cada participante defiende una postura ideológica, que es necesario contrastar con la propia.
- No todos los argumentos son igualmente válidos. Los participantes pueden aportar datos que estén interpretados de manera errónea o que busquen la ambigüedad. Por ello, conviene contrastar las informaciones que se aporten.
- No todo lo que se presenta es verdadero y creíble. Los oyentes, con una actitud crítica y madura, deben analizar el contenido de la información que se transmita.

El público de un debate debe mostrar una actitud crítica y reflexiva.

Conviene también destacar que es necesario valorar el contexto comunicativo en el que se realiza el debate, para intervenir en el mismo de forma apropiada. El debate debe adaptarse a dicho contexto.

EJEMPLO

No supone el mismo grado de formalidad y el empleo del mismo registro lingüístico un debate sobre el estado de la nación en el Congreso de los Diputados que una mesa redonda televisiva o uno preparado por escolares en el aula.

En el ejemplo anterior se puede comprobar que en las diferentes situaciones cambian los temas a tratar, la relación entre los interlocutores y, por supuesto, varía en gran medida la intención comunicativa del debate.

El lenguaje que emplean los participantes, dependiendo del contexto y de la situación comunicativa, puede ser muy variado: desde un registro extremadamente formal y elaborado hasta un lenguaje mucho más coloquial y cercano.

El contexto incorpora diversas dimensiones del marco de una situación social, tales como el tiempo, el lugar o la posición del hablante, así como algunas otras circunstancias especiales del ambiente físico.

Por otra parte, la intención comunicativa es el propósito que persigue el hablante con la emisión de su discurso. Esto significa que el emisor, a través de su mensaje, busca producir un efecto en el receptor.

Por tanto, el adecuado desarrollo de las habilidades lingüísticas para escuchar, hablar y conversar supone saber adaptarse tanto al contexto como a la intención comunicativa.

RECUERDA

Ya sea como participante o como público, es fundamental conocer y aplicar una serie de actitudes que favorezcan el respeto, la crítica y la reflexión.

ACTIVIDAD COMPLEMENTARIA

16. Imagine que usted asiste a un debate como público. Reflexione sobre cuál debe ser su comportamiento en dicha situación, e indique cuáles son las actitudes reflexivas y críticas que debe adoptar.

5. Resumen

La expresión oral es el proceso fundamental por medio del cual todos los seres humanos nos relacionamos, transmitimos y recibimos información a través del instrumento llamado lengua.

Así, la expresión oral es la capacidad que posee todo ser humano, que tiende a expresar y transmitir sus pensamientos, sentimientos y deseos de forma que logre hacerse comprender, es decir, que permita producir una comunicación eficiente y eficaz.

De esta forma, la expresión oral puede ser considerada como un utensilio insustituible del que hacemos uso para comunicarnos con los que nos rodean, valiéndonos de los sonidos que producimos.

En la comunicación verbal se usan los llamados códigos verbales, que son aquellos sistemas de comunicación que emplean palabras habladas o escritas. Solo los seres humanos usan un lenguaje basado en códigos verbales.

El lenguaje humano constituye el cemento que permite construir la vida en sociedad, el engranaje que permite la coordinación en el grupo humano.

Los diferentes tipos de producciones orales se pueden manifestar mediante un diálogo o un monólogo (dialogadas o monologadas), dependiendo de las intervenciones de los participantes.

Las producciones orales dialogadas son aquellas cuya realización se basa en el diálogo entre dos o más personas (conversación, debate, tertulia, coloquio y entrevista), mientras que las producciones orales monologadas son discursos emitidos por un solo hablante que se dirige a una audiencia: receptor heterogéneo, pasivo y, en general, múltiple (exposición oral).

La capacidad de utilizar de forma óptima las habilidades lingüísticas para escuchar, hablar o conversar implica el desarrollo de aptitudes comunicativas adecuadas. El correcto manejo de estas habilidades permitirá el desarrollo de la exposición, la creatividad y el juicio crítico para la toma de decisiones y la solución de problemas.

El texto oral debe cumplir su función comunicativa, es decir, debe tener un contenido, una intención y debe ajustarse a una situación con la máxima efectividad. Los medios de comunicación son aquellos que permiten conservar y difundir la palabra en el espacio y en el tiempo. Las exposiciones orales técnicas poseen un carácter más elaborado, con un lenguaje más culto o especializado.

Comprender las instrucciones verbales y demandar aclaraciones, si es preciso, favorece la comunicación oral y la interacción entre los interlocutores en un acto comunicativo determinado, facilitando la cooperación y ayudando a la consecución de los objetivos propuestos.

Existen diferentes tipos de situaciones comunicativas (tertulias y debates sobre temas de actualidad social, política o cultural) donde las conversaciones suelen estar más estructuradas y planificadas. Es en estas situaciones donde es fundamental el desarrollo de las habilidades y estrategias comunicativas, aunque su aplicación es necesaria en cualquier tipo de contexto.

Para la preparación y puesta en práctica de exposiciones orales, sea cual sea el tema a tratar (social, cultural o de divulgación científica), es fundamental tener en cuenta las tres normas básicas que favorecen cualquier tipo de acto comunicativo: la estructuración, la claridad y la coherencia.

Las pautas básicas para poder participar en una situación comunicativa, de cualquier ámbito, y hacerlo de manera adecuada y exitosa, son el fomento de actitudes respetuosas, reflexivas y críticas, y la adaptación al contexto y a la intención comunicativa.

Ejercicios de autoevaluación Unidad de Aprendizaje 3

1. Indique si las siguientes afirmaciones son verdaderas o falsas.

a. Los seres humanos no son los únicos que usan un lenguaje basado en códigos verbales.

- Verdadero
- Falso

b. La primera articulación corresponde a las unidades mínimas con significación y valor fónico, los monemas. La segunda articulación corresponde a las unidades mínimas de valor fónico sin significación, los fonemas.

- Verdadero
- Falso

c. El lenguaje humano constituye el cemento que permite construir la vida en sociedad, el engranaje que permite la coordinación en el grupo humano.

- Verdadero
- Falso

2. Cite las diferentes producciones orales dialogadas. A continuación, descríbalas.

____

____

____

____

3. Complete el siguiente texto.

En la comunicación ______________ la presencia viva del oyente advierte al ______________ si su mensaje está siendo o no correctamente ______________.El hablante adapta el ______________ a las necesidades y reacciones del ______________ , actúa sobre la ______________ y ______________ de este.

4. Relacione cada parte de la exposición oral con sus objetivos.

a. Introducción.
b. Exposición.
c. Conclusión.

_ Evitar la distracción de los oyentes.
_ Despertar el interés del auditorio.
_ Fijar en pocas palabras aquello que se ha tratado.
_ Concretar el objetivo de la exposición: qué se pretende.
_ Captar la atención del auditorio.

5. Desde un punto de vista lingüístico, en la comprensión de un texto oral hay tres niveles. Indique cuáles son estos tres niveles.

___

___

___

6. El interlocutor encargado de ofrecer una aclaración puede realizarla de diversas formas. De las siguientes, ¿cuál es incorrecta?

a. Repitiendo el significado de aquello que no se ha entendido.
b. Poniendo ejemplos.
c. Evitando dar más explicaciones.
d. Utilizando sinónimos.

7. Indique si las siguientes afirmaciones son verdaderas o falsas.

a. El emisor ha de utilizar un lenguaje verbal en el que destaque un léxico variado, un tono adecuado y una pronunciación cuidada, siempre apoyándose en el lenguaje corporal.

- Verdadero
- Falso

b. Se debe imponer a los demás el criterio propio, sin escuchar ni tener en cuenta el punto de vista de todos los participantes.

- Verdadero
- Falso

c. Los argumentos no deben ser razonados, sino expuestos de una manera compleja y desordenada, apoyándose siempre en datos o hechos subjetivos.

- Verdadero
- Falso

8. ¿Por qué es fundamental la coherencia a la hora de preparar y poner en práctica una exposición oral?

____

____

____

9. A la hora de intervenir en un debate es muy importante adoptar una actitud respetuosa, basada en el seguimiento de ciertas recomendaciones. De las siguientes, ¿cuáles no son correctas?

a. Respetar el turno de palabra del adversario dialéctico sin interrumpirle.
b. Exponer hechos o ideas ajenas al tema sobre el que se debate.
c. Cumplir todas las normas fundamentales de educación.
d. Realizar un debate limpio, justo y honesto.
e. Insultar o emitir comentarios difamatorios sobre el resto de interlocutores.

10. Complete el siguiente texto.

El moderador de un ____________ puede encontrarse en una situación muy ____________, incluso ____________ , cuando los participantes no respetan las reglas básicas de ____________ y ____________ verbal.

Unidad de aprendizaje 4

Realización de producciones escritas

Contenido

1. Introducción
2. Comunicación escrita. Producciones escritas como fuente de información y aprendizaje
3. Tipos de textos escritos
4. Desarrollo de habilidades lingüísticas para la comprensión y composición de textos de diferente tipo
5. Resumen

Objetivos

El objetivo general de esta Unidad de Aprendizaje es:

- → Redactar diversos tipos de escritos mediante los que se produce la comunicación, ajustándose a las características formales y expresivas propias de cada tipo.

Los objetivos específicos de esta Unidad de Aprendizaje son:

- → Reconocer las características y estructura de los diferentes tipos de textos escritos.
- → Componer textos propios en los que se expresen o comenten hechos, experiencias u opiniones, articulándolos con cohesión, orden, claridad y corrección ortográfica.
- → Realizar esquemas, resúmenes y comentarios sobre informaciones sencillas presentadas de forma escrita reflejando los principales argumentos y puntos de vista.
- → Interpretar correctamente instrucciones escritas para realizar determinadas actividades de poca complejidad, relativas a la vida cotidiana, social, profesional o a situaciones de aprendizaje.
- → Resumir la información presentada en textos escritos sencillos utilizando las propias palabras, con claridad, coherencia y precisión.
- → Componer textos propios como solicitudes, instancias, reclamaciones, currículum vítae, folletos informativos y publicitarios o textos periodísticos de opinión, de acuerdo con las convenciones de cada género y usando eficazmente los recursos expresivos.
- → Redactar textos sencillos expositivos, explicativos o argumentativos sobre un determinado tema, utilizando distintas fuentes de información y que presenten claridad en la organización, estructuración y jerarquización de las ideas.
- → Redactar textos sencillos expositivos, explicativos o argumentativos sobre un determinado tema, combinando diferentes tipos de oraciones de forma fluida y utilizando correctamente el vocabulario, gramática, ortografía y signos de puntuación.

1. Introducción

La escritura es un sistema simbólico y comunicativo de naturaleza gráfica, que tiene por objeto representar sobre soporte estable los mensajes y los textos. Nace como un código subsidiario de la lengua hablada, es mucho más tardía en la historia de la humanidad y no surge como resultado de una evolución de la especie.

Mientras el habla es una capacidad innata y universal en el ser humano, la comunicación escrita es un fenómeno cultural, restringido. De hecho, solo unas cuantas de las muchas lenguas que se han hablado y se hablan en el mundo cuentan con escritura. El niño no la adquiere de forma espontánea en sus primeros años de vida, sino como fruto de un proceso posterior de instrucción específica. Todas las personas que no sufren discapacidades para el lenguaje pueden hablar; sin embargo, solo llegan a leer y a escribir quienes han superado un proceso de alfabetización.

La capacidad de almacenamiento de la escritura es, en principio, ilimitada, posibilita la comunicación a distancia y permite que lo escrito se conserve y perdure, haciendo viable su transmisión literal y sin intermediarios.

La aparición de la escritura supuso un cambio fundamental en el devenir del género humano, hasta el punto de constituir el hito que marca tradicionalmente el límite entre la prehistoria y la historia.

La escritura ofrece un soporte objetivo, constante y estable a toda la cultura adquirida, desde los textos sagrados y jurídicos hasta los científicos y literarios. Al permitir la reflexión crítica sobre lo escrito, abrió la puerta al pensamiento filosófico y científico, sentando con ello las bases del progreso.

La posibilidad de acceso de todas las clases sociales a la alfabetización ha supuesto una de las grandes revoluciones culturales del mundo moderno, pues la lectura y la escritura han sido siempre la base de la enseñanza y la puerta de la educación, de la formación y, en consecuencia, de la libertad y del desarrollo individual y social del hombre.

En el presente unidad de aprendizaje se tratarán todos los aspectos relacionados con la comunicación escrita y las producciones escritas como fuente de información y aprendizaje, así como los diferentes tipos de textos escritos (narrativos, descriptivos, dialogados, expositivos, argumentativos y prescriptivos). Asimismo, se tratará el desarrollo de las habilidades lingüísticas para la comprensión y composición de textos.

Para poder entender de una forma más práctica dichos procesos, nos seguiremos basando en los casos que acontecen en el Instituto Barahona, donde Susana es profesora de lengua castellana y literatura.

2. Comunicación escrita. Producciones escritas como fuente de información y aprendizaje

HILO CONDUCTOR

Tras cerrar el debate propuesto por Susana, el nuevo trabajo en clase está orientado en el análisis de textos. Así, pide a sus alumnos que en base al texto entregado, indiquen cuál es su finalidad o modalidad (expositivo, narrativo, descriptivo...).

Aunque la escritura nace como técnica para representar gráficamente el lenguaje, no es un simple método de transcripción de la lengua hablada. Si exceptuamos cierto tipo de escritos destinados a reproducir lo que se ha dicho (como las actas de las sesiones parlamentarias) o lo que se ha de decir (como los diálogos de las obras teatrales o de los guiones cinematográficos), la **comunicación escrita** se configura como un código en cierto modo autónomo, con características y recursos propios, y funciones específicas distintas, aunque complementarias, de las correspondientes a la comunicación oral.

DEFINICIÓN

Comunicación escrita
Comunicación que se establece entre personas o grupos de personas a través de un medio de comunicación escrito.

Se escribe para la lectura, actividad que desde hace ya varios siglos se realiza de manera individual y silenciosa, y la mayoría de los textos escritos han sido concebidos y realizados directamente como tales, lo que les otorga una configuración formal específica, fijada por la tradición y regulada por convenciones ortográficas y ortotipográficas.

La comunicación escrita es indispensable para incorporarnos a la sociedad en que vivimos.

La comunicación escrita presenta un desarrollo "diferido", en dos fases espacio-temporalmente separadas. Durante la primera fase el emisor codifica el mensaje en ausencia del destinatario (proceso de escritura); durante la segunda, el receptor decodifica el mensaje en ausencia del autor (proceso de lectura).

El emisor de la comunicación escrita cuenta, por tanto, con tiempo para la elaboración meditada, inteligente y original del texto, lo que contribuye al uso culto del idioma, posibilita organizar el contenido de acuerdo con una estructura y permite la unidad de tono e intención.

El lenguaje culto, que se registra también en la comunicación oral, resulta no obstante de uso obligado en la forma escrita.

NOTA

Por lenguaje culto se entiende fundamentalmente el uso de la lengua de una manera más artificial y reflexiva, en el que sobresalgan como rasgos básicos la corrección y la elegancia.

He aquí, a continuación, unas breves recomendaciones que se estiman hoy como las idóneas de este nivel:

Empleo de las palabras con propiedad, exactitud, elegancia y sencillez. No basta solo conocer el significado propio del vocablo elegido, es necesario estar seguro de que la palabra pertenece al registro idiomático empleado. Así, en la escritura, hemos de usar palabras que pertenezcan al nivel culto, no al coloquial.

EJEMPLO

En vez de "tomarse a pecho" debe emplearse "afectar"; "desmayo" en lugar de "soponcio"; "chanza" o "burla" por "cachondeo". En esto consiste el empleo de las palabras con propiedad.

Exactitud significa acertar con la palabra que expresa mejor lo que pretendemos decir; por lo tanto, evitaremos las palabras de significación genérica, como "cosa", "hacer", "estar", "haber", "poner", etc.

La elegancia se consigue huyendo de lo tópico y acuñado ("blanca nieve", "merecidas vacaciones", "parte integrante", etc.); evitando el énfasis de los extremos ("maravilloso", "soberbio"... o "tengo hambre" por "tengo apetito", por ejemplo), de los superlativos ("equivocadísimo", "monísimo", etc.) y de los adverbios cuantificadores de adjetivos ("extraordinariamente", "fantásticamente"); rechazando los circunloquios (en vez de "proceder a la detención", "detener"; "dar a la publicidad", "publicar"; etc.); las repeticiones de términos (es muy común la reiteración de adverbios en "-mente"), y no abusando de vocablos esdrújulos, ya que el tono grave es el más característico del español.

Sencillez antes que lo prolijo y rebuscado.

SABÍAS QUE...

Antonio Machado Ruiz

En cuanto a la sencillez, Antonio Machado se sonreía de los que dicen "los eventos consuetudinarios que acontecen en la rúa" por "lo que pasa en la calle".

En el nivel oracional se aconseja:

- Una sintaxis rica (empleo de oraciones simples y compuestas, coordinadas y en yuxtaposición) y variada (alternancia de períodos largos y breves, con tendencia a los segundos; afirmativos y negativos; enunciativos e interrogativos).
- Ahorro de oraciones exclamativas.
- Combatir sonsonetes, cacofonías, rimas, todo lo que pueda acercar la prosa al verso.
- Aligerar los períodos de conjunciones, sobre todo, cuando resultan innecesarios y provocan un tiempo lento.

Preferir lo español a lo extranjerizante. "Jerga", no "argot"; "distinción", no "chic"; "película" o "filme", no "film"; "emparedado", no "sándwich"; etc.

Con respecto a la distribución del contenido, hay que huir de la espontaneidad (es decir, ir escribiendo a medida que se nos ocurren las ideas); eso confiere un aspecto caótico y desordenado. Es necesario, con anterioridad, idear un orden, imaginar una estructura que ayude a comprender mejor lo que se ha de decir y que convenga más a la intención perseguida. Pensar qué debo escribir en primer lugar, qué en segundo, etc.

Las distintas ideas, proposiciones o argumentaciones que componen una estructura deben ordenarse en párrafos o parágrafos. Un párrafo va de un punto y aparte a otro, los cuales señalan un principio y un final. Cada párrafo debe aportar una faceta nueva al contenido; con cada párrafo, por consiguiente, se avanza un paso en la exposición e información del tema tratado, se aporta una idea, una parte de nuestra argumentación, un argumento nuevo, un nuevo dato, etc. Por esta razón, los párrafos han de estar ordenados entre sí, cada uno con su vecino. A su vez, cada uno de ellos debe hallarse organizado interiormente. Recordemos que las unidades que los componen son los períodos u oraciones.

ACTIVIDAD COMPLEMENTARIA

1. La comunicación escrita requiere un lenguaje culto. ¿Cuáles son las recomendaciones para conseguirlo? Descríbalas brevemente.

La lengua escrita representa el lenguaje fuera de situación. Emisor y receptor no se comunican cada uno ante sí, ni comparten los mismos elementos de una situación dada, porque no existe. En consecuencia, el mensaje escrito no puede referir una realidad sin antes haberla descrito, ni registrar una conversación sin presentar por anticipado a los interlocutores.

El que escribe debe tenerlo en cuenta; es necesario referir explícitamente el entorno sensible en el que se sitúan las personas y los referentes, si pretendemos que el texto resulte comprensible por sí mismo.

SABÍAS QUE...

José Ortega y Gasset

Ortega y Gasset decía que las palabras en el diccionario no dicen nada porque "es evidente que la realidad palabra es inseparable de quien la dice, de a quien va dicha y de la situación en que esto acontece".

Durante el proceso de escritura está ausente el receptor. El escritor no tiene delante a su interlocutor cuando escribe, ni tampoco el receptor cuenta con la presencia del autor del texto que lee. Esta peculiaridad de la comunicación escrita impone la creación de un mensaje dotado de unos procedimientos de eficacia maximalista, válido para un número ilimitado de destinatarios. Se exponen, de modo somero, los objetivos de dichos procedimientos:

- Suscitar el interés por lo que se cuenta. Juega aquí un gran papel la técnica del punto de vista, es decir, tratamiento del tema desde una perspectiva inédita, sorprendente, irónica, ilógica, poética, etc.
- Prevertodasuertededistracciones(pormediodelosrecursosdeinsistencia: repeticiones, pleonasmos, tautologías, sinonimias, etc.), evitando que el transcurrir de lo que se cuenta -sobre todo de aquello que no debe escapar a la atención del lectorsea previsible (las imágenes, metáforas y tropos en general; la hipérbole, los contrastes, la súplica, el apóstrofe, la interrogación, etc., contribuyen a la imprevisibilidad del mensaje).

- Prever toda suerte de desacuerdos potenciales. Una argumentación detallada, con ideas claras y bien encadenadas, ayudan a convencer de lo dicho al interlocutor.
- Control de la imagen del emisor. Todo lector, a medida que lee, se va construyendo una imagen de la persona del escritor. Parece como si la presencia del emisor del mensaje fuese necesaria para que la comunicación resulte efectiva. A nadie se le escapa que el escritor tiene en su mano el control de la imagen que el lector se forja de él a través del discurso escrito. Por ejemplo, una ocasión frecuente en la que el escritor cuida su imagen es aquella en la que, a través de una carta, solicita a una empresa ser seleccionado para ocupar un puesto de trabajo.
- De otro lado, es preciso recordar cómo el literato desarrolla con fecundidad esta virtualidad de la escritura: desde ofrecer una imagen que coincide objetivamente consigo mismo (el caso de la autobiografía real) hasta crear una imagen ficticia, fabulada, del emisor del discurso (es el caso de Lazarillo de Tormes, Las inquietudes de Shanti Andía, La familia de Pascual Duarte, y tantas otras).

La vida de
Lazarillo d Tormes:
y de sus fortunas
y aduersida-
des.
M. D. liiij.

Lazarillo de Tormes

Por otra parte, es necesario entender el texto escrito como una fuente inagotable de información y aprendizaje. En este sentido, a través del texto escrito el emisor da a conocer a su receptor algún hecho, situación o circunstancia.

NOTA

El único medio de que dispone el escritor para controlar el modo como quiere que se decodifique su discurso es impedir al lector que infiera o prevea ningún rasgo y aspecto importante.

ACTIVIDAD COMPLEMENTARIA

2. Reflexione sobre los tipos de imagen que puede ofrecer el escritor (real o ficticia), e indique algunos títulos de obras en las que aparece cada una.

Cuando se habla de un texto escrito informativo, se hace referencia únicamente a aquel texto que ha sido escrito por un emisor cuya intención principal es "dar a conocer" algo, sin que intervengan primordialmente sus emociones ni deseos.

Son muchas las cosas que se pueden dar a conocer de esta forma, lo central del texto en este caso es la información. Esto no quiere decir que en un texto informativo nunca se expresen los sentimientos ni los deseos del emisor, puesto que en ocasiones esto sí ocurre, pero de todos modos estos siempre pasarán a segundo plano.

El objetivo último es que los receptores se informen y aprendan, y no necesariamente que se emocionen ni que se entretengan. Los textos que persigan estos objetivos serán más bien textos poéticos o literarios.

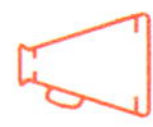

RECUERDA

El que escribe debe asegurar que el mensaje sea autosignificativo. Puede controlar el modo en que quiere que se decodifique su discurso y puede, también, crear la imagen que le interese ofrecer de sí mismo.

3. Tipos de textos escritos

HILO CONDUCTOR

Uno de los talleres con mayor aceptación es el dedicado al análisis de textos escritos. En este caso Susana ha entregado un texto narrativo tipo humanístico, con estilo directo y narrado en primera persona.

La clasificación de los textos escritos puede atender a diversos criterios, entre los que se encuentran:

- **Forma.** Según su forma, los textos pueden ser orales o escritos.
- **Finalidad** que persigue el texto, según la cual existen textos:
  - Informativos, con los que se pone de manifiesto una determinada noticia.
  - Prescriptivos, con los que se determinan y ordenan ciertos asuntos.
  - Persuasivos, con los que se convence para hacer determinadas acciones o seguir alguna ideología.
  - Estéticos, con los que se inventa un mundo artificial e irreal.
- **Modalidad** que resalte en un texto. Existen cuatro:
  - Descriptiva.
  - Expositiva.
  - Narrativa.
  - Argumentativa.
- **Tema** tratado, según el cual existen textos:
  - Literarios, con una finalidad eminentemente estética.
  - Técnico-científicos, cuya finalidad es informativa.
  - Jurídico-administrativos, con una finalidad prescriptiva.
  - Periodísticos, se caracterizan por su finalidad informativa, al igual que los técnico-científicos y los humanísticos.
  - Humanísticos, centrados en el mundo humano: el hombre y sus productos culturales.
  - Publicitarios, con una finalidad persuasiva clara.
- **Estructura,** que puede ser:

- Comparativa, cuando en el texto se ofrece una comparación de dos elementos.
- Descriptiva, cuando se describen de forma ordenada las características de un determinado elemento.
- De causalidad, cuando se hace un planteamiento explicando las causas que lo motivaron.
- De secuencia, cuando se desarrolla una serie de ideas que reproducen una sucesión temporal.

En el siguiente esquema se resumen los criterios según los cuales se clasifican las formas textuales.

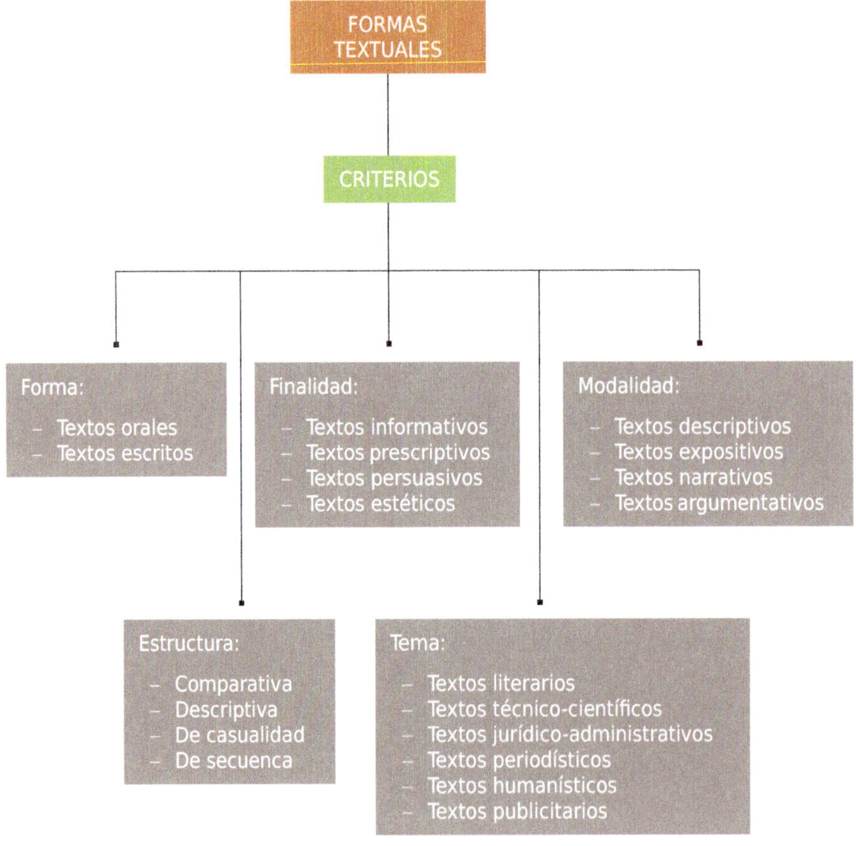

3.1. Narrativos, descriptivos y dialogados: estructura y rasgos lingüísticos

Existen cauces, géneros o formas establecidas de discurso. El tema de que trate el discurso determinará el lenguaje especializado que usar y, también, la forma de expresión más conveniente: la narración, la descripción y el diálogo.

Narrativos

Al narrar se transmite una información que puede darse en diferentes situaciones comunicativas.

Narrar
Contar o relatar unos hechos, reales o imaginarios, protagonizados por unos personajes en un espacio y un tiempo concretos.

La narración se hace en un tipo de texto opuesto al de la descripción, diálogo, exposición y argumentación, lo que no impide que, en determinadas ocasiones, se combine la narración con diálogos o descripciones.

Existen textos de narración pura, en los que el narrador es un simple testigo que relata los hechos que acontecen, aunque los más frecuentes son los textos de narración dialógica, en los que se insertan palabras presuntamente pronunciadas por los personajes, y se mezclan narración y diálogo.

Elementos de la narración

Los principales elementos de la narración son los siguientes:

- La **acción**, (también llamada trama o historia), que es todo lo que ocurre y hacen los personajes del relato.
- **Los personajes,** que son los seres (personas, animales u objetos) que intervienen en la acción. Presentan una determinada personalidad (generosos, malvados, divertidos, etc.), que puede no cambiar en toda la

historia o ir cambiando en el transcurso de la misma. Se suelen dividir en personajes principales y secundarios:

- **El protagonista:** es el personaje principal. Constituye el hilo conductor del relato: con él el lector vive las peripecias de la acción, se enfrenta a las distintas situaciones y conflictos. En torno a él gira también la actuación de los otros personajes.
- **El antagonista:** personaje negativo que se enfrenta al protagonista, oponiéndose a sus planes y deseos, lo que provoca la animadversión del lector hacia estos personajes que comparten protagonismo con el anterior.
- **Personajes secundarios:** son aquellos que tienen menos presencia en el texto y cuyos actos giran alrededor de los anteriores, ayudando o favoreciendo al protagonista o a su antagonista.
  Dependiendo del tipo de relato, puede haber uno o varios protagonistas, uno o varios antagonistas, o incluso no haber ninguno de estos. Igualmente ocurre con los personajes secundarios.

- **La voz de los personajes,** con la que se introducen sus palabras o pensamientos, utilizando los siguientes estilos:

  - **Estilo directo:** se reproducen textualmente las palabras del personaje. Se distingue por los siguientes medios grafológicos:

    - Las palabras del personaje aparecen entrecomilladas o precedidas de una raya.
    - Estas palabras van precedidas por un verbo de habla ("decir", "contar", "relatar", "preguntar"...), aunque este puede ir también intercalado en el enunciado entre rayas, o al final del mismo.
    - Cuando el verbo aparece antepuesto, son necesarios los dos puntos para introducir las palabras del personaje que interviene en ese momento.

  - **Estilo indirecto:** se reproducen las palabras de los personajes a través de la voz del narrador, que es quien cuenta lo que este dice. Se caracteriza por lo siguiente:

    - Desaparición de los dos puntos y las comillas, aunque sí permanece el verbo de habla.
    - Es imprescindible un elemento de conexión entre el verbo y las palabras parafraseadas (no textuales) del personaje, ese elemento conector es la conjunción "que".

  - **Estilo directo libre:** la persona que redacta el texto pasa del estilo narrativo al directo sin emplear los medios característicos de este.

- **El monólogo interior:** técnica desarrollada por la novela moderna para introducir en el relato el pensamiento de los personajes. Y no solo lo que piensan, sino también la manera en que fluyen pensamientos, ocurrencias, imágenes, etc. en su interior.
  Sabía que: El monólogo interior es la técnica que los ingleses llaman "el río de la conciencia".
  La aparición en el relato del habla de los personajes por medio de una de estas técnicas o estilos hace que la figura del narrador pase a un segundo plano y que la historia se cuente a sí misma, cobrando, en consecuencia, un efecto de mayor viveza o realismo.
- **La metanarración** (o narración sobre la narración). Hay ocasiones en el relato en las que el narrador no solo cumple con la función exclusiva de narrar, sino que se permite otras licencias, como son la de hacer comentarios, al margen de la narración, sobre los personajes, sus situaciones, etc., o disertar sobre otros aspectos no tan fundamentales en el relato. Estos comentarios o disertaciones también reciben el nombre de digresiones.
- **El espacio,** que es el marco físico, lugar o lugares, y los ambientes históricos y sociales, en los que transcurre la acción. Dentro de ese marco, habrá paisajes exteriores e interiores (casas, parques, cines...), rurales y urbanos, etc. El ambiente puede ser nocturno, diurno, festivo, religioso, etc. La forma textual empleada para "pintar" el espacio es la descripción.
- **El tiempo narrativo,** que no debe ser confundido con la época histórica en que se desarrolla la historia, puesto que esta sería la ambientación, el espacio histórico.
  El que un determinado texto narrativo presente una estructura lineal o no lineal está íntimamente relacionado con el tiempo narrativo. Para entenderlo, se distinguen los siguientes conceptos:

  - **Tiempo histórico o real:** es el tiempo que dura la historia narrada en la vida real. Puede transcurrir en unas horas o a lo largo de meses, años o, incluso, siglos; abarca desde la primera fecha que se cita en el relato hasta la última.
  - **Tiempo narrativo:** es el tiempo que dedica el narrador a contar los hechos, y la forma en la que el tiempo real es organizado. La estructura (lineal o no lineal), técnica (*flash-back* o *in media res*) o los vacíos temporales afectan directamente al tiempo de la narración.
  - **El ritmo o velocidad** con que transcurre el relato dependerá del interés del autor, que puede acelerar o ralentizar la acción, interrumpirla o finalizarla cuando le interese. De forma generalizada, las obras eminentemente descriptivas se caracterizan por un ritmo lento.

- **El narrador,** que es la persona que cuenta la historia, presenta a los personajes, explica sus reacciones y, además, conduce la acción. Existen distintos tipos de narrador:

  - Según el punto de vista:

    - **De tercera persona o narrador externo:** cuenta la historia desde la perspectiva del que no se encuentra involucrado en la acción. Es un mero observador que transmite lo que puede verse sin preocuparse por los pensamientos de los personajes. Dicha distancia narrador-narración permite referirse a los personajes y sus acciones de modo impersonal (él, ella, ellos, estas cosas...).
      Nota: El narrador de tercera persona es un personaje más de la ficción creado por el autor, cuya tarea fundamental es la de contar.
    - **De primera persona o narrador interno:** un personaje de la historia, principal o secundario, cuenta los hechos que acontecen desde su punto de vista personal. Su grado de participación en la historia puede ir desde una implicación máxima, con lo que estaríamos ante un relato autobiográfico, hasta una implicación mínima, con lo que el narrador sería un simple testigo.

  - Según la información de que dispone:

    - **Narrador omnisciente:** el narrador se comporta como un dios del relato, porque conoce los hechos de la historia y los pensamientos e intenciones de cada personaje.
    - **Narrador equisciente:** el narrador tiene la misma información que los personajes acerca de lo que acontece en el relato.
    - **Narrador deficiente:** el narrador construye la historia de acuerdo a la información dada por los personajes.

ACTIVIDAD COMPLEMENTARIA

3. Piense en obras narrativas que haya leído, y averigüe qué tipo de narrador se daba (externo, interno, omnisciente, equisciente o deficiente). Indíquelo.

Los diferentes tipos de narrador se resumen en el siguiente cuadro.

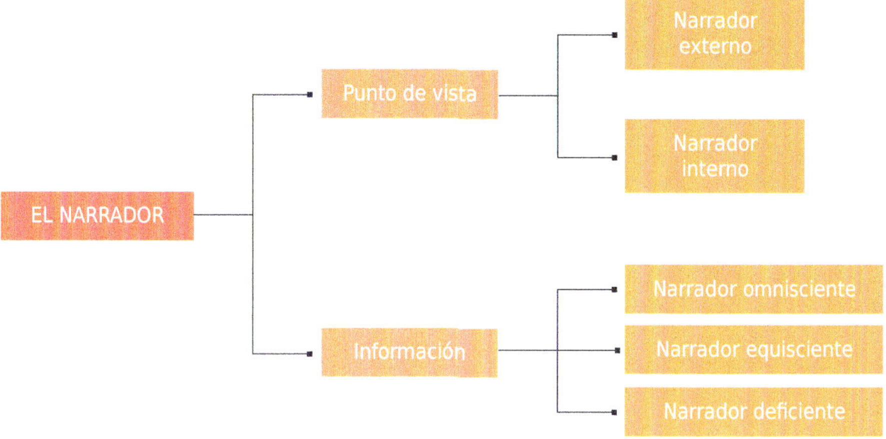

- Narratario y destinatario:
  - **Narratario** es un receptor (o varios) interno del texto al que el narrador se dirige de forma explícita contándole la historia. Se trata de un elemento más de la ficción. Algunas de las características del narratario serían:
    - Tiene presente la narración en todo momento.
    - Comparte el estilo lingüístico del narrador.
  - **Destinatario** es el lector y oyente del relato. Se trata de un elemento externo al texto.

En todo texto literario existen dos planos comunicativos: el externo o real y el interno o ficticio. Los elementos de la narración, por tanto, pueden estar relacionados con los de la comunicación, como se puede observar en la tabla que se presenta a continuación.

PLANOS COMUNICATIVOS EN UN TEXTO NARRATIVO			
Plano externo o real		**Plano interno o ficticio**	
Elementos comunicación	Elementos narración	Elementos comunicación	Elementos narración
Emisor	Creador	Emisor	Narrador

Continúa en página siguiente >>

<< Viene de página anterior

PLANOS COMUNICATIVOS EN UN TEXTO NARRATIVO			
Plano externo o real		**Plano interno o ficticio**	
Receptor	Destinatario o lector	Receptor	Narratorio
Mensaje	Texto o ficción	Mensaje	Variable
Canal	Escritura	Canal	Variable
Código	Lengua o idioma	Código	Variable

RECUERDA

Los textos narrativos informan sobre sucesos, reales o imaginarios, que se desarrollan en un tiempo y lugar determinados.

Estructura

En un texto narrativo suelen distinguirse una estructura externa y una estructura interna:

1. **Estructura externa,** que tiene que ver con la forma en la que se divide la narración. Normalmente, la unidad formal en que se divide esta es el unidad de aprendizaje, que, a su vez, se puede agrupar en partes.
2. **Estructura interna,** que es la forma de distribuir los hechos de la narración. Incluso en las narraciones de tipo realista, la ordenación de los acontecimientos sufre algunas modificaciones respecto al orden natural en el que supuestamente suceden los hechos. Según el orden en el que se narren esos hechos, encontramos dos tipos de estructura, la lineal y la no lineal:

   a. **Estructura lineal:** la ordenación más frecuente es la siguiente:

      Acontecimientos narrados en orden cronológico. Este tipo de relato suele seguir la siguiente estructura:

      - **Planteamiento o introducción:** es la parte inicial del relato, en la que se presenta a los personajes situándolos en un lugar y tiempo, y se plantea el hecho que desencadenará la historia posterior, aportando todos los datos necesarios para que el lector comprenda la historia en su integridad.

- **Desarrollo de la acción o nudo:** en esta parte se ofrecen las distintas peripecias que sufre la acción, pero sin la solución final; es la sucesión de hechos vividos y protagonizados por los personajes y que constituye el eje de la historia, por lo que suele ser la parte más extensa. Esta parte del desarrollo concluye en el clímax (momento más interesante y excitante). Aquí la narración llega a su momento cumbre.
- **Desenlace:** constituye el final y solución del relato. Se cuenta aquí el final de la acción, el modo en que terminan las peripecias vividas en el desarrollo; se soluciona el conflicto planteado en el paso anterior. Suele ser breve.

Dependiendo del final o desenlace de la historia narrada, la estructura del texto puede ser abierta o cerrada:

- **Estructura abierta o final abierto:** la acción se interrumpe antes del desenlace, con lo que el lector tiene que imaginar o inventar el final que le sugiera la historia.
- **Estructura cerrada o final cerrado:** la narración tiene un final establecido que el lector acepta con más o menos pasividad.

b. **Estructura no lineal:** los hechos narrados no se suceden cronológicamente, sino que se intercalan episodios del pasado en el presente: saltos atrás, saltos adelante o vacíos temporales. Esta estructura se presenta en:

- **La técnica del *flash-back* (vuelta atrás):** se empieza el relato por el desenlace y se vuelve atrás para seguir la narración de los hechos cronológicamente.
- **La técnica *in media res:*** cuando el interés se centra en algún acontecimiento en particular. Se empieza por algún momento del intermedio, retomándose a continuación la historia desde su principio hasta el momento del inicio de la narración. Posteriormente, se cuenta el final de la historia.

SABÍAS QUE...

La técnica del *flash-back* es una técnica empleada en la novela, pero también es muy frecuente en el cine.

Obsérvese el siguiente texto:

A la medianoche, una turba tumultuosa, animada con todas las voces de un motín y todos los alaridos de una bacanal, invadía las calles de San Bernardino. Llegó a la plazuela de Afligidos y la ocupó casi toda. El callejón de la plaza de la Cara de Dios contenía más de trescientas personas; y la algarabía era tan grande que no se podían distinguir claramente las voces pronunciadas por los más exaltados.

Al llegar al patio hubo un instante de vacilación, de terrible sorpresa. Una doble fila de soldados apuntaba a la multitud que, confiada en su fuerza, no pudo resistir un movimiento de terror, retrocediendo al ver que se la recibía de aquella manera. En el mismo instante sonó un tiro y cayó un soldado. Hizo fuego sin reparo la tropa, y una descarga nutrida envió más de veinte proyectiles sobre la muchedumbre.

La confusión fue entonces espantosa: avanzó la tropa; retrocedieron los paisanos, no sin disparar bastantes tiros y agitar las navajas, armas para ellos más seguras que el trabuco.

Benito Pérez Galdós: La Fontana de Oro.

En este texto se aprecia una estructura lineal, donde los hechos se narran en orden cronológico:

1. **Introducción o planteamiento.** Presenta una situación inicial, un conflicto que les sucede a unos personajes en un tiempo y en un lugar determinados: a medianoche (tiempo) una multitud de personas (personajes) invaden las calles de San Bernardino (lugar) dando gritos de protesta.
2. **Nudo o conflicto.** Se desarrollan los acontecimientos planteados en la introducción. Los personajes se ven envueltos en el conflicto y actúan en función del objetivo que persiguen: al llegar al patio (lugar) unos soldados (personajes) apuntaban a la multitud. Sonó un disparo y cayó un soldado. Aquellos dispararon contra la multitud.
3. **Desenlace o solución de la situación planteada.** En esta parte del relato se resuelve el conflicto de la fase inicial: los soldados siguieron avanzando y la multitud retrocedió.
   Dependiendo de la estructura u orden, la narración siempre presentará dos partes diferenciadas, que son:

   - **El marco** o parte donde se ubica la acción, espacial y temporalmente, y se presentan los personajes. Suele darse al principio del relato.
   - **La historia** o trama en la que los personajes se ven envueltos.

ACTIVIDAD COMPLEMENTARIA

4. Busque información y cite el título de alguna novela en la que se dé la técnica del *flashback*. Explique, además, cómo el autor hace uso de dicha técnica.

Rasgos lingüísticos

Las principales características lingüísticas de los textos narrativos son las que tienen que ver con los verbos y la sintaxis presentes en dicho texto:

- **Verbos.** Predominan los verbos que expresan acciones o movimiento. Estos, en la mayoría de los casos, aparecen en pretérito perfecto simple o pretérito indefinido ("cogió", "anduve", "escuchamos"), pretérito perfecto compuesto ("ha cogido", "he andado", "hemos escuchado") y presente histórico, utilizado con la intención de acercar los hechos al lector ("Shakespeare y Cervantes mueren el 23 de abril de 1616").
- **Sintaxis.** Mayor uso de las oraciones predicativas en detrimento de las copulativas; presencia de proposiciones temporales que sitúan los hechos en el tiempo; modales; causales; etc.
  Una sintaxis sencilla (oraciones simples y coordinadas) da dinamismo a la narración, mientras que una sintaxis compleja (oraciones subordinadas) imprime un ritmo lento y pesado de narración.

En el siguiente esquema se exponen, de forma resumida, las principales características lingüísticas de los textos narrativos.

APLICACIÓN PRÁCTICA

Comente el siguiente texto narrativo:

Aquella noche, en la hora de la rata, el emperador soñó que había salido de su palacio y que en la oscuridad caminaba por el jardín, bajo los árboles en flor. Algo se arrodilló a sus pies y le pidió amparo. El emperador accedió: el suplicante dijo que era un dragón y que los astros le habían revelado que al día siguiente, antes de la caída de la noche, Wei Cheng, ministro del emperador, le cortaría la cabeza. En el sueño, el emperador juró protegerlo. Al despertarse, el emperador preguntó por Wei Cheng. Le dijeron que no estaba en el palacio; el emperador lo mandó buscar y lo tuvo atareado el día entero, para que no matara al dragón, y hacia el atardecer le propuso que jugaran al ajedrez. La partida era larga, el ministro estaba cansado y se quedó dormido. Un estruendo conmovió la tierra. Poco después irrumpieron dos capitanes, que traían una inmensa cabeza de dragón empapada de sangre. La arrojaron a los pies del emperador y gritaron: Cayó del cielo. Wei Cheng, que había despertado, la miró con perplejidad y observó: Qué raro, yo soñé que mataba a un dragón así.

Wu Ch'eng En: La sentencia (siglo XVI). Jorge Luis Borges: Antología de la literatura fantástica.

Solución

Nos encontramos ante un texto narrativo, en el que no faltan los elementos característicos: un narrador (en tercera persona), unos personajes (fundamentalmente, el emperador, el ministro y el dragón) y unos hechos que se desarrollan en un espacio (en China, en el palacio del emperador) y en el tiempo (la noche del sueño y el día siguiente). Podemos considerar que el narrador en tercera persona es un narrador tradicional omnisciente, ya que el narrador conoce no solo el comportamiento externo de sus personajes, sino también sus sueños. La brevedad del relato impide caracterizar a los personajes con precisión, si bien podemos señalar que, junto a los tres personajes principales, aparecen dos personajes secundarios (los capitanes). Respecto al tiempo, el tiempo interno de la narración se reparte entre la noche del sueño hasta el día siguiente por la tarde. El tiempo externo no aparece fechado con claridad: podría reflejarse un ambiente contemporáneo del escritor de la China del XVI o incluso pertenecer

Continúa en página siguiente >>

<< Viene de página anterior

a un tiempo anterior no concretado (el ambiente legendario del relato hace que no sorprenda la falta de concreción temporal).

La estructura del relato es muy simple: el planteamiento desarrollado en el primer párrafo expone el sueño del ministro, que será el desencadenante de la acción, el desarrollo (que podría considerarse presente en el segundo y parte del tercer párrafo hasta las palabras de los capitanes) y el desenlace (la respuesta de Wei Cheng, en las dos últimas líneas), que cierra el relato con un giro sorprendente. Llama la atención la condensación temporal del relato: se seleccionan unos pocos datos, sin apenas desarrollarlos, lo que va en beneficio de la capacidad del relato para sorprendernos.

En el nivel léxico, encontramos elementos propios de la narración, como la abundancia de verbos de acción ("se arrodilló", "cortaría", "jugaran", "traían", "mataba"...). No faltan las palabras relacionadas con referencias temporales ("noche", "hora", "día", "atardecer") y espaciales ("palacio", "jardín"). En el nivel morfosintáctico, es característico del texto narrativo el uso del pretérito perfecto simple ("soñó", "se arrodilló", "pidió", "accedió"...). Aparece una forma sintáctica característica de este texto, como es la subordinación temporal: "Al despertarse, el emperador preguntó por Wei Cheng". Abundan los complementos circunstanciales de lugar ("En el sueño", "en el palacio", "por el jardín"...) y de tiempo ("aquella noche", "en la hora de la rata", "el día entero"...). Finalmente, en el nivel textual, es característico el uso de marcadores del discurso con valor temporal como "poco después". Asimismo, para referirse a los personajes, no faltan las repeticiones léxicas ("Wei Cheng", "el emperador", "dragón"), en ocasiones evitadas mediante sustituciones con la misma referencia: "el ministro" por "Wei Cheng".

Por último, conviene señalar que, a pesar de la brevedad del cuento, nos encontramos con la presencia de una modalidad discursiva que suele acompañar a la narración, especialmente a la literaria, como es el diálogo, tanto en estilo directo ("Cayó del cielo") como indirecto ("el suplicante dijo que era un dragón").

Descriptivos

La descripción, como la narración y el diálogo, es una forma básica del texto; no suele aparecer aislada, sino mezclada con las otras dos. En cualquier texto es frecuente pasar de una forma a otra, por lo que en un pequeño fragmento se puede encontrar narración, descripción y diálogo.

La descripción sirve para ambientar el relato y crear una atmósfera que dé verosimilitud a los sucesos narrados.

DEFINICIÓN

Describir
Exponer detalladamente y siguiendo un orden cómo son personas, lugares u objetos; "pintar" con palabras.

Para hacer una buena descripción, es necesario seguir un orden que no tiene que ser siempre el mismo, el orden al describir admite múltiples posibilidades:

- Enumerar las partes y luego las propiedades.
- Seguir un orden espacial.
- Describir primero los aspectos particulares y después los generales.

Dependiendo de la intencionalidad del texto y del objeto que se describe, encontramos diversos tipos de textos descriptivos:

- Por su intencionalidad:
  - **Objetivos:** con los que el autor reproduce fielmente la apariencia de lo que describe, sin valoraciones personales.
  - **Subjetivos:** con los que el autor plasma su impresión de lo descrito para despertar en el receptor sentimientos similares a los suyos.
- Por el objeto descrito:
  - **Descripción de seres vivos.** Según la forma en la que se describan sus rasgos, puede ser:
    - **Prosopografía:** descripción de los rasgos físicos, es decir, de su apariencia externa.
    - **Etopeya:** descripción de los rasgos psicológicos o morales, es decir, su carácter.
    - **Retrato:** descripción de las cualidades físicas y psicológicas, es decir, une la prosopografía y la etopeya.

- **Autorretrato:** descripción física y psicológica del propio autor, es decir, el autor se describe a sí mismo.
- **Caricatura:** descripción de rasgos físicos y psicológicos de manera exagerada, es decir, realzando los defectos.

En la siguiente tabla se muestran las diferencias entre la prosopografía y el retrato.

PROSOPOGRAFÍA	RETRATO
Observar, seleccionar y anotar los rasgos físicos más característicos de un personaje.	Observar, seleccionar y anotar los rasgos físicos y psicológicos más característicos de un personaje.
Seguir un orden al "pintar" al personaje.	Seguir un orden al describir los rasgos del personaje.
Presentar al personaje en acción.	Presentar al personaje en un ambiente.
Dejar ver los sentimientos del autor hacia el personaje eligiendo el tono adecuado para la descripción.	Seleccionar las palabras y recursos expresivos para dar vida y fuerza a la descripción.

- **Descripción de lugares y costumbres:**
  - **Cuadro:** se suele dar primero una visión general del lugar y después se localizan distintos elementos geográficos del mismo, por medio de expresiones que lo sitúen espacialmente. Se suelen transmitir los sentimientos que ese lugar despierta (alegría, miedo...).
  - **Bodegón:** se describen las costumbres gastronómicas de una determinada cultura a través de los alimentos (piezas de caza, frutas...), cristalería, vajillas, flores, etc.
  - **Descripción de sentimientos, emociones, fantasías, etc.** En este tipo de textos se apela a lo más íntimo y personal, describiendo todo tipo de emociones, sentimientos, anhelos, recuerdos, deseos, etc.

Seguidamente se presentan de forma esquemática los diferentes tipos de textos descriptivos.

Estructura

Para realizar una buena descripción, sea cual sea el objeto, persona, sentimiento o animal a describir, se deben seguir ciertos pasos, tales como:

- Observar bien el objeto a describir: intentar descubrir qué es aquello que se quiere describir y qué características tiene.
- Ordenar las ideas, teniendo en cuenta cómo se quiere presentar aquello que se quiere describir: de lo más general a lo más específico o de lo más importante a lo menos importante.
- Finalmente, presentar aquello que se ha descrito en las dos primeras fases.

ACTIVIDAD COMPLEMENTARIA

5. Elabore un texto descriptivo teniendo en cuenta los pasos indicados anteriormente.

Una vez respetadas las fases para crear un texto descriptivo, el siguiente paso es hacerlo acorde a una estructura:

- En un principio se establece el tema, es decir, se presenta el objeto como un todo. El tema se puede establecer desde el inicio o bien después de enumerar características.
- Luego tiene lugar la caracterización, etapa en la cual se distinguen las cualidades, las propiedades y las partes del objeto de la descripción.
- Posteriormente, se debe relacionar el tema con el mundo exterior, relación tanto en lo que se refiere al espacio y al tiempo como a las múltiples asociaciones que se pueden activar con otros mundos y otros objetos análogos (con la utilización de una comparación, metáfora o metonimia, por ejemplo).

NOTA

La estructura del texto descriptivo suele utilizarse para brindar información de manera directa, fáctica. Suele estar escrito en presente y carece de prosa, lo cual lo hace fluir de una manera realista.

Rasgos lingüísticos

Entre las características lingüísticas de los textos descriptivos, destacan las siguientes:

- **Verbos.** Predominan los verbos copulativos ("ser", "estar" y "parecer") porque sirven para definir y describir. Se utilizan en pretérito imperfecto ("había parecido", "habían estado", "habíais sido"...) y presente ("parezco", "están", "sois"...).
- **Sustantivos y adjetivos.** Predominan los sustantivos y adjetivos en un texto descriptivo, porque los primeros refieren entidades estáticas, y los segundos, cualidades, lo que ayuda al acto descriptivo.
- **Deícticos.** Palabras que ayudan a dar orden a la descripción ("aquí", "allí", "a la derecha"...).
- **Sintaxis.** Predomina la coordinación y yuxtaposición en detrimento de la subordinación.
- **Recursos estilísticos.** Aparecen, especialmente, en descripciones subjetivas y literarias. Estos recursos suelen ser de tipo semántico, como la metáfora ("el oro de su cabeza"), símil o comparación ("cabellos como el oro"), imágenes ("Gustavo es un lince"), etc.

Estas características lingüísticas de los textos descriptivos aparecen resumidas en el siguiente gráfico.

APLICACIÓN PRÁCTICA

Comente el siguiente texto descriptivo:

Morfología y estructura del corazón

El corazón es un órgano de forma cónica situado en la parte central de la cavidad torácica (mediastino), entre los pulmones. En su parte externa presenta un surco transversal y otro surco longitudinal, por donde discurren las arterias y venas coronarias, así como los nervios que intervienen en su regulación nerviosa.

En su parte interna presenta cuatro cavidades: dos aurículas y dos ventrículos. Los ventrículos presentan paredes más gruesas que las aurículas y, a su vez, el ventrículo izquierdo es de paredes más gruesas que el derecho. La aurícula izquierda está comunicada con el ventrículo izquierdo a través de la válvula mitral o bicúside, y la aurícula derecha se comunica con el ventrículo derecho por medio de la válvula tricúspide. Las válvulas están constituidas por unas membranas (2 la bicúspide y 3 la tricúspide) insertas en las paredes del corazón.

Continúa en página siguiente >>

<< Viene de página anterior

A la aurícula derecha le llegan las dos venas cabas (la superior y la inferior), mientras que a la aurícula izquierda llegan las cuatro venas pulmonares. Del ventrículo derecho parte la arteria pulmonar, mientras que del izquierdo parte la arteria aorta. La llegada de la sangre al corazón por las venas se efetúa continuamente y sin impedimento, pues estas venas se abren libremente en la pared cardíaca. En cambio, la salida de la sangre de los ventrículos a las arterias está regulada por las válvulas sigmoideas, que se abren únicamente cuando la sangre ventricular alcanza cierta presión como consecuencia de la contracción de la pared del ventrículo.

Solución

Se trata de una descripción muy elaborada, en la que se sigue un orden relacionado con coordenadas espaciales.

El título del texto representa el establecimiento del tema, y en el primer párrafo se da una definición del objeto (el corazón).

A continuación empieza la caracterización del objeto que se describe. El corazón aparece descompuesto en unidades individuales, cada una de las cuales recibe una nueva descripción. El recorrido descriptivo va desde lo externo a lo interno y de izquierda a derecha. Con ello, el emisor guía de modo eficaz la interpretación del lector.

El último párrafo establece la relación con el mundo exterior: las venas y las arterias que llegan al corazón.

En cuanto al estilo, abundan los sustantivos de significado muy específico (terminología): "aurícula", "venas cabas", "ventrículo", etc. Otras característica de los textos descriptivos es el uso de verbos en presente ("se efectúa", "llegan", "se abre", etc.), que permite llevar a cabo aseveraciones de carácter general, las enumeraciones (enumera las distintas partes del corazón) y el empleo de la definición ("El corazón es un órgano de forma cónica situado en la parte central de la cavidad torácica...").

Dialogados

El texto dialogado se caracteriza por el intercambio comunicativo entre dos o más interlocutores, de tal forma que estos participantes se turnan en los papeles de emisor y receptor.

Se entiende por **diálogo** el discurso compartido de dos o más hablantes. Existen dos tipos: el diálogo oral (lenguaje vivo) y el diálogo escrito (lenguaje referido). El primero es propio de la comunicación directa entre un "yo" y un "tú", por ejemplo, de la conversación. Por su parte, el diálogo escrito trata de reproducir con limitaciones un diálogo oral, pues pierde la presencia física de los interlocutores, las inflexiones de su voz, la entonación, los gestos, las miradas o los diversos movimientos.

El diálogo protagoniza o se integra en diferentes discursos, como el relato informativo periodístico, la entrevista, la encuesta, el diálogo filosófico, el ensayo, la historia, la biografía y, sobre todo, el discurso narrativo.

En el lenguaje periodístico recoge la voz de los "personajes" de la historia. En la encuesta y la entrevista, igual que en la tertulia, el diálogo se enriquece con juegos de preguntas y respuestas predeterminados, según la pericia y experiencia previa del entrevistador y del entrevistado. En el lenguaje literario el diálogo constituye un elemento imprescindible para la caracterización de los personajes, pues son ellos los que descubren, al hablar, distintas facetas de su personalidad, así como su actitud ante los hechos y la intención que los mueve. Por lo general, el autor pone en boca de sus personajes el habla que corresponde a su edad, educación, grupo social, cultura e ideología, quedando así caracterizados por el lenguaje que usan. Por su parte, la obra dramática se apoya exclusivamente en el diálogo de los personajes, puesto que en ella no interviene el narrador. Asimismo, el diálogo dramático recibe ayuda de las acotaciones (indicaciones orientativas sobre la actuación de los personajes) y puede incluir monólogos (lectura de cartas, reflexiones en voz alta...) y apartes (palabras de un personaje que no escuchan los personajes, pero sí el espectador).

NOTA

El diálogo suele reproducir la espontaneidad y viveza del lenguaje oral, dotando de realismo ambientes y situaciones.

Estructura

Para J. M. Adam (1992), el texto dialogado es una secuencia textual más (del mismo rango que la argumentación o la narración, por ejemplo), subdividida a su vez jerárquicamente en dos tipos de secuencias: secuencias fáticas de apertura y cierre del texto, por un lado, y secuencias transaccionales combinables, que constituyen el cuerpo del texto, por otro lado. Así pues, un texto dialogado elemental completo tiene la forma siguiente:

- Secuencia fática de apertura.
- Secuencias transaccionales.
- Secuencia fática de cierre.

Por su parte, otros autores, como T. A. van Dijk (1978), proponen que el texto dialogado constituye una superestructura formada por seis categorías:

1. **Apertura,** que se dé o no depende de la situación, del grado de formalidad o de la interacción.
2. **Preparación** para establecer la comunicación.
3. **Orientación** hacia el tema de la conversación.
4. **Objeto de la conversación,** parte central en que se comunica un suceso, se interroga, se pide, se ordena, etc.
5. **Conclusión,** introducida por frases de síntesis, evaluación, etc.
6. **Cierre,** formulado con elementos lingüísticos ("adiós", "hasta luego") o elementos paralingüísticos (un abrazo, un apretón de manos, etc.).

Cada una de estas categorías puede ser recursiva, ya que suele haber más de un tema de conversación, por lo que, si se cambia de tema, se vuelve a preparar la comunicación, orientar el tema y concluirlo.

Rasgos lingüísticos

Los rasgos que caracterizan el estilo de un texto dialogado son los siguientes:

- **Naturalidad:** reproduce la forma del habla de cada persona. Por lo tanto, se pueden encontrar diálogos en los que se utilice un lenguaje coloquial, infantil o incluso vulgar, dependiendo de los personajes que hablen y su caracterización.
- **Agilidad:** construye un ritmo conversacional mediante expresiones cortas y dinámicas, igual que sucedería en una conversación entre personas.
- **Expresividad:** selecciona intervenciones que revelen las particularidades de cada hablante.

El diálogo escrito intenta, por tanto, recrear la espontaneidad de las conversaciones orales a través de pausas y de una alternancia verosímil de la palabra, que permita inferir la mayor cantidad de información de los hablantes, con o sin la ayuda del narrador.

Por otra parte, existen varios procedimientos de inserción del diálogo.

Estas formas de representación del diálogo son las siguientes:

- **Directo:** reproduce literalmente las palabras de los personajes que intervienen.
- **Indirecto:** los personajes hablan a través del narrador.
- **Indirecto libre:** el narrador expresa sentimientos o pensamientos que fluyen en la mente de los personajes, sin mencionarlos explícitamente.

ACTIVIDAD COMPLEMENTARIA

6. Recuerde alguna obra de teatro a la que haya asistido e intente reproducir por escrito un texto dialogado (si no lo recuerda, invéntelo).

APLICACIÓN PRÁCTICA

Lea el siguiente fragmento e indique las características de los textos dialogados que encuentre.

- ***¡Tristán le dijo que yo era un estudiante de arte que estaba haciendo una tesis sobre Chatagnier!Violeta acabó la parrafada estrangulándose de risa.***
- ***¿Y no notarán que no tienes ni idea?le solté venenoso. Violeta me atizó un mochilazo que casi me tumba.***
- ***Claro que no, memo, ¡tengo idea!escupió mientras balanceaba su mochila para volver a arrearme.***

Carlos Romeu: Tristán en París. Ediciones SM.

Continúa en página siguiente >>

<< Viene de página anterior

Solución

- Estilo indirecto introducido por una oración subordinada ("le dijo que yo era un estudiante de arte que estaba haciendo una tesis sobre Chatagnier").
- Registro informal que refleja la edad adolescente de los personajes ("acabó la parrafada estrangulándose de risa", "memo").
- Estilo directo, intervención directa del personaje ("¿Y no notarán que no tienes ni idea?").
- Empleo de verbos declarativos ("le solté", "me atizó", "escupió").

3.2. Expositivos: características y estructura

Exponer es explicar algo a terceras personas, de lo que se deduce que la exposición es un tipo de discurso con el que se transmite información. El texto con el que se lleva a cabo este objetivo eminentemente informativo se llama **texto expositivo.**

El texto expositivo, con el que se muestra algo, puede combinarse con otros tipos, sobre todo el argumentativo, con el que se demuestra o convence de algo (el siguiente punto versa sobre los textos argumentativos).

EJEMPLO

Los textos expositivos pueden ser tratados técnico-científicos, libros didácticos, manuales de instrucciones, etc.

La finalidad de los textos expositivos es la de transmitir los conocimientos del autor sobre un tema concreto o sobre la manera de realizar un proceso: es una **finalidad** claramente **didáctica.**

Son muchos los ámbitos en los que se recurre a la exposición: el científico y académico (libros de texto, apuntes de clase, resúmenes, etc.), el laboral (memorias, proyectos, informes, etc.), social (anuncios, actas, avisos, etc.) e, incluso, en la vida diaria (manuales de instrucciones).

Dependiendo de la finalidad de la exposición, se pueden encontrar los siguientes **tipos** de textos expositivos:

- Informativos.
- Instructivos.
- Explicativos o aclarativos.
- Prescriptivos.
- Predictivos.
- Etcétera.

Características

Dado que con los textos expositivos se pretende informar y explicar, es imprescindible que los contenidos sean expuestos clara y ordenadamente. De lo que se deduce que **claridad, orden** y **objetividad** son las características principales de los textos expositivos.

Hay veces en las que la exposición puede tener cierto enfoque subjetivo, aunque suele primar la objetividad, debido, por ejemplo, a la presencia de tecnicismos, definiciones, ejemplos, etc. y, también, por el orden y claridad que deben tener estos textos en aras de una exposición eficaz.

En este tipo de textos predomina la función referencial, pues el emisor adapta sus conocimientos a los que presupone en el receptor.

Por otra parte, cabe destacar que en los textos expositivos priman las siguientes características lingüísticas:

- **Verbos:** son frecuentes los verbos impersonales en presente intemporal y en tercera persona del singular.
- **Léxico:**
    - Se usan palabras precisas y poco ambiguas.
    - Valor denotativo de las palabras:
        - No hay términos polisémicos ni se hacen juicios de valor.
        - Léxico monosémico y referencial para evitar la ambigüedad.
    - Sustantivos abstractos y adjetivos especificativos y descriptivos, con intención informativa.
    - Frecuentes tecnicismos y palabras pertenecientes al campo semántico del tema que se expone.
- **Sintaxis:**

- Oraciones subordinadas no excesivamente largas y tampoco complejas, puesto que un texto expositivo debe ser claro y de fácil comprensión.
- Oraciones coordinadas, yuxtapuestas, proposiciones adjetivas, aposiciones, etc., todas explicativas.

- **Procedimientos retóricos** (clasificación, comparación, contraste, analogía, definición y ejemplo), aunque huyendo del estilo poético.

Un ejemplo de texto expositivo es el siguiente:

Molusco (del lat. Molluscus, blando) Zool. Tipo o filium animal con aprox. 120.000 especies, perteneciente a los deteróstomos. Los moluscos tienen piel blanda y sin protección, con frecuencia recubierta por la secreción del pliegue del manto, la concha. Han desarrollado una forma especial la parte inferior del cuerpo, denominada pie, lo que permite que se desplacen arrastrándose. Se divide en dos subtipos. Los anfineuros son más primitivos. Exclusivamente marinos, están provistos de dos pares de cordones nerviosos, que atraviesan el cuerpo y forman una especie de sistema nervioso en escalera triple por medio de cordones conectivos. Las clases solenogastros, con 140 especies, y placóforos, con más de 1.000 especies, y placóforos, con más de 1.000 especies, pertenecen a este grupo. El segundo subtipo, conchíferos, comprende aquellos moluscos provistos de verdaderas conchas continuas. En él se distinguen cuatro clases: los gasterópodos, con aprox. 85.0000 especies, los escafópodos, con aprox. 300 especies; los bivalvos, con aprox. 25.000 especies y los cefalópodos, con aprox. 8.500 especies.

Enciclopedia Clarín, Tomo 17. Bs. As., 1999.

ACTIVIDAD COMPLEMENTARIA

7. Según su criterio, ¿considera que son parecidos los textos expositivos y los descriptivos? ¿En qué se parecen y en qué se diferencian?

Estructura

En todo texto expositivo debe primar una estructura básica amén del orden y claridad que se explicaban en el apartado anterior. Esa estructura básica consiste en una **introducción** o planteamiento del tema, un **desarrollo** del mismo y, finalmente, una **conclusión.**

En el siguiente cuadro aparece un ejemplo de la estructura de un texto expositivo.

Título: SÍNDROME DE DOWN	
Introducción Explicación acerca de cómo será tratado el tema.	La denominada trisomía 21 da lugar, en uno de cada 700 recién nacidos, al temido síndrome de Down: una discapacidad o minusvalía cerebral vulgarmente denominada mongolismo.
Desarrollo Parte más importante del texto; consiste en la exposición clara y ordenada de la información.	Por una perversa ironía de la naturaleza, los niños que padecen de síndrome de Down tienen en su organismo un exceso de cargamento genético que, en lugar de beneficiarlos, se convierte en un lastre para su desarrollo. En el cromosoma 21 (del total de 23 pares), la pareja de cromosomas lleva añadido un tercero, que es causante del desbarajuste genético. Los que padecen de este síndrome son niños con falta de tono muscular, el desarrollo físico y mental retrasado, microcefalia, cabeza plana, ojos oblicuos, lengua grande, manos cortas y anchas y una única línea en la palma de las manos. Los científicos se esfuerzan en contrarrestar esa trisomía 21 del mapa genético: bien mediante manipulación genética embrionaria o, en aquellos casos donde el mal ya existe, corregirlo con fármacos específicos.
Conclusión Sintetiza la información presentada; su finalidad es resumir los aspectos fundamentales del tema expuesto.	La medicina clínica no tiene todavía curación para el síndrome de Down, pero sí alguna respuesta preventiva. Se sabe que, en términos generales, el incremento de la aparición de esta anomalía genética está asociado a la edad de la madre. Cuanto más avanzada es la edad del embarazo, mayor es el riesgo matemático de concebir un hijo un tercer cromosoma en el par número 21. Casi la mitad de los casos de síndrome de Down son hijos de mujeres mayores de 35 años.

El orden, de gran importancia para la eficacia expositiva, viene determinado por la propia sustancia de la exposición: se parte de una idea general que se va desarrollando. A continuación, se presentan los principales órdenes:

- **Orden cronológico o lineal:** la exposición se desarrolla siguiendo un orden temporal.
- **Orden lógico:** ante una determinada causa, siempre se producirá un determinado efecto.
- **Orden analítico o deductivo:** se parte de una idea que luego se explica, se presenta un tema y después se van analizando sus diferentes aspectos.

- **Orden sintético o inductivo:** se parte de los casos particulares a partir de los cuales se extrae una conclusión final.
- **Orden mixto:** se mezclan la estructura analítico-deductiva y la sintético-inductiva.
- **Orden paralelo, circular o de encuadre:** se formula, en primer lugar, el tema general y, a continuación, se enumeran los datos concretos y precisos del mismo. Finalmente, se vuelve al tema principal, repitiéndolo y completándolo con la introducción de algún otro elemento.
- **Orden jerárquico:** se expone por orden de importancia.
- **Orden numérico:** se van citando los datos aleatoriamente, pero de forma numerada o alfabética y sucesiva.

Por lo dicho en los apartados anteriores, se infiere que los principales elementos de un texto expositivo son los que se enumeran a continuación:

- Un **tema** concreto a tratar.
- El **emisor,** que puede ser individual o colectivo y particular o institucional.
- El **receptor,** con unas características concretas que el emisor debe tener en cuenta.
- Una **estructura u orden** a seguir para exponer el tema.
- Una **finalidad definida,** que el emisor establece atendiendo a la demanda de un receptor, que es el encargado de interpretar lo que se expone, es decir, se cumple la función referencial.

Para entender mejor los textos expositivos, en el siguiente gráfico se muestra un esquema-resumen de los mismos.

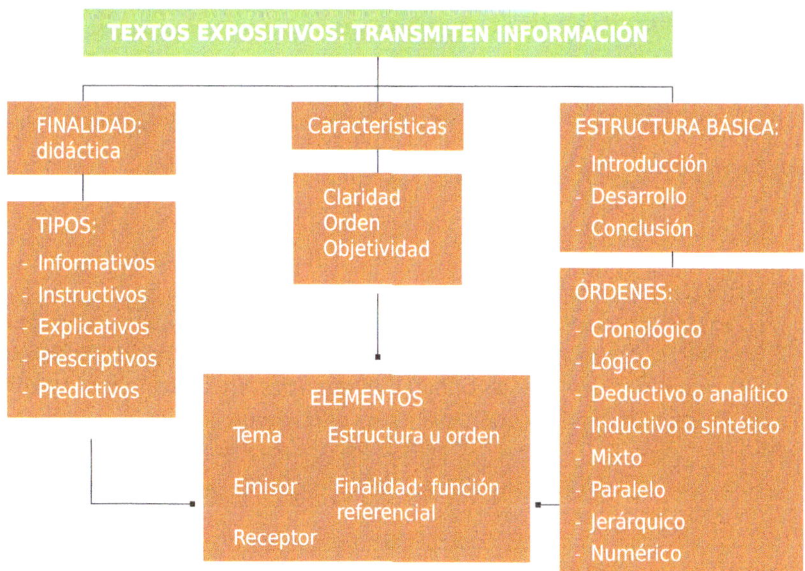

ACTIVIDAD COMPLEMENTARIA

8. Busque un texto expositivo y analice sus partes, señalando la introducción, el desarrollo y la conclusión.

APLICACIÓN PRÁCTICA

Analice el siguiente texto expositivo:

La caries dental apareció muy pronto en la historia de la humanidad: se han observado lesionesprovocadasporcariesendienteshumanos-quedatandelPaleolíticoydelNeolítico. Las grandes civilizaciones de la Antigüedad se preocuparon de los problemas dentales: los papiros egipcios describen tratamientos, extracciones y prótesis. Los antiguos hebreos se cuidaban los dientes, y el Talmud insiste en la necesidad de la higiene bucal. Los griegos, con Hipócrates, llamaron la atención acerca de los restos alimenticios que quedan en los dientes y pueden provocar la caries. Los fenicios y los etruscos, a su vez, aprendieron las artes dentales de los egipcios. Después de los trabajos del norteamericano Keyes, en los años cincuenta, se sabe que se pueden reagrupar los factores que originan la caries dental en tres grandes grupos: factoresrelacionadosconlosdientespropiamentedichos, factoresrelacionadosconlos hidratosdecarbonodelosalimentos(azúcares) yfactoresrelacionadosconlasbacterias. Es necesaria la conjunción de los tres tipos de factores para que aparezca la caries.

Solución

Es un texto expositivo, que trata de la historia de la aparición de la caries y de los factores que la originan.

El texto se divide en tres partes. La primera parte abarca hasta la tercera línea, y es la introducción y presentación del tema del texto: la aparición de la caries, su historia y causas. La segunda parte es el desarrollo del tema, abarca el segundo párrafo. Y la tercera parte es la conclusión, y son las dos últimas líneas.

Continúa en página siguiente >>

<< Viene de página anterior

Tiene una estructura analítica, ya que presenta una idea al principio y luego la explica y desarrolla, poniendo ejemplos.

Los verbos del texto están en pasado, porque cuenta hechos históricos, que sucedieron en el pasado. No se usa el presente de indicativo (característico de los textos expositivos).

3.3. Argumentativos: estructura y tipos de argumentos

Los textos argumentativos presentan opiniones y/o razonamientos. Argumentar implica un diálogo, real o evocado, y la existencia de dos posiciones u opiniones diferentes.

Argumentar
Aportar razones o argumentos para defender o refutar una opinión o tesis, una opinión propia o contraria.

El texto argumentativo suscita una controversia, una polémica sobre un tema, explícita o implícita, real o hipotética. Este deseo de probar la tesis propia mediante la refutación o crítica de la tesis contraria confiere al texto argumentativo un tono polémico.

Tesis
Formulación de la idea u opinión que se va a defender.

El grado de complejidad de estos textos varía: desde la exposición de un juicio de valor a razonamientos más exhaustivos y profundos. Estos, los más exhaustivamente razonados, son propios de ensayos, libros de filosofía, etc. Aquellos, los que expresen una opinión o juicio, aparecen en los libros de texto, en la prensa, en la conversación diaria: a menudo nuestras intervenciones tienen la intención de mostrar nuestro punto de vista, de disuadir de los planteamientos a otros o de persuadir de nuestras razones.

Los textos argumentativos suelen combinarse con otros tipos de textos, especialmente con los textos expositivos.

La **finalidad** del texto argumentativo es **persuadir o convencer:** probar la tesis mediante el desarrollo ordenado y razonado de unos argumentos. Es por eso que el autor o emisor del texto argumentativo tiene que esforzarse por justificar su tesis con la ayuda de argumentos o pruebas.

CONSEJO

Un buen "argumentador" debe conocer las técnicas de persuasión con las que influir en el receptor, cumpliéndose las funciones referencial y apelativa de la lengua.

En la argumentación se da una presencia activa del autor, por lo que los textos argumentativos se caracterizan por una fuerte **subjetividad** frente a los expositivos, en los que destaca la objetividad en la exposición. El uso de la primera persona gramatical, la presencia de términos estimativos, la emisión de juicios, etc. marcan la presencia del autor en el texto.

La **eficacia** de un texto argumentativo se sustenta en la **calidad** de los argumentos empleados, aunque también contribuyen a esa eficacia otros factores, como son: el uso de recursos retóricos y el desarrollo de la función emotiva o expresiva, con estos se dota al texto de gran fuerza persuasiva y de convicción.

Son diversos los **modos de argumentar,** como se puede ver a continuación:

- El modo **inductivo** parte de hechos particulares para llegar a una conclusión general.
- El modo **deductivo** parte de una proposición general de la que se deducen otras secundarias.

- El modo **concesivo** parte de la aparente aceptación de un argumento contrario, cambiando de posición finalmente.
- El modo **crítico** parte de la crítica o refutación de la tesis contraria.
- El modo de **reducción al absurdo** parte de las consecuencias absurdas que el emisor imagina.

Debido al carácter polémico y de opinión de los textos argumentativos, la presencia explícita del autor es constante mediante referencias a la primera persona, uso de verbos normalmente en presente, y términos y frases estimativas y de opinión ("juzgo", "considero", "afirmo", "más conveniente", "menos importante", etc.).

Otras características lingüísticas de la argumentación, que a veces coinciden con las de los textos expositivos, son las siguientes:

- **Sintaxis** (más compleja que en el texto expositivo) con períodos oracionales largos y gran variedad oracional: modalidades exclamativas, interrogativas, dubitativas, etc., proposiciones causales, comparativas, condicionales, consecutivas, concesivas.
- **Léxico** semejante al de los textos expositivos, aunque con elementos gramaticales (adverbios, conjunciones y otros marcadores) que ayudan a matizar el sentido de los enunciados. Por ejemplo: adverbios: "además", "encima", "eso sí", etc. Conjunciones y otros marcadores: "es más", "con todo", etc.
- Uso de **recursos expresivos** (símiles, metáforas, connotaciones, contrastes, ejemplificaciones, imágenes, etc.) con los que embellecer y hacer más eficaz la argumentación.

A continuación, se presenta un ejemplo de texto argumentativo:

El acto solidario de la donación de órganos

Si bien los trasplantes se han convertido en una práctica habitual, aún persisten fuertes temores en la población para donar órganos. Lograr su superación es la clave para aumentar el número de los dadores solidarios que hacen falta para salvar miles de vidas. Las razones que dificultan la decisión de ser donante son múltiples. En muchos casos, arraigan en convicciones de índole religiosa, moral o filosófica que cuestionan la donación. En otros, se fundan en el temor a la existencia de traficantes de órganos, o en la desconfianza en el sistema de salud, que llevan a pensar que alguien podría no ser asistido bien o a tiempo para obtener sus vísceras. También está el caso frecuente de quienes no pueden sentirse solidarios en el momento en que atraviesan el dolor por la muerte de un ser querido, que es cuando se les requiere que dispongan la entrega de los órganos para prolongarle la vida a otro ser humano. Es preciso, entonces, que se aclaren algunas cuestiones. Primero, que la complejidad del procedimiento de ablación y trasplante, en el que intervienen varios equipos médicos altamente especializados, torna muy improbable la existencia de circuitos clandestinos. Segundo, que la necesaria compatibilidad entre donante y receptor también aleja la posibilidad de manipulaciones que pudieran derivar en muertes "a pedido". La última cuestión es la más compleja. Porque hasta el presente, aunque alguien haya manifestado expresamente su voluntad de donar, es a la familia a la que se consulta en el momento en que aquélla puede efectivizarse. Y tal consulta llega en un momento crucial, en general poco propicio para las reflexiones profundas, máxime si tienen que llevar a la toma de una decisión rápida. Cuando esté vigente el consentimiento presunto previsto en la ley, que implica que solo deba manifestarse expresamente la negativa a donar, muchos de estos problemas se evitarán. Mientras tanto, las campañas públicas deben esclarecer sobre la naturaleza de los procedimientos técnicos, para disipar fantasmas. Pero, esencialmente, deben apuntar a que se tome conciencia de lo que significa salvar otra vida. Porque para decidirlo en un momento límite es menester que la idea se haya considerado y discutido previamente, con calma y en profundidad. Nadie está exento de que la vida a salvar pueda ser la propia o la de un ser querido. Por eso debería destacarse que es más fácil lamentar el no haber consentido una donación a tiempo que arrepentirse por haberlo hecho.

Clarín. Opinión. Viernes, 26 de julio de 2002.

Estructura

Las estructuras que se han explicado para los textos expositivos también son válidas para los argumentativos. Esto es:

- **Estructura deductiva o analítica:** tesis al principio, y luego los argumentos.
- **Estructura inductiva o sintética:** argumentos al principio, y luego la tesis.

ACTIVIDAD COMPLEMENTARIA

9. Busque en internet diferentes tipos de textos argumentativos, y analice su estructura, indicando si es analítica o sintética.

Por otro lado, la llamada **retórica clásica,** que es la disciplina que enseña el arte de la persuasión por medio de la palabra, establece cuatro partes para organizar los textos argumentativos. Estas partes son las siguientes:

1. **Exordio o proemio:** introducción del tema o tesis a tratar, intentando captar la atención e interés.
2. **Narración:** exposición de la tesis concreta que nos ocupe.

3. **Argumentación:** apoyo de la tesis con distintos tipos de argumentos. En general, se exponen las ideas contrarias o diferentes a la tesis; luego, se refutan y, finalmente, se da entrada a los argumentos que apoyan la tesis.
4. **Epílogo:** conclusión de la tesis argumentada.

NOTA

La retórica consideró también la posibilidad de actuar no solo sobre la razón, sino también sobre la sensibilidad del receptor, y estableció un catálogo de figuras retóricas con las que dar al discurso expresividad y elocuencia.

A continuación, en el siguiente cuadro se puede observar un resumen de todo lo que se ha explicado hasta ahora sobre los textos argumentativos.

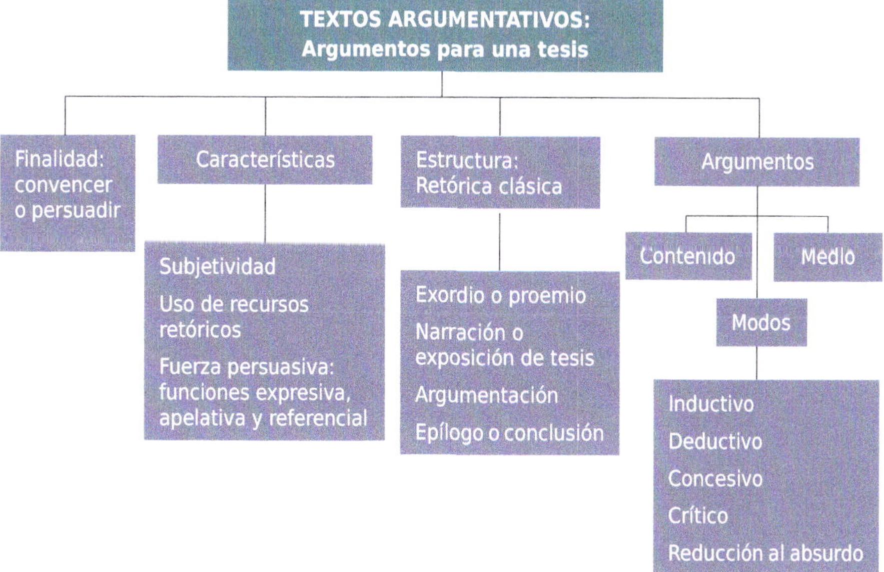

Tipos de argumentos

Por argumentos se entiende el conjunto de razones o pruebas dirigidas a la defensa de la tesis.

Se pueden clasificar los tipos de argumentos según su contenido y según se valgan de medios racionales, analógicos o afectivos.

- Según el **contenido,** hay argumentos de:
  - **Autoridad:** para apoyar la tesis propia se acude a citas de autoridad.
  - **Calidad:** se valora lo bueno frente a lo abundante.
  - **Estético:** se valora lo bello frente a lo feo.
  - **Justicia:** lo justo debe prevalecer frente a lo injusto.
  - **Semejanza:** se defiende algo por ser muy parecido a otro que nos convence.
  - **Utilidad:** se valora lo útil, eficaz y necesario frente a lo contrario.
  - **Moralidad:** las creencias morales sirven de base para justificar una opinión.
  - **De hecho:** basado en pruebas constatables o científicas.
  - Etcétera.

- Según el **medio de argumentación** utilizado:
  - La **argumentación racional:** intenta persuadir con razonamientos lógicos, basados en el sentido común.
  - La **analogía:** cuando los razonamientos son ilustrados con ejemplos o analogías (para hacer comprender algo complejo o difícil se compara con algo ya conocido o habitual, y así se facilita su representación, o se contrasta).
  - La **argumentación afectiva:** cuando se pretende convencer por la vía de lo afectivo y emocional.

En el esquema que se presenta a continuación se resumen los diferentes tipos de argumentos.

APLICACIÓN PRÁCTICA

Comente el siguiente texto argumentativo:

Las medidas adoptadas hasta ahora para combatir la violencia doméstica y las agresiones y malos tratos contra las mujeres han fracasado. Solo queda el camino de la rectificación. El incremento de las denuncias no puede imputarse solo a una disminución del temor a represalias. Las lesiones graves y la muerte no pueden ocultarse y el número de casos no deja de aumentar. Estamos ante una grave enfermedad social y ante un inaplazable asunto de Estado. Una de las primeras obligaciones de los poderes públicos es garantizar la seguridad de las personas.

La raíz del mal es, sin duda, educativa. Y ahí habrán de residir las principales medidas a medio y a largo plazo. Pero no es posible esperar el tiempo necesario para que este tipo de tratamiento rinda sus resultados. Mientras tanto, es imprescindible articular un sistema combinado de medidas preventivas y punitivas. Entre las primeras, es necesario incentivar la diligencia policial y judicial ante las denuncias presentadas. Muchas veces una víctima mortal ha sido antes una denunciante insuficientemente escuchada. Tampoco se están aplicando diligentemente las medidas de alejamiento legalmente previstas para los agresores condenados. Entre las medidas punitivas, hay que plantearse con urgencia el endurecimiento de las penas para este tipo de delitos. Es posible que la represión constituya un factor disuasorio de limitada eficacia, pero debe ser aprovechado.

Por otra parte, nos tenemos que lamentar de los males causados por los propios errores que cometemos. Entronizamos la violencia en nuestra vida cotidiana dejándola entrar en casa, por ejemplo, a través de la televisióny, al mismo tiempo, nos sorprende que la cosecha sea fiel resultado de la siembra.

No hay que lamentarse, sino actuar. El fracaso de la legislación actual constituye una exigencia para proceder a su inmediata reforma, que debe contar con el mayor consenso posible.

Continúa en página siguiente >>

<< Viene de página anterior

Solución

Nos encontramos ante un texto del que no conocemos el autor ni el medio en el que ha sido publicado, aunque parece que puede tratarse de un texto publicado en algún medio de comunicación escrito.

El tema es la violencia de género, tema de gran actualidad. El emisor no se dirige a un lector especializado, sino a uno genérico, heterogéneo, preocupado por los problemas que afectan a nuestra sociedad. El destinatario sería, pues, el lector de cualquier periódico o revista.

Según la intención comunicativa del emisor, se trata de un texto argumentativo, pues todo el texto está dirigido a persuadirnos de una tesis o idea central: que las medidas adoptadas hasta ahora para combatir la violencia doméstica han fracasado y es urgente actuar y reformar la legislación vigente. La secuencia básica dominante es también argumentativa.

El autor adopta una estructura argumentativa de tipo circular: tesis-argumentos-tesis. Se inicia el texto en la primera parte con la presentación de la tesis, en la segunda parte va exponiendo los argumentos, y acaba el texto con la conclusión, en la que se vuelve a formular la tesis.

Predomina la subjetividad en la expresión de la opinión del autor, que está también en la presencia de la función emotiva o expresiva del lenguaje.

Igualmente importantes son las formas verbales, cuya modalidad expresa necesidad o conveniencia ("es imprescindible, es necesario, no es posible..."). La implicación del lector la intenta conseguir el emisor también a través del uso de la primera persona de plural: ("estamos", "nos tenemos", "entronizamos").

El registro lingüístico del texto es el de un lenguaje formal con algunos rasgos cultos, tanto en el léxico como en su estructura sintáctica. Expresiones como "violencia doméstica", "agresiones", "rectificación", "incremento", "imputarse represalias", "articular medidas preventivas y punitivas", o "factor disuasorio" son ejemplos de este uso culto del lenguaje. Hay que señalar, asimismo, la presencia de algunos tecnicismos jurídicos cuando el autor se refiere a las medidas que han de adoptarse: "medidas punitivas", "medidas preventivas", "legislación", "diligencia policial y judicial", etc.

Como conclusión, podemos decir que el texto reúne todos los rasgos propios de un texto argumentativo de carácter periodístico, escrito en un lenguaje formal con algunos rasgos cultos.

3.4. Prescriptivos: normativos e instructivos. Estructura

Los textos prescriptivos son aquellos cuyo mensaje se emite con el fin de regular o guiar el comportamiento del receptor en una situación determinada. Por tanto, los textos que sirven para fijar normas, para indicar cómo hay que realizar alguna acción, para actuar sobre el comportamiento de alguien, etc., son los textos prescriptivos, ya que dan instrucciones o prescriben algún comportamiento.

Existen dos tipos de textos prescriptivos: las normas (o textos normativos) y las instrucciones (o textos instructivos):

- **Textos normativos:** recogen órdenes o normas en las que el emisor pretende regular el comportamiento del receptor, como, por ejemplo, las leyes, las normas de circulación, las reglas de un juego, las normas para el uso de una biblioteca, etc.
- **Textos instructivos:** recogen instrucciones para que el receptor lleve a cabo una tarea. Suelen estar estructurados en pasos que pretenden guiar la acción del receptor, por ejemplo, las recetas de cocina, las instrucciones para lavar una prenda, para instalar un programa en el ordenador, etc.

Para ser eficaces, los textos prescriptivos deben estar escritos con un lenguaje claro, preciso y sencillo, que pueda ser comprendido fácilmente.

Es frecuente la presencia de explicaciones breves e imágenes que aclaren el contenido del texto. También son habituales los marcadores que expresan orden (números, letras, puntos, adverbios o locuciones adverbiales de tiempo: "en primer lugar", "después", "a continuación, "por último", etc.).

Asimismo, en los textos prescriptivos suelen aparecer tecnicismos propios del tema del que trate el texto (mecánica, cocina, jardinería...).

En los textos prescriptivos predomina la función apelativa, ya que se utiliza el lenguaje para influir en la conducta del receptor. También se da en ellos la función representativa, pues se aporta información para llevar a cabo la acción prescrita.

La sintaxis debe ser sencilla, con predominio de oraciones simples; las formas verbales más frecuentes son:

- Imperativo.
- Infinitivo.
- Construcciones con "se".

- **"Haz** un guion" (imperativo).
- **"Romper** en caso de incendio" (infinitivo).
- "En primer lugar, **se pelan** las patatas" (construcción con "se").

El siguiente texto de Julio Cortázar es un claro ejemplo de texto prescriptivo:

> *Instrucciones para Llorar*
>
> *Dejando de lado los motivos, atengámonos a la manera correcta de llorar, entendiendo por esto un llanto que no ingrese en el escándalo, ni que insulte a la sonrisa con su paralela y torpe semejanza. El llanto medio u ordinario consiste en una contracción general del rostro y un sonido espasmódico acompañado de lágrimas y mocos, estos últimos al final, pues el llanto se acaba en el momento en que uno se suena enérgicamente.*
>
> *Para llorar, dirija la imaginación hacia usted mismo, y si esto le resulta imposible por haber contraído el hábito de creer en el mundo exterior, piense en un pato cubierto de hormigas o en esos golfos del estrecho de Magallanes en los que no entra nadie, nunca.*
>
> *Llegado el llanto, se tapará con decoro el rostro usando ambas manos con la palma hacia adentro. Los niños llorarán con la manga del saco contra la cara, y de preferencia en un rincón del cuarto. Duración media del llanto, tres minutos.*
>
> Julio Cortázar: *Manual de Instrucciones.*

Estructura

Los textos prescriptivos suelen estar estructurados en dos partes: la meta y el programa:

- La **meta** expresa el objetivo de las normas o de las instrucciones. Se expresa de forma breve y suele ser el título mismo del texto.
- El **programa** es el conjunto de normas o instrucciones que se deben seguir para alcanzar la meta. En el caso de las instrucciones, los pasos suelen ordenarse cronológicamente.

RECUERDA

Los textos prescriptivos deben presentar:

- Lenguaje claro y preciso.
- Explicaciones concisas.
- Marcadores que expresen orden: números, letras, locuciones adverbiales de tiempo, etc.
- Formas verbales: imperativos, infinitivos y construcciones con "se".
- Dos partes: meta y programa.

ACTIVIDAD COMPLEMENTARIA

10. Imagine que tiene que explicar a un amigo las normas de funcionamiento de un cajero automático. Recuerde la secuencia de pasos y tome nota de ellos. Relea los mismos y realice las correcciones necesarias.

APLICACIÓN PRÁCTICA

Los textos prescriptivos pueden ser largos (instrucciones, recetas...), y también cortos. Fíjese en el ejemplo de textos cortos expuesto anteriormente y realice cinco textos prescriptivos cortos.

Solución (Posible solución)

1. Agite bien el frasco antes de utilizarlo.
2. Consumir antes del 20 de abril de 2016.
3. No administrar en mujeres embarazadas.
4. Mantener este producto a una temperatura de 25 °C.
5. Desconectar hasta que esté apagado.

4. Desarrollo de habilidades lingüísticas para la comprensión y composición de textos de diferente tipo

HILO CONDUCTOR

Susana hace saber a su alumnado que para comenzar a narrar una historia, sea real o ficticia, es necesario llevar a cabo una serie de pasos a fin de obtener un producto de calidad que entusiasme al lector pudiendo sacar una conclusión final, sin olvidar la importancia que tiene usar en todo momento una escritura sin errores gramaticales y con un tono adecuado y coherente.

Leer y escribir son los dos actos lingüísticos inherentes a la capacidad humana de podernos comunicar con los semejantes y establecer nuestras propias opiniones con base en la reflexión, el análisis, la crítica y la producción.

Ambas competencias, de trascendental importancia para el aprendizaje y para aprender a pensar, a expresar las ideas, sentimientos, conocimientos, acciones y pensamientos, implican la necesidad de asumirlas como fortalezas comunicativas.

La lectura y la escritura están íntimamente ligadas, son interdependientes y, en la medida en que una persona haya realizado lecturas de textos diferentes, habrá adquirido riqueza del léxico, ejemplo de estilo, metodologías y estructuras desde el párrafo hasta el texto escrito (amplio o breve) para practicar con precisión y en forma lógica el ejercicio de la escritura.

Es conveniente entender que la lectura y la escritura serán positivas desde el uso y aplicación correcta de la lengua española. Mediante ella y su sentido y significación, se podrá comprender, interpretar, crear nuevos textos y saberes. En este sentido, el lenguaje es primordial para todo acto de escritura y para todo ejercicio práctico de la lectura, porque teniendo un amplio léxico y claridad en su uso se podrán establecer comunicaciones de diferentes tipos.

4.1. Narraciones y descripciones de experiencias, hechos, ideas y sentimientos

Cuando se narra se relata una historia, es decir, se cuenta cómo pasó algún suceso. Cuando se realiza una narración, se pueden describir no solo los sucesos relacionados a los acontecimientos, sino también se puede integrar la descripción relatando cómo se siente el autor del texto mientras ocurren los acontecimientos.

Se pueden narrar y describir hechos o experiencias que se han vivido o que le han ocurrido a otros. Cuando el escritor narra algún acontecimiento que le ha ocurrido, en general va a ser narrado en primera persona; en cambio, cuando se narran algunas situaciones vividas por otras personas, estas serán narradas en tercera persona.

Hay diversos tipos de narración. Se pueden narrar tanto hechos reales como ficticios.

Una narración de hechos de la vida real puede ser una noticia, y un cuento sería un tipo de narración ficticia, aunque es importante aclarar que también existen cuentos que narran sucesos reales o están basados en los mismos.

Dentro de las narraciones y descripciones de sucesos reales, es posible narrar asuntos cotidianos como experiencias, hechos, ideas, sentimientos, pensamientos, recuerdos, anécdotas de experiencias vividas, etc.

En ocasiones, se encuentran las narraciones dentro de otros textos. Por ejemplo, se puede utilizar la narración en un texto argumentativo como ejemplo de una experiencia que ha ayudado a argumentar a favor o en contra de un tema en específico.

De la misma manera, las narraciones y descripciones pueden ser útiles en varias disciplinas: en trabajo social o en psicología se pueden utilizar cuando se realiza un estudio de un caso.

Para narrar y describir experiencias y hechos reales, así como ideas y sentimientos, se deben seguir los siguientes pasos:

- Escoger acontecimientos reales de los que se tenga un vivo recuerdo.
- Escribir una oración en la que se comente qué emoción provocó ese incidente.
- Hacer memoria y anotar el incidente en su totalidad.
- Escoger los detalles que se consideren más importantes.
- Organizar la narración de manera que el texto tenga un principio, una complicación y una conclusión.
- Decidir el tono de la narración.
- Escribir el borrador.
- Revisar el contenido. Es importante leer el relato en voz alta para revisar la coherencia.
- Revisar y corregir los errores gramaticales.
- Realizar la versión final del escrito.

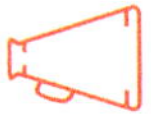

RECUERDA

A pesar de que muchas veces se asocian a la literatura, los textos narrativos y descriptivos son utilizados también para narrar y describir hechos reales y cotidianos, experiencias, ideas, sentimientos, recuerdos, etc.

ACTIVIDAD COMPLEMENTARIA

11. Reflexione sobre la siguiente cuestión: en las narraciones de experiencias o hechos cotidianos, ¿dichos sucesos deben ser siempre reales, o pueden ser ficticios? Justifique su respuesta.

4.2. Textos expositivos y argumentativos sobre la vida cotidiana, temas sociales, culturales, laborales o de divulgación científica

Para la elaboración de un texto expositivo-argumentativo, ya trate sobre temas cotidianos, socioculturales, laborales o científicos, el emisor debe exponer con claridad las ideas y los conocimientos que posee sobre los distintos temas y subtemas; por otro lado, debe defender sus argumentos, ya sea a través de la cita de autoridad (de personajes de renombre en la disciplina de estudio de la que se trate) o de la demostración propia de la argumentación que se esté esgrimiendo.

Por tanto, para que el texto esté bien estructurado deberá poseer las características fundamentales de los textos expositivos y de los argumentativos, que son las siguientes:

- La estructura de la información debe ser: introducción, exposición, argumentación y conclusión.
- El discurso debe poseer un desarrollo progresivo de las ideas, de lo general a lo particular, y debe estar dividido en tantos epígrafes como sea necesario para abarcar el tema en su mayor extensión.
- Las ideas deben estar articuladas, es decir, conectadas entre sí, de suerte que el texto se comprenda como un todo unitario y no fragmentado y disperso.
- Debe mostrar una objetividad aparente al tiempo que un convencimiento por parte del emisor de las ideas que se están exponiendo.
- La claridad, el rigor y la precisión deben conjugarse con los mecanismos de persuasión para no dar sensación de estar forzando el texto.
- Las ideas deben tener una ordenación clara y coherente y estar interrelacionadas, es decir, el texto debe dar sensación de progresión temática mediante el establecimiento de conexiones entre cada una de las partes.

Es frecuente encontrarse con este tipo de textos expositivos-argumentativos, es decir, es habitual encontrar en un mismo texto exposición y argumentación. En ocasiones, se expone primero el hecho para luego persuadir de su conveniencia; otras, la explicación es argumentativa en sí misma.

El género en el que con mayor frecuencia se da la mezcla de exposición y argumentación es el **ensayo,** palabra que proviene del verbo "ensayar", cuyo significado es "probar".

El ensayo es un género del ámbito científico-literario, que utiliza como formas textuales básicas la exposición y la argumentación. Está constituido por pensamientos del autor sobre un tema, que es tratado sin el aparato ni la extensión propios de un tratado científico, y desde una perspectiva libre.

Dependiendo del enfoque dado al ensayo, este puede ser de profundidad o superficial.

Los ensayos pueden ser de filosofía, ciencia, arte, religión, política, etc.

Las características del ensayo son las siguientes:

- **Carácter didáctico e informativo,** con el que se consigue un tono especial.
- **Una parte objetiva o científica y otra subjetiva o literaria,** por tanto, un ensayo constará de una exposición clara y sistemática a la vez que bella, sencilla y con vocablos adecuados.
- **Variedad temática,** aunque son las humanidades (filosofía, historia, literatura...) las que lo emplean con más frecuencia.
- **Perspectiva y temática libres,** el autor posee libertad para tratar el tema, no se le impone una perspectiva académica, científica o institucional.
- **Brevedad,** debido a los medios en los que se publica (revistas, periódicos...) y a su esencia misma, por la que no es posible un tratamiento exhaustivo de un tema.
- **Presencia del autor,** que permite que el tratamiento del tema se haga desde la perspectiva personal del autor, que es lo que interesa al lector en la mayoría de los casos.

En el ensayo aparecen frecuentes marcas del autor, como opiniones personales.

ACTIVIDAD COMPLEMENTARIA

12. Busque y elija un ensayo sobre un tema de su interés. A continuación, analice sus características principales.

APLICACIÓN PRÁCTICA

Analice el siguiente ensayo:

Puerto Rico atraviesa un momento histórico en el que hay que fortalecer los valores morales y cívicos que hacen posible una sociedad en la que exista el orden, la paz y la justicia. Quisiera compartir contigo algunas normas de comportamiento que creo ayudarían mucho a edificar las condiciones de vida que anhelo para nuestro pueblo.

A través de los años, he aprendido que en todas las religiones el obrar de acuerdo con la voluntad divina lleva al ser humano a un estado de beatitud ante la presencia de Dios y a una condición de paz interior y de equilibrio. En el cristianismo es "la beatitud", en el hinduismo es el "el nirvana" y en la religión musulmana es "el cielo" prometido por Mahoma en el Corán. ¿Y qué pensarás, estimado lector, que significa obrar de acuerdo con una voluntad divina? Pues significa que el hombre actúa, independientemente del tipo de religión, según unos valores. Cada pensamiento, cada sentimiento y cada acción es definida por nuestros valores. Lo esencial es que vivir según unas normas morales nos brinda la oportunidad de superarnos cada día y desarrollarnos para ser mejores ciudadanos, personas que contribuyen al orden y a la paz de una sociedad. Esto ocurre en cualquier país y en Puerto Rico.

Existen muchos valores pero, de todos, el valor más importante es el respeto. El respeto a la vida y a la dignidad humana es la base de todos los otros valores, pues define cómo nos relacionamos con otros seres humanos. Determina nuestro comportamiento. En una sociedad donde existen conflictos, sectarismos y partidismos, el respeto a la vida, al prójimo, al trabajo, a la naturaleza, a diversas ideologías, pensamientos y opiniones permite que existan el pluralismo y la diversidad. Permite que convivamos. Si no hay respeto, no hay nada.

Tan significativo es este valor, que nos motiva a salir de nuestra rutina y ayudar al prójimo. Porque respetamos, nos sentimos responsables por las frustraciones y sufrimientos de otros puertorriqueños. A veces nos olvidamos de que somos un país pobre, donde el 60 % de la población vive bajo el nivel de pobreza. Estamos trabajando, pero podemos hacer mucho más para ayudar a los marginados y necesitados de Puerto Rico. Tenemos la necesidad de hacerlo. Porque respetamos la vida, ayudamos. No solo por otros, sino por nosotros mismos. Y es

Continúa en página siguiente >>

<< Viene de página anterior

que en la ayuda que ofrecemos -sea pública o privadasanamos nuestras propias heridas.

El respeto a la dignidad humana nos hace seres honestos y verticales. Nos lleva a no codiciar los bienes ajenos ni a robar. Elimina el deseo de descarrilar los dineros que pertenecen al pueblo y que se usan para prestar servicios esenciales como los de educación y salud. El que no respeta no ama.

Por último, el amor al trabajo nos hace una sociedad en desarrollo. Alimenta el progreso. Fomenta la construcción, la creación de nuevas ideas y la implantación de nueva tecnología. El trabajo dignifica y nos supera, como hombres y como pueblo.

Somos un pueblo noble, un pueblo que ante la adversidad ha demostrado las mejores cualidades de los hombres. Somos un pueblo trabajador que lucha por mejorar su calidad de vida, que se preocupa por sacar de la pobreza a los más necesitados. Lo vemos en iniciativas públicas y privadas. Pero hay muchas fuerzas en la vida moderna como el materialismo, la competencia desbocada, la desintegración de la familia, el fanatismo político, el egoísmo personal y la falta de tiempo para reflexionar, que tienden a destruir los valores de nuestra gente.

En fin, somos un pueblo que respeta y que lucha por mantener unos valores firmes. Pero tenemos que hacer más. Tenemos la oportunidad de recuperar y fortalecer nuestros valores. Trabajando unidos, podemos aspirar a una mejor calidad de vida en Puerto Rico.

Antonio Luis Ferré: Recuperando nuestros valores.

Solución

El título sugiere una reflexión sobre nuestros valores, con la apreciación por parte del autor de que se ha producido una pérdida o una laceración de los mismos.

Se introduce el tema a modo de invitación a una reflexión con el autor sobre el tema. El ensayo trata sobre la pérdida u olvido de nuestros valores, destacando principalmente el valor del respeto.

Puede clasificarse como ensayo de ideas, por su exposición de ideas filosóficas. También se ajusta al ensayo de crítica.

Continúa en página siguiente >>

<< Viene de página anterior

El tema central es la importancia que tiene el respeto en la vida y en la dignidad humana, como base de todos los otros valores.

Los temas secundarios son la religión y los valores, los valores como base del comportamiento, las ventajas del pluralismo y la diversidad en la consecución de una sociedad que conviva en orden, paz y justicia; los desmanes de unos que por avaricia y materialismo roban en perjuicio del pueblo y de los más necesitados.

Usa el autor en este ensayo el método de diálogo con el lector. El autor presenta todo el contenido y organización del mismo, por lo tanto la estructura es externa.

El estilo es intelectual. El vocabulario es amplio, utiliza alusiones filosóficas.

El autor asume una actitud humana, coloquial y emotiva en la presentación del tema.

A través de la lectura podemos percibir al autor como una persona sensible, pacífica, que ama su país y desea lo mejor para su patria, y que percibe la vida como un acto sublime en el que el respeto por los demás y a sí mismo sirve de base a su comportamiento.

4.3. Textos propios de los medios de comunicación (cartas al director, columnas de opinión, mensajes publicitarios)

Los medios de comunicación desempeñan una función importante en nuestra sociedad, ya que informan de los hechos ocurridos, forman a los ciudadanos, interpretan la realidad y crean opiniones sobre ella, siempre desde su perspectiva ideológica.

Dentro de los textos propios de los medios de comunicación, este apartado se va a centrar en las cartas al director, las columnas de opinión y los mensajes publicitarios.

Una **carta al director** es un mensaje que el lector de una publicación periódica dirige al director de la misma, generalmente aportando puntualizaciones o críticas a alguna noticia o artículo de opinión aparecidos en la misma.

Las publicaciones recogen una selección de estas cartas en una sección específica, reservándose generalmente el derecho a acortar el texto, y negándose a aceptar misivas anónimas o pseudónimas.

DEFINICIÓN

Carta al director
Género periodístico de opinión, que se caracteriza por tener un destinatario concreto. Su contenido puede ser diverso.

Las cartas al director pueden tener diferentes objetivos:

- Hacer una petición.
- Llamar la atención sobre un hecho que no se destacó.
- Quejarse por algún problema no solucionado.
- Aclarar una información dada en el periódico.
- Hacer una observación sobre algún acontecimiento.

ACTIVIDAD COMPLEMENTARIA

13. Lea la prensa y busque las cartas al director que aparezcan. Indique cuál es el objetivo de dichas cartas.

Por otra parte, en cuanto a las **columnas de opinión,** es preciso destacar que la noción de columna periodística se utiliza para referirse a un artícu lo de opinión.

El periodista que se encarga de realizar la columna se conoce como columnista. Lo habitual es que los medios gráficos cuenten con columnistas que se dedican a escribir sobre determinados temas y asuntos de interés general.

DEFINICIÓN

Columna de opinión
Género del periodismo que se utiliza cuando alguien quiere expresar su punto de vista respecto a un tema en particular.

A través de la opinión de su autor, la columna periodística busca presentar una interpretación de la realidad para orientar al lector. En algunos casos, se suelen publicar columnas con distintas opiniones sobre un mismo tema, de modo que las personas puedan tener a su disposición diversos puntos de vista en torno a un tema y, en base a ellos, sacar sus propias conclusiones.

Algunos medios, en cambio, utilizan este espacio para fijar su posición ante la realidad y exhibir su pensamiento y tendencia política. Hoy en día este es el tipo de columna periodística más común; la mayoría de los medios de comunicación pertenecen a grandes corporaciones que tienen una línea ideológica firme y que intentan mantenerla y reforzarla en todas las secciones de la editorial. En este tipo de columnas, o bien los escritores pertenecen a la misma ideología de la corporación, o bien dejan a un lado sus propias ideas para servir al pensamiento de dicha empresa.

Las columnas periodísticas o de opinión pueden clasificarse en:

- **Columnas de autor:** se identifican con el nombre del periodista que las escribe y su foto, y denotan su opinión en torno a un tema en particular. Suelen presentar un lenguaje amigable que permite una cierta complicidad entre autor y lector. Generalmente se publican con una cierta periodicidad.
- **Columnas de tema:** suelen encontrarse en aquellos medios periodísticos en los que escriben varios autores sobre un mismo tema. La opinión que se presenta puede ser diversa, para ofrecer una cierta variedad al lector.

No existe una única forma de componer una columna periodística. Generalmente, el autor es el que debe escoger tono, perspectiva y estructura. De este modo, el texto se va desarrollando de acuerdo a la forma que el autor considera que debe presentarse su idea. No obstante, en algunos periódicos los autores deben seguir una serie de indicaciones, para que todas las columnas mantengan el estilo editorial que se ha propuesto dicho medio.

En lo que respecta al tema de la columna, habitualmente, a menos que la empresa para la cual trabaja no le ofrezca tal libertad, el autor puede escoger cualquier tema de actualidad que le interese y explayarse en torno al mismo.

SABÍAS QUE...

Antiguamente el género no tenía mucho prestigio; no obstante, la proliferación de escritores que se han dedicado en los últimos años a publicar artículos de esta índole ha cambiado la visión que de las columnas periodísticas se tenía. Tal es así que muchos escritores e intelectuales se desempeñan como columnistas, tanto en diarios como en revistas de interés general.

ACTIVIDAD COMPLEMENTARIA

14. Escoja una columna de opinión de algún periodista o escritor que le guste, y analice cuál es el tema y las ideas que defiende dicho autor.

Por último, los **mensajes publicitarios** tienen una finalidad clara: quieren convencer a los consumidores de que compren los productos de un anunciante. Son mensajes pagados y bien diferenciados, en teoría, de lo que es información imparcial. Son parciales, tienen unos intereses concretos y no lo esconden.

DEFINICIÓN

Mensaje publicitario
Conjunto de ideas que se pretenden trasmitir al cliente, para lograr sensibilizarlo sobre la necesidad de comprar o adquirir el producto o servicio. Es el resultado del trabajo creativo de un publicista.

Las características de este tipo de mensajes son:

- El mensaje ha de ser breve, sea el que sea el medio de comunicación utilizado. Ha de permitir una captación rápida.
- Se tiene que decir mucho en pocas palabras. Si el mensaje es breve no significa que dé poca información.

- El lenguaje se ha de adecuar al lenguaje del consumidor.
- Las palabras y/o las imágenes tienen que impactar al receptor.
- El mensaje tiene que ser fácilmente memorizable. Para conseguirlo, se utilizan imágenes que provocan fuertes sensaciones y deseos, o bien sonidos y músicas que el receptor identifica con determinadas sensaciones.
- El mensaje publicitario ha de ser capaz de influir en las personas de manera que provoque deseos de comprar aquello que se anuncia, aunque no se necesite.

SABÍAS QUE...

Hay músicas que pasan a la historia asociadas a un determinado mensaje publicitario. También hay palabras, como "nuevo" o "gratis", que producen efectos especiales.

Por otra parte, los mensajes publicitarios se pueden clasificar:

- Según el soporte que utilizan:
  - Auditivos: utilizan el medio sonoro (radio).
  - Visuales: utilizan el soporte gráfico (prensa, carteles, prospectos).
  - Audiovisuales: soporte gráfico y sonoro (televisión).
- Según lo que quieren anunciar:
  - Productos concretos que se consumen individualmente (colonias, detergentes, comidas, bebidas, etc.).
  - Servicios que las empresas ofrecen al público.
  - Anuncios institucionales (campañas de lucha contra incendios, seguridad vial, elecciones, etc.).

Por último, para lograr que un mensaje publicitario tenga éxito, este debe cumplir los siguientes requisitos:

- **Captar la atención:** debe concentrarse en algún tema o aspecto que preocupe al público objetivo al que se dirige, sin necesidad de ser espectacular o sensacionalista.

- **Crear interés:** destacando los aspectos más significativos del producto y los beneficios más relevantes que puedan provocar deseo de comprarlo.

  - **Ser comprendido:** fácil de descifrar o entender por el receptor.
  - Informar: debe comunicar los beneficios que tiene el producto.
  - **Ser creíble:** si es exagerado o el consumidor lo percibe como engañoso, provocará en el mismo una actitud de rechazo hacia dicho producto.
  - **Persuadir:** el mensaje debe convencer al destinatario sobre la proposición que se le está haciendo.
  - **Inducir a una respuesta:** no solo ha de convencer sobre las ventajas del producto, sino que se ha de provocar también una acción por parte del receptor que coincida con la que ha planeado el emisor.
  - **Ser recordado:** deberá ser recordado durante el mayor tiempo posible por parte del público destinatario.

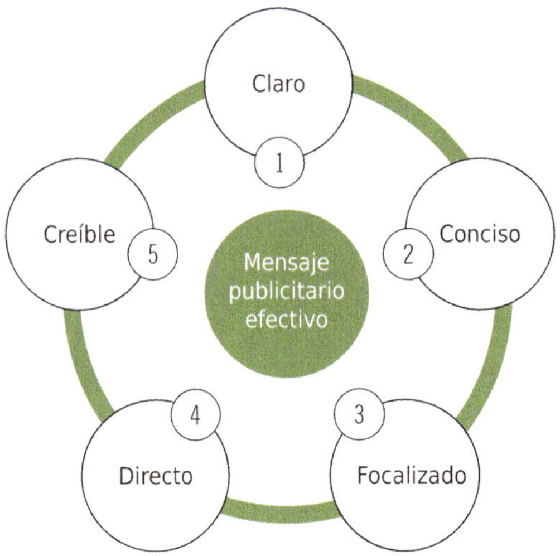

RECUERDA

Los mensajes publicitarios buscan fundamentalmente la persuasión, convencer a alguien de hacer una cosa.

ACTIVIDAD COMPLEMENTARIA

15. Realice un mensaje publicitario de soporte gráfico teniendo en cuenta las características y requisitos explicados anteriormente.

4.4. Resúmenes, esquemas, comentarios, conclusiones

El resumen y el esquema son dos técnicas denominadas técnicas de síntesis, muy útiles, que permiten sintetizar la información del contenido objeto de aprendizaje.

Ambas técnicas se pueden utilizar de forma conjunta o independiente, con la finalidad de extraer los contenidos más importantes y esenciales de un tema y afianzar los conocimientos.

Tanto los resúmenes como los esquemas ayudan a ordenar las ideas y a comprender mejor los escritos, pero cada uno de ellos tiene sus particularidades específicas.

El **resumen** consiste en reflejar de forma breve el contenido de un texto, sin críticas ni juicios de valor. Se deben presentar los aspectos principales de manera lógica y objetiva, sin agregar nuevas ideas.

La característica principal del resumen es la de expresar de forma breve el contenido de un tema, conservando la misma estructura del autor, de manera que cuando cualquier persona lo lea obtenga un conocimiento preciso y completo de las ideas básicas del tema.

Cuando se elaboran resúmenes es necesario conocer el contenido del tema o los temas que se van a desarrollar, después se deben distinguir las ideas generales, las principales y las secundarias del contenido global de tema. El resumen se debe disponer en párrafos.

IMPORTANTE

En un resumen nunca se anotarán ideas, juicios ni interpretaciones personales. Tampoco se omitirán los elementos fundamentales del tema original.

ACTIVIDAD COMPLEMENTARIA

16. Elabore un breve resumen de lo anteriormente explicado en el presente unidad de aprendizaje.

El **esquema** es una síntesis de un texto, que se estructura de forma lógica y ordenada en un gráfico o representación. El objetivo es crear lazos de dependencia entre las ideas principales, secundarias y aquellas que aportan datos.

Los esquemas pueden disponerse de múltiples formas, lo más importante es que sean significativos para el aprendizaje. Generalmente, se utiliza una letra sencilla, conectores, flechas, etc.

Los esquemas resultan muy útiles, pues consideran datos o ideas relevantes que acercan a los contenidos, ayudando a tener una mejor perspectiva sobre lo que se está analizando. Así, el esquema se convierte en un verdadero esqueleto de ideas y conocimientos.

Ejemplo de esquema

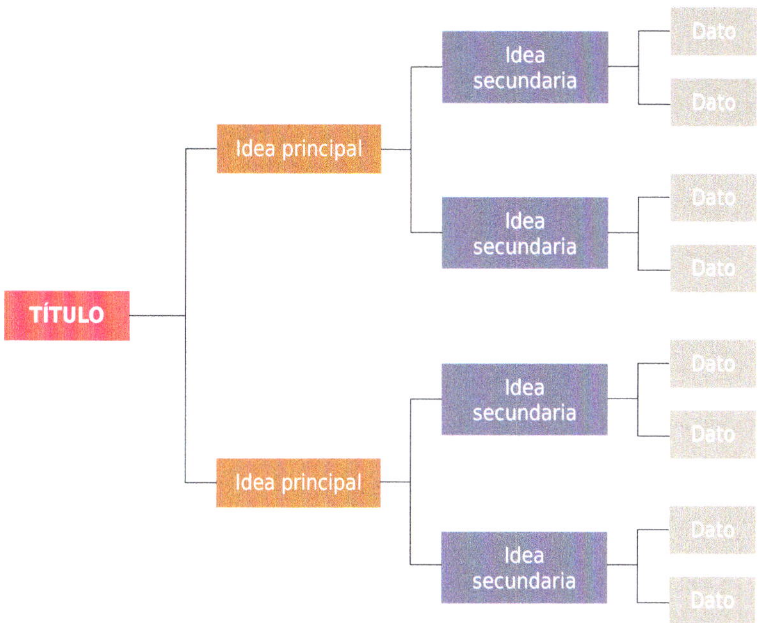

Por otra parte, el **comentario** es aquel escrito que contiene explicaciones o glosas de un texto para facilitar la comprensión del mismo. Aquellas obras complejas y difíciles de comprender requieren de notas, observaciones o comentarios que faciliten la comprensión de las mismas. Generalmente, obras muy antiguas requieren de estos escritos.

NOTA

El comentario de texto es el trabajo o estudio que se realiza sobre un texto y que regularmente adopta la forma de un artículo de opinión.

Realizar un comentario consiste en leer primero el texto en cuestión para luego proceder a su valoración y sintetización, la cual se efectuará en varias partes: un tema (la idea central del texto), un esquema organizativo (división de los apartados temáticos del texto), un resumen (lo que trata el texto), una caracterización lingüística (modalidad oracional empleada) y una valoración personal (opinión subjetiva de quien realiza el comentario).

Existen diversos tipos de comentarios: críticos (notas acerca del texto), históricos (en el caso de comentar hechos), filológicos (comentarios sobre las locuciones), literarios (cuando refieren a un mejor o peor empleo del lenguaje), bíblicos (explicaciones de las sagradas escrituras) y disertaciones (interpretación de las diferentes partes de un texto).

EJEMPLO

Un comentario histórico puede ser el siguiente:

Napoleón se ve a sí mismo como el personaje predestinado para la creación de los Estados Unidos de Europa, que se articularían bajo los principios de la Revolución francesa, de los que se considera el máximo defensor e impulsor. Sin embargo, la actitud hostil de los estados afectados provoca su fracaso. Napoleón fue uno más de los personajes históricos que habían deseado la unidad impuesta de Europa. Sus límites coincidieron con la rebelión de los pueblos europeos a unos planes que buscaban una unión impuesta desde Francia. Es un personaje contradictorio, pues, por un lado, fue defensor de los derechos y libertades modernos de que hizo gala la Revolución francesa, pero, por otro, trató de imponerlos mediante la fuerza, tiránica y violentamente.

Por último, la **conclusión** designa el fin o el término de algo en particular, sobre todo si es algo que un individuo lleva a cabo o elabora.

Muchas veces se utiliza en trabajos académicos y de investigación como preposición final, donde se llega luego de un examen de las evidencias, preceptos, discusiones o de las hipótesis planteadas al inicio.

CONSEJO

Una conclusión no debe ser un resumen, donde textualmente se citan partes de lo que ya se plasmó, sino más bien una deducción lógica y además relevante

Continúa en página siguiente >>

<< Viene de página anterior

sobre los datos que fueron expuestos antes, para así mostrar el resultado de la investigación.

La conclusión personal debe tratar de los resultados obtenidos en dicha investigación, y debe ser breve generalmente, haciendo referencia a cada uno de los puntos planteados, todo esto con la finalidad de poder ser correctamente entendida la investigación y para que el lector pueda hacer una imagen mental de lo estudiado.

En literatura, la conclusión es el desenlace o terminación de una historia, es decir, es una de las partes centrales de un escrito, obra o libro, que aparece luego de la introducción y el nudo del problema. En este caso, la conclusión es la parte final en la cual se llega a una última instancia del relato, instancia en la que se observa el resultado de los hechos descritos y relatados de manera previa a lo largo de la historia.

Continuando con el ejemplo anterior, la conclusión del mismo texto histórico sería la siguiente:

Napoleón logró una falsa unidad de Europa mientras duró su supremacía militar, ya que se cimentó sobre la fuerza impuesta contra la voluntad de los pueblos. No obstante, puede considerarse (con todas las salvedades) un referente y un precedente en la construcción de la Unión Europea.

ACTIVIDAD COMPLEMENTARIA

17. Seleccione un texto, del cual deberá hacer un comentario, extraer una conclusión y realizar un esquema de sus ideas principales.

4.5. Textos de carácter prescriptivo (instrucciones, normas y avisos)

Los textos de carácter prescriptivo, como ya se vio en el punto 3.4 del presente unidad de aprendizaje, son aquellos cuya finalidad es regular o guiar el comportamiento del receptor en una situación determinada. Dentro de este tipo de textos, este apartado se centrará en las instrucciones, las normas y los avisos.

Las **instrucciones** son textos en los que se dan las indicaciones necesarias para realizar algo o manejar un producto.

En general, las instrucciones son secuenciadas en pasos ordenados. Cada uno de ellos puede ir precedido de un número o de determinadas expresiones que indican la sucesión de acciones y que reciben el nombre de conectores.

Las principales características de este tipo de textos son:

- División de las instrucciones en apartados breves y, generalmente, numerados.
- Empleo de imperativos y del modo impersonal precedido del pronombre "se".
- Enumeración exhaustiva de las acciones que se deben llevar a cabo, para que no falte ningún paso.
- Uso de un léxico con tecnicismos.
- Apoyo de gráficos (dibujos, croquis, etc.) que aseguren la correcta aplicación de las instrucciones.

Instrucciones acompañadas de gráficos

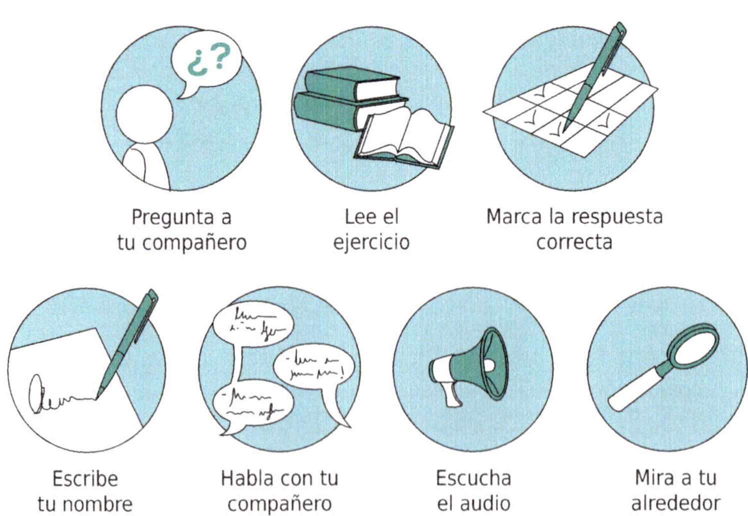

IMPORTANTE

En el caso de una receta o de la instalación de un aparato no puede faltar ningún paso, pues no se culminaría la acción de manera satisfactoria.

ACTIVIDAD COMPLEMENTARIA

18. Piense en un postre o tarta que haga habitualmente. Tenga en cuenta los ingredientes que lleva la receta, anótelos. Enumere y describa los pasos a seguir. Por último, revise si la información está completa.

Las **normas** son reglas que establecen cómo debe realizarse algo o cómo debe ser nuestro comportamiento. Algunos ejemplos de normas son las leyes, el código de la circulación, las normas de conductas, los reglamentos deportivos, etc.

A la hora de redactar instrucciones o normas, de cualquier ámbito, se deben tener en cuenta las siguientes indicaciones:

- Establecer las diferentes fases del proceso.
- Ordenar las fases de forma que el receptor pueda realizar bien la tarea siempre que las siga paso a paso.
- Decidir el procedimiento de organización de las fases (párrafos numerados, viñetas, diagramas, ilustraciones...).
- Tener en cuenta quién es el destinatario del texto, si se trata de expertos en el asunto o de un público en general.

Por otro lado, el lenguaje que se emplea al redactar instrucciones o normas debe tener las siguientes características:

- Vocabulario sencillo. Pueden aparece tecnicismos si el contenido lo requiere, pero deben añadirse aclaraciones si las instrucciones no van dirigidas a expertos o conocedores de la materia.
- Incluye formas de mandato, generalmente al inicio de la frase (el imperativo).

- Utiliza adverbios y locuciones adverbiales que permiten indicar orden o señalar detalles(los conectores).
- Emplea oraciones y párrafos cortos (los párrafos u oraciones largas suelen complicar la claridad de las instrucciones).

Los **avisos** tienen por objeto comunicar o recoger mensajes breves. Estos escritos, dada su brevedad y claridad, permiten una comunicación ágil y fácil, y se suelen utilizar a menudo.

Aunque en la actualidad se utiliza el teléfono móvil para enviar avisos, todavía hay muchas situaciones en las que se utilizan avisos escritos.

Los avisos son un tipo de textos que se redactan con más formalidad o detalle que otros, como las notas. Suelen ser escritos breves, en los que se informa públicamente de algún asunto de interés.

Los avisos pueden ser escritos de compañías de servicios o de organismos oficiales, pero también de entidades menos públicas, como una comunidad de vecinos.

Los aspectos que caracterizan a los avisos son:

- Se plantean como informaciones puntuales y concretas que resultan ser útiles o necesarias para el receptor.
- Según el ámbito al que hagan referencia, pueden ser formales o informales.
- Según la manera de ser difundidos, pueden ser orales o escritos.
- Se pueden encontrar en cualquier ámbito.
- La temática puede ser muy variada.
- Su objetivo es informar o llamar la atención, para ello en su elaboración se tienen muy en cuenta los aspectos tipográficos (tipo y tamaño de la fuente, colores...).

ACTIVIDAD COMPLEMENTARIA

19. Usted ha recibido una modalidad específica de aviso: un aviso legal. Busque información en internet sobre este tipo de avisos, explique en qué consisten y ponga un ejemplo.

AVISO IMPORTANTE

A las licenciaturas de Comunicación, Psicología, Psicopedagogía y Diseño Gráfico de Segundo semestre

El Grupo Modelo S. A. B. de C. V. ofrecerá una conferencia el día miércoles 15 de febrero de 9:00 a 10:00 en el auditorio de la planta baja.

"Contamos con su asistencia"

ATTE:
Coordinación de Comunicación y Mercadotecnia

Ejemplo de aviso

4.6. Textos para la comunicación con instituciones públicas, privadas y de la vida laboral (cartas, solicitudes, currículum)

A la hora de mantener una efectiva comunicación tanto con instituciones públicas como privadas, así como en el mundo laboral, resulta imprescindible una correcta elaboración y presentación de diferentes tipos de documentos, como son la carta, la solicitud y el currículum vitae.

La **carta** es un medio de comunicación escrito mediante el cual dos personas (emisor y receptor) logran establecer un vínculo comunicacional.

Existen cartas formales que se dirigen a autoridades públicas o privadas o a organismos estatales o privados, a comercios, empresas, etc., donde se guardan ciertos requisitos de estilo; y otras informales, destinadas a conocidos, amigos o parientes, donde se utiliza un lenguaje coloquial y no protocolar.

Las cartas formales deben contar con los siguientes elementos:

- Encabezado: nombre, dirección, fecha y lugar al que se dirige.
- Saludo: personal o consolidado en fórmulas establecidas.
- Cuerpo: exposición del asunto, con los temas pertinentes.
- Despedida: nombre en la parte inferior de la carta.
- Firma clara.

MINISTERIO
DE SANIDAD, POLÍTICA SOCIAL
E IGUALDAD

La Ministra

D. Luciano Rodríguez Días y
Dª Juana Mª Vázquez Lara
Matronas Hospital Universitario de Ceuta
CEUTA

Madrid, 7 de Junio de 20XX

Estimados Juani y Luciano:

Es para mí una gran satisfacción dirigirme a vosotros por diferentes motivos.

En primer lugar, daros mi más sincera enhorabuena por la página que habéis creado; estoy segura que será una gran aportación no solo para otras matronas y profesionales sanitarios sino para toda la sociedad en general, tanto padres como demás usuarios que se podrán beneficiar de toda la información y conocimiento que se ha volcado en ella con tanto aval científico y tan buen quehacer profesional.

Quiero destacar la figura de la matrona como el profesional sanitario de referencia para la mujer en las diferentes etapas de su vida, por lo que os felicito por la labor que estáis realizando desde vuestros inicios en esta profesión tan extraordinaria como necesaria en nuestra sociedad.

He tenido acceso a todos los logros conseguidos en vuestra trayectoria profesional que ha sido bastante fructífera y es por eso que os propongo que forméis parte de la organización de las próximas Jornadas Nacionales de Matronas aquí en el Ministerio de Sanidad, Política social e Igualdad, para que sea un foro de comunicación, consenso y avance para todas las matronas y así, redunde aún más en mejorar la calidad asistencial que brindamos a la mujer, todos los que estamos implicados en el sistema sanitario público de nuestro país.

Quiero despedirme de vosotros haciendo un reconocimiento público de todo vuestro trabajo y esfuerzo por hacer de vuestra profesión un referente para todos, tanto compañeros como usuarios.

Un saludo

Leire Pajín Iraola

Ejemplo de carta formal

La privacidad de una carta siempre está y debe estar protegida por la ley. Solo tiene derecho a su lectura el destinatario de la misma. En general, cuando es necesario algún tipo de control legal sobre la correspondencia, se necesita de un procedimiento especial previamente pautado.

CONSEJO

Si se envía por correo, la carta debe ir dentro de un sobre cerrado, donde se deben consignar los datos del remitente en el reverso y los del destinatario en el anverso (nombre y domicilio).

En la actualidad, el uso de la carta tradicional ha sido reemplazado en buena medida por otras formas de comunicación, por lo que su uso está en franco retroceso. No obstante, a pesar de que los cambios formales son bastante notorios, algunas variantes actuales como el correo electrónico pueden considerarse versiones actualizadas del viejo uso de la carta.

Por otra parte, las **solicitudes** son pedidos para que otro voluntariamente brinde una respuesta positiva o negativa al respecto.

Algunas solicitudes se realizan de modo informal, y otras requieren ciertos requisitos solemnes a observar, especialmente cuando se dirigen a instituciones públicas o privadas. Estas últimas suelen hacerse por medio de formularios previamente diseñados por la entidad a la cual se dirigen, o bien a través de cartas formales, dado que se trata de peticiones con un carácter formal.

La solicitud tiene una finalidad concreta: obtener un servicio, una prestación, una autorización administrativa o algo similar.

EJEMPLO

La siguiente imagen muestra un tipo de solicitud y sus partes:

Asunción, 16 de julio de 20XX — Lugar y fecha

Licenciada
Margarita Sandoval, Directora
Colegio Técnico de Mimibi — Destinatario

E. S. D. — Expresión "En Su Despacho"

— No hay saludo. Pronombre personal "YO"

Yo, Delia María Gómez Rivaldi, alumna del 2º curso del Bachillerato técnico en Contabilidad, turno mañana, de la institución a su digno cargo, solicito autorización para asistir a clases en el turno tarde, a partir del mes de agosto de 20XX.

El cambio de turno me permitirá cumplir en horas de la mañana mis obligaciones laborales recientemente contraídas, al resultar electo en la selección de personal contable para la empresa Arasa S. R. L. de esta ciudad. — Cuerpo

Es justicia. — Expresión "Es justicia"

— No despedida

Delia María Gómez Rivaldi — Firma

Anexo:
Constancia expedida por Arasa S. R. L. — Documentos que se adjuntan

En el mundo laboral, un caso común de presentaciones de solicitudes son las de empleo, las que conviene redactar con mucho cuidado, en tono respetuoso, pues es la carta de presentación que recibe el futuro empleador. Si está redactada con coherencia, sin faltas de ortografía, guardando los adecuados márgenes, colocando un encabezado con lugar y fecha, destinatario, y luego se hace una exposición clara de las pretensiones, disponibilidad horaria, motivos que hacen que ese empleo sea el que encaja en las aptitudes del postulante, y al pie se firma y se completa con los datos mínimos del solicitante, se tendrán mayores oportunidades de ser el escogido.

La solicitud se acompaña generalmente de un currículum vitae.

IMPORTANTE

En la elaboración de una solicitud es fundamental utilizar un lenguaje apropiado, dejando muy claro cuál es la pretensión concreta. Asimismo, es necesario rellenar correctamente los diversos apartados.

ACTIVIDAD COMPLEMENTARIA

20. Elabore un modelo de solicitud que tenga las siguientes partes: encabezamiento, exposición de motivos, petición o exposición de la solicitud, y despedida.

El **currículum vitae** es aquel documento en el cual una persona vuelca el conjunto de sus experiencias académicas, laborales y personales, y que normalmente es utilizado en caso de querer hacer alguna presentación en alguna empresa, institución u organización en la cual se aspira trabajar.

El currículum se convierte en algo así como la carta de presentación de esa persona, en la cual la sucinta información que allí se exponga servirá para que la empresa que está en la búsqueda de algún profesional que se ajusta a su perfil pueda tenerlo en cuenta como un posible candidato.

NOTA

Currículum vitae es una locución latina que literalmente significa "carrera de la vida". Debe escribirse sin acentos y en cursiva, según aconseja la *Ortografía de la lengua española (2010)*, de la Real Academia Española, por tratarse de un latinismo. El plural en latín es currícula, pero se recomienda el uso castellanizado de la palabra "currículo", y por consiguiente su plural "currículos". También suele emplearse la forma abreviada: "CV".

Podría decirse que cada persona tiene su propio estilo a la hora de elaborar su currículum, aunque los especialistas aconsejan respetar ciertas pautas para que el potencial empleador tenga un acceso simplificado a la información.

Aunque existen diferentes modelos de currículum, todos ellos deben incluir una serie de apartados imprescindibles y comunes, como los datos personales. También es obligatorio que el currículum incluya los estudios realizados, así como la formación complementaria, nivel idiomático, conocimientos a nivel informático y experiencia laboral.

Profesión / Área profesional

Años de experiencia

Nombre Apellido Apellido

Calle, número, puerta
Código, Población

Número de teléfono
Número de móvil
E-mail

Experiencia profesional		Logros destacables
1999-2001 Cargo Función	Nombre del grupo en el que se ha trabajado Nombre del cargo que se ha desempeñado Descripción de las funciones que se han desempeñado en la empresa. No es necesario que sean muy detalladas, pero si que de una idea general de las capacidades.	Logro 1: Breve descripción de las capacidades demostradas.
1999-2001 Cargo Función	Nombre del grupo en el que se ha trabajado Nombre del cargo que se ha desempeñado Descripción de las funciones que se han desempeñado en la empresa. No es necesario que sean muy detalladas, pero si que de una idea general de las capacidades.	Logro 2: Breve descripción de las capacidades demostradas.
1999-2001 Cargo Función	Nombre del grupo en el que se ha trabajado Nombre del cargo que se ha desempeñado Descripción de las funciones que se han desempeñado en la empresa. No es necesario que sean muy detalladas, pero si que de una idea general de las capacidades.	Logro 3: Breve descripción de las capacidades demostradas.

Formación académica		Idiomas	
1999-2001	Nombre de la titulación Institución que otorga el título Breve descripción de la formación adquirida	Inglés	Nivel idioma Título acredita.
1999-2001	Nombre de la titulación Institución que otorga el título Breve descripción de la formación adquirida	Alemán	Nivel idioma Título acredita.
1999-2001	Nombre de la titulación Institución que otorga el título Breve descripción de la formación adquirida	Francés	Nivel idioma Título acredita.

Informática	Otros datos
Programa. Nivel conocimiento. Título Programa. Nivel conocimiento. Título	- Carnet de conducir - Disponibilidad

El currículum resulta un requisito casi ineludible a la hora de presentarse para solicitar un empleo.

Por último, es importante recalcar que en los últimos años las tecnologías han llegado de manera contundente a lo que es la preparación de un currículum. Tanto es así que muchas personas han optado por avanzar en esta materia y realizar un video currículum que, como su nombre indica, es un archivo audiovisual donde es el propio candidato quien da a conocer todos los datos relevantes sobre su persona, formación y experiencia.

RECUERDA

Desde hace unos años hasta la actualidad, y en cualquier parte del mundo, el *currículum vitae* se ha convertido en la herramienta más importante con la cual cuenta una persona a la hora de buscar un empleo.

APLICACIÓN PRÁCTICA

Realice su propio currículum personal (o bien uno ficticio), teniendo en cuenta lo explicado anteriormente. Debe indicar las partes de las que consta dicho currículum.

Solución (Posible solución)

Un posible modelo de currículum sería el siguiente:

Es un currículum muy personalizado; consta de los siguientes apartados:

- Datos personales.
- Formación académica.
- Formación complementaria.
- Experiencia.
- Profesorado.
- Diseño e ilustración.
- Coordinación.
- Idiomas.
- Informática.

5. Resumen

La comunicación escrita se configura como un código en cierto modo autónomo, con características y recursos propios, y funciones específicas distintas, aunque complementarias, de las correspondientes a la comunicación oral.

Durante el proceso de escritura está ausente el receptor. Esta peculiaridad de la comunicación escrita impone la creación de un mensaje válido para un número ilimitado de destinatarios.

Es necesario entender el texto escrito como una fuente inagotable de información y aprendizaje. En este sentido, a través del texto escrito el emisor da a conocer a su receptor algún hecho, situación o circunstancia.

El objetivo último es que los receptores se informen y aprendan, y no necesariamente que se emocionen ni que se entretengan. Los textos que persigan estos objetivos serán más bien textos poéticos o literarios.

Los distintos tipos de texto que se han tratado en el presente unidad de aprendizaje son los textos narrativos, descriptivos, dialogados, expositivos, argumentativos y prescriptivos.

A pesar de que muchas veces se asocian a la literatura, los textos narrativos y descriptivos son utilizados también para narrar y describir hechos reales y cotidianos, experiencias, sentimientos, recuerdos, etc.

Es frecuente también encontrar textos expositivos-argumentativos, es decir, es habitual encontrar en un mismo texto exposición y argumentación, ya trate sobre temas cotidianos, socioculturales, laborales o científicos.

Los medios de comunicación desempeñan una función importante en nuestra sociedad, y dentro de los textos propios de los medios de comunicación destacan algunos como las cartas al director, las columnas de opinión y los mensajes publicitarios.

El resumen y el esquema son dos técnicas de síntesis que permiten sintetizar la información del contenido objeto de aprendizaje. El comentario, por su parte, es un escrito que contiene explicaciones de un texto para facilitar su comprensión, y la conclusión es una deducción lógica y relevante de los datos que fueron expuestos anteriormente.

Algunos textos de carácter prescriptivo, cuya finalidad es regular o guiar el comportamiento del receptor en una situación determinada, son las instrucciones, las normas y los avisos.

Para mantener una efectiva comunicación con instituciones públicas y privadas, y en el mundo laboral, es imprescindible una correcta elaboración y presentación de diferentes tipos de documentos, como son la carta, la solicitud y el currículum vitae.

Ejercicios de autoevaluación Unidad de Aprendizaje 4

1. **Indique si las siguientes afirmaciones son verdaderas o falsas.**

   a. La comunicación escrita se configura como un código en cierto modo autónomo, con características y recursos propios, y funciones específicas distintas, aunque complementarias, de las correspondientes a la comunicación oral.

   - Verdadero
   - Falso

   b. Durante el proceso de escritura está presente el receptor. El escritor tiene delante a su interlocutor cuando escribe, y el receptor cuenta con la presencia del autor del texto que lee.

   - Verdadero
   - Falso

   c. A través del texto escrito el emisor da a conocer a su receptor algún hecho, situación o circunstancia.

   - Verdadero
   - Falso

2. **¿Cuál es la estructura de los textos descriptivos?**

   ____
   ____
   ____
   ____

3. **Complete el siguiente texto.**

   La finalidad de los textos expositivos es la de transmitir los ____________ del autor sobre un ____________ concreto o sobre la manera de realizar un ____________: es una ____________ claramente ____________.

4. Relacione cada parte del texto argumentativo con su definición.

a. Exordio o proemio.
b. Narración.
c. Argumentación.
d. Epílogo.

_ Apoyo de la tesis.
_ Conclusión de la tesis.
_ Exposición de la tesis.
_ Introducción de la tesis.

5. ¿Qué tipos de textos prescriptivos existen? Descríbalos.

____
____
____
____

6. Para narrar y describir experiencias y hechos reales, así como ideas y sentimientos, se deben seguir algunos pasos. ¿Qué opción no es correcta?

a. Escoger los detalles que se consideren menos importantes.
b. Decidir el tono de la narración.
c. Revisar y corregir los errores gramaticales.
d. Realizar la versión final del escrito.

7. Indique si las siguientes afirmaciones son verdaderas o falsas.

a. Es frecuente encontrar textos expositivos-argumentativos, es decir, es habitual encontrar en un mismo texto exposición y argumentación.

- Verdadero
- Falso

b. Las columnas de autor suelen encontrarse en aquellos medios periodísticos en los que escriben varios autores sobre un mismo tema.

- Verdadero
- Falso

c. El mensaje publicitario no debe influir en las personas para provocar deseos de comprar aquello que se anuncia.

- Verdadero
- Falso

8. Explique cuáles son las semejanzas y diferencias que existen entre el resumen y el esquema.

____
____
____
____

9. De las siguientes características de los avisos, señale la que es incorrecta.

a. Pueden ser formales o informales.
b. Se pueden encontrar en cualquier ámbito.
c. La temática suele ser poco variada.
d. Su objetivo es informar o llamar la atención.

10. Complete el siguiente texto.

Cada persona tiene su propio estilo a la hora de elaborar su ____________, aunque los ____________ aconsejan respetar ciertas pautas para que el potencial ____________ tenga un acceso ____________ a la ____________.

Unidad de aprendizaje 5

Uso de técnicas de búsqueda, tratamiento y presentación de la información

Contenido

1. Introducción
2. Consulta de información de diferentes fuentes (índices, diccionarios, enciclopedias, glosarios, internet y otras fuentes de información)
3. Planificación, revisión y presentación de textos. Procesadores de textos
4. Presentación de los textos respecto a las normas gramaticales, ortográficas y tipográficas
5. Resumen

Objetivos

El objetivo general de esta Unidad de Aprendizaje es:

→ Utilizar la lengua eficazmente para buscar, seleccionar, procesar información y producir textos orales o escritos, empleando diccionarios, bibliotecas y procesadores de textos, incluyendo las tecnologías de la información y comunicación.

Los objetivos específicos de esta Unidad de Aprendizaje son:

→ Identificar diferentes fuentes para realizar consultas de información.

→ Elaborar textos escritos articulándolos con cohesión, orden, claridad y corrección ortográfica, y utilizando para ello herramientas informáticas como el procesador de textos.

→ Mejorar la calidad de un texto propio, revisándolo hasta llegar a un texto definitivo que sea adecuado en cuanto a formato, buena presentación y respeto a las normas ortográficas.

1. Introducción

La escritura es una herramienta social poderosa: su poder reside en la habilidad, capacidad o competencia para adquirir conocimiento, construir pensamiento y comunicarse con los demás. El desarrollo de esta competencia permite la formación personal, la participación social, el empleo y el aprendizaje; y todo ello repercute en los diferentes ámbitos o esferas de acción en que se mueve el individuo: el personal, el público, el profesional y el educativo.

Cada vez parece más evidente que, en el siglo XXI, la escritura o alfabetización forma parte de casi toda actividad humana. La economía, las leyes, la documentación burocrática, el conocimiento, el periodismo, la literatura, el entretenimiento, etc. dependen y se estructuran en torno a la producción y distribución de textos.

Comprender y expresarse por escrito son ejes fundamentales de la cultura, estrechamente relacionados con el funcionamiento humano, en cuanto que regula y controla el intercambio social mediante las prácticas discursivas correspondientes a los distintos ámbitos: institucionales, medios de comunicación, académicos, literarios, etc.

Mediante el acto de escribir, los escritores aprenden sobre sí mismos y sobre el mundo, y comunican a los otros sus percepciones. Escribir confiere el poder de crecer como persona e influir en el mundo.

El éxito de un texto escrito no está solo en la cantidad de información que en él se exponga, sino también, y de manera muy determinante, en cómo se organice la información. Por ello, resultan fundamentales conocer las técnicas de búsqueda, tratamiento y presentación de la información, para ello, nos seguiremos basando en el caso de Susana, profesora de Lengua y Literatura en el Instituto Barahona.

2. Consulta de información de diferentes fuentes (índices, diccionarios, enciclopedias, glosarios, internet y otras fuentes de información)

HILO CONDUCTOR

Susana pide a sus alumnos que lleven a cabo un trabajo relacionado con la poesía de Anacreonte, autor griego. Dada la especificidad del trabajo, indica la importancia de hacer uso de los elementos de información. Así, muchos de los alumnos centran su búsqueda a través de fuentes de internet, enciclopedias especializadas, etc.

Las fuentes son los documentos que aportan información para el estudio de una materia. Pueden ser muy variadas, por ejemplo, las actas de un congreso o de una institución oficial, manuscritos, obras originales, publicaciones periódicas, libros, folletos, informes científicos y técnicos, y otras.

DEFINICIÓN

Fuentes de información
Diversos tipos de documentos que contienen datos útiles para satisfacer una demanda de información o conocimiento.

Conocer, distinguir y seleccionar las fuentes de información adecuadas para el trabajo que se está realizando es parte del proceso de consulta e investigación.

Según el nivel de información que proporcionan las fuentes de información, estas se consideran primarias o secundarias:

- Las **fuentes primarias** contienen información nueva y original, resultado de un trabajo intelectual. Son documentos primarios: libros, revistas científicas y de entretenimiento, periódicos, diarios, documentos oficiales de instituciones públicas, informes técnicos y de investigación de instituciones públicas o privadas, patentes, normas técnicas, etc.

- Las **fuentes secundarias** contienen información organizada, elaborada, producto de análisis, extracción o reorganización que refiere a documentos primarios originales. Son fuentes secundarias: enciclopedias, antologías, directorios, libros o artículos que interpretan otros trabajos o investigaciones.

Los **diccionarios** recogen y explican de forma ordenada, en su mayoría alfabéticamente, voces de una o más lenguas, de una ciencia o de una materia determinada, proporcionando su significado.

DEFINICIÓN

Diccionario
Recopilación de las palabras, locuciones, giros y sintagmas de una lengua o, dentro de ella, los términos de una ciencia, técnica, arte, especialidad, etc., generalmente dispuestos en orden alfabético.

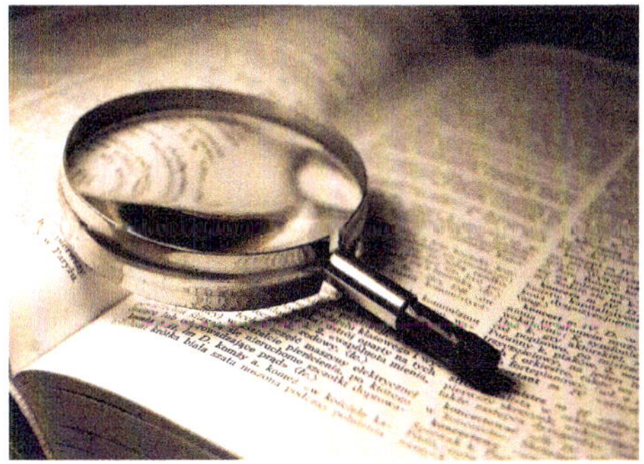

Diccionarioa

Las **enciclopedias** son obras en las que se expone el conjunto de los conocimientos humanos o los de una ciencia.

Son obras de consulta, ordenadas alfabética o sistemáticamente, de términos y nombres, que contienen una visión general concisa sobre una amplia variedad de temas. Suelen estar escritas por varios colaboradores especializados.

CONSEJO

Se puede utilizar una enciclopedia para:

- Buscar información a fondo sobre un tema.
- Encontrar ideas clave, fechas importantes o conceptos.

Enciclopedia

ACTIVIDAD COMPLEMENTARIA

1. Consulte los diccionarios y enciclopedias a los que tenga acceso (en casa, en la biblioteca, por internet...), de forma que pueda comparar y analizar el estilo de cada uno, la forma de presentar los contenidos, etc.

Internet no es solo un lugar donde encontrar datos; es, sobre todo, una fuente de consulta y de aprendizaje permanente, y un lugar de intercambio de información.

A través de internet puede accederse a consultar fuentes de información imprescindibles en cualquier investigación.

La habilidad para encontrar la información deseada en internet depende en gran medida de la precisión y efectividad con que se utilicen los motores de búsqueda. Un motor de búsqueda es un gran índice de la mayoría de las páginas que existen en internet. En este índice se puede hacer una búsqueda por medio de palabras o frases, y el resultado es una lista de las páginas que contienen dichos parámetros.

Un buscador es un conjunto de programas instalados en un servidor conectado a internet. Nacieron de la necesidad de organizar la información anárquica contenida en internet.

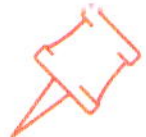

IMPORTANTE

Las claves del arte de buscar no consisten en conectarse al buscador ni en recorrer miles de documentos, sino en aprender a detallar los pedidos con la precisión necesaria para que el mecanismo de búsqueda brinde pocas opciones: formular la pregunta adecuada es el requisito fundamental para obtener la respuesta que se necesita.

Algunas recomendaciones para realizar búsquedas en internet son:

- Identificar los conceptos importantes de la investigación.
- Identificar las palabras clave que describen estos conceptos.

- Determinar si existen sinónimos o términos relacionados con los conceptos básicos de la investigación.
- Ingresar las palabras en minúsculas, salvo que se trate de nombres propios.
- Si se ingresan palabras en inglés, se obtendrán mayores resultados. En castellano, la cantidad de referencias será mucho menor, pero los sitios probablemente contengan información en español.

EJEMPLO

Algunos de los buscadores más populares de internet son los siguientes:

- *Google*
- *Bing*
- *Yahoo*
- *Ask.com*
- *Aol Search*
- *Altavista*
- *MyWebSearch*
- *Chacha*

Buscadores de internet

Otras fuentes de información secundarias son: índices de citas, índices de impacto, glosarios, catálogos, bibliografías, boletines de sumarios, revistas de resúmenes, etc.

ACTIVIDAD COMPLEMENTARIA

2. Imagine que va a realizar un viaje a Londres próximamente. Necesita buscar información sobre la ciudad, además de vuelos, hoteles, restaurantes e información turística. Consulte todo esto utilizando diferentes buscadores de internet.

APLICACIÓN PRÁCTICA

A usted le encargan la realización de un trabajo, para el cual debe buscar información en la red. ¿Qué pautas habrá de tener en cuenta a la hora de llevar a cabo una provechosa consulta de información en internet?

Solución

- Demostrar precisión y efectividad a la hora de utilizar los motores de búsqueda.
- Realizar la búsqueda por medio de palabras o frases.
- No conectarse al buscador ni recorrer miles de documentos.
- Aprender a detallar los pedidos con la precisión necesaria para que el mecanismo de búsqueda brinde pocas opciones.
- Formular la pregunta adecuada para obtener la respuesta que se necesita.
- Identificar los conceptos importantes de la investigación.
- Identificar las palabras clave que describen estos conceptos.
- Determinar si existen sinónimos o términos relacionados con los conceptos básicos de la investigación.
- Ingresar las palabras en minúsculas (salvo nombres propios).
- Ingresar las palabras en inglés, para obtener mayores resultados.

3. Planificación, revisión y presentación de textos. Procesadores de textos

HILO CONDUCTOR

Susana insiste en la importancia de la planificación previa en la elaboración de un texto. Para ello pone dos ejemplos en los que se observa cómo en un texto orientado al público infantil se usan términos científicos de muy alto nivel, y en otro texto orientado a un análisis económico introduce términos erróneos. Así justifica la importancia de la planificación, revisión y presentación de textos.

La escritura es una herramienta social poderosa: su poder reside en la habilidad, capacidad o competencia para adquirir conocimiento, construir pensamiento y comunicarse con los demás. El desarrollo de esta competencia permite la formación personal, la participación social, el empleo y el aprendizaje; y todo ello repercute en los diferentes ámbitos o esferas de acción en que se mueve el individuo: el personal, el público, el profesional y el educativo.

Cada vez parece más evidente que, en el siglo XXI, la escritura o alfabetización forma parte de casi toda actividad humana. La economía, la ley, la documentación burocrática, el conocimiento, el periodismo, la literatura, las profesiones y el entretenimiento dependen y se estructuran en torno a la producción y distribución de textos.

Por otro lado, hay que destacar que la informática ha transformado la escritura. La tecnología digital hace posible que todos seamos escritores, ya que la composición digital se utiliza para compartir, para dialogar, y principalmente para participar. En este sentido, los procesadores de textos desempeñan un importante papel.

Se puede afirmar, por todo ello, que comprender y expresarse por escrito son ejes fundamentales de la cultura, estrechamente relacionados con el funcionamiento humano, en cuanto que regula y controla el intercambio social mediante las prácticas discursivas correspondientes a los distintos ámbitos: institucionales, medios de comunicación, académicos, literarios, etc.

3.1. Planificación, revisión y presentación de textos

La complejidad que encierra la competencia o habilidad para escribir textos de diferentes ámbitos pone de manifiesto la necesidad de organizar el proceso de escritura de acuerdo con una serie de etapas. Estas etapas, que a continuación se detallan, son la planificación, la revisión y la presentación.

Planificación

Esta etapa del proceso de composición de textos consiste en elaborar el plan de escritura para organizar las ideas del texto de acuerdo con el tipo y subtipo elegidos, con el destinatario y con el propósito. Esto supone la producción de esquemas, resúmenes, guiones, índices, que ayudan a recordar durante todo el proceso de escritura las decisiones tomadas respecto de qué y cómo escribir.

En otras palabras, el producto de la planificación será un plan de escritura, que es una versión simplificada de lo que se va a escribir, en forma de esquema o mapa conceptual. Este plan ayuda al escritor en la generación y organización de las ideas que incluirá en el primer borrador de su texto, que constituye el producto de la siguiente etapa.

Revisión

Esta etapa del proceso de producción de textos consiste en identificar problemas textuales y resolverlos (reescritura). Ello supone trabajar con borradores o textos intermedios, a los que se aplica una serie de operaciones mentales, correspondiéndolas con los diferentes niveles lingüísticos de intervención en el texto.

El procedimiento de revisión y reescritura de textos es el siguiente:

1. Lectura, con el propósito de evaluar y mejorar el texto.
2. Comprensión del texto, para asimilar todos los conceptos.
3. Detección de irregularidades, inexactitudes, ambigüedades, inadecuaciones, repeticiones innecesarias, omisiones, anacolutos, carencias de información, etc.
4. Diagnóstico de tales fenómenos, para su posterior modificación o corrección.
5. Reescritura del fragmento de texto escrito considerado perfectible por el escritor.

Presentación

Una vez revisado el texto, el escritor ha de llevar a cabo su transformación para exponerlo oralmente, de manera que responda lo más fielmente posible a la intención y al destinatario o a la audiencia que debe recibirlo.

El objetivo de esta etapa consiste en conseguir que el documento esté preparado para difundirlo, en los formatos y soportes más adecuados, y también en conocer cómo transmitir la información al auditorio.

CONSEJO

Es recomendable reflexionar acerca de las diferencias entre transmitir la información de forma oral y de forma escrita, de modo que la defensa del trabajo llegue a los destinatarios de manera adecuada y conforme con las normas que rigen la oralidad.

ACTIVIDAD COMPLEMENTARIA

3. Elabore un texto sobre alguna materia de su interés para exponer oralmente. Para ello, deberá seguir todas las etapas: planificación, revisión y presentación.

3.2. Procesadores de textos

Los procesadores de textos son aplicaciones informáticas orientadas a la creación, edición, modificación, corrección e impresión de documentos de texto. Por lo general, todos los procesadores de textos son capaces de trabajar con diferentes tipos de fuentes, interlineado, alineación, tamaño de letra, corrección ortográfica y gramatical, el trabajo con imágenes y tablas, además de contar con diccionarios en varios idiomas para facilitar la labor de redacción.

DEFINICIÓN

Procesador de textos
Aplicación informática destinada a la creación o modificación de documentos escritos por medio de un ordenador. Representa una alternativa moderna a la antigua máquina de escribir, siendo mucho más potente y versátil que esta.

Los procesadores de textos son los sucesores de la máquina de escribir. Al contrario de lo que se suele pensar, no nacieron bajo la tecnología de la informática, sino de la necesidad de los escritores, aunque más tarde se llevó al campo de los ordenadores.

En la década de los 80 se lanzaron al mercado los primeros procesadores de textos para ordenadores personales, que consistían en simples editores que permitían mover palabras, cortar párrafos, reacomodar textos y, a veces, alinear columnas de texto, encabezados, resaltar en negrita, subrayar palabras, etc.

No mucho tiempo después aparecieron funciones agregadas a los procesadores de texto, los correctores ortográficos, los diccionarios, los diccionarios de sinónimos y las funciones "macros", con las que se facilitaba la automatización de la ejecución de tareas repetitivas.

Los programadores dotaron a sus nuevas creaciones de herramientas para la elaboración y edición de notas, tanto a pie de página como al final del fichero. Hubo herramientas para la ordenación de listas, la generación de índices, la producción de tablas de contenido, la aplicación de ecuaciones científicas, y los famosos métodos de línea roja, con los que es posible encontrar en un instante errores que, de otra manera, llevaría mucho más tiempo localizar.

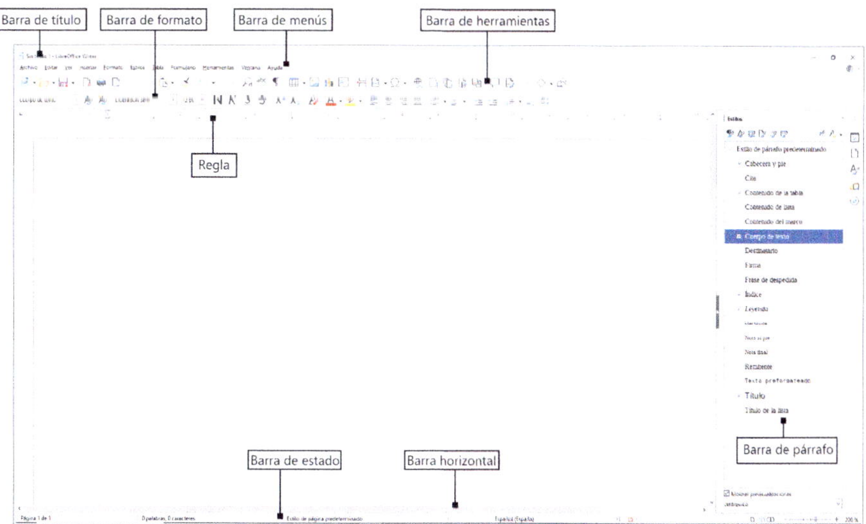

Herramientas de un procesador de textos

Independientemente del rápido avance de los procesadores de textos, se continuaban añadiendo nuevas funciones, como la creación y edición de todo tipo, de gráficos, hojas de cálculo, corrección gramatical, inserción de hipertextos y mucho más.

En la actualidad se fusionan en un procesador de textos funciones que se realizaban en varios programas por separado, pudiéndose elaborar incluso Multimedias, y realizar trabajos para ser publicados en internet.

EJEMPLO

Algunos procesadores de textos son:

- ***Microsoft Word.*** Es parte de un completísimo paquete de oficina *Microsoft Office*, producido y patentado por Microsoft Corporation. Es uno de los procesadores de textos más aceptados en el mercado de la informática, evoluciona muy rápidamente.
- ***OpenOffice.org_Writer.*** Procesador de textos integrante de la *suit* ofimática Open Office, proyecto desarrollado por Sun System. Es una alternativa libre a aplicaciones privativas como el propio *Microsoft Word*. Se distribuye bajo licencia GPL bajo la GNU software Fundation.
- ***Pages,*** de la *suit* informática de *IWork* de Apple.
- ***AbiWord,*** de la *suit* informática de código abierto GNOME Office.

Diferentes procesadores de textos

ACTIVIDAD COMPLEMENTARIA

4. Busque en internet procesadores de textos distintos a los que aparecen en el ejemplo anterior, cítelos y explique sus principales características.

4. Presentación de los textos respecto a las normas gramaticales, ortográficas y tipográficas

HILO CONDUCTOR

Para afrontar el último de los tramos de la programación de la asignatura de lengua castellana y literatura responsabilidad de Susana, se genera la necesidad de llevar a cabo un resumen de todo lo aprendido, para así afrontar cualquier redacción o revisión de texto con las máximas garantías, siguiendo unas normas gramaticales, ortográficas y tipográficas comunes. Esto es fundamental, ya que denota profesionalidad.

No cabe ninguna duda sobre la importancia que tiene la corrección lingüística para el éxito de un discurso escrito. De igual manera que en la lengua oral serán la entonación, las fluctuaciones del tono de voz y los gestos elementos que ayudarán a la consecución de las intenciones comunicativas, en el nivel de la lengua escrita la corrección en los distintos planos del lenguaje aporta sensación positiva al lector.

El lenguaje tiene distintos planos: fonético, morfosintáctico y semántico, y en todos ellos es preciso guardar las normas básicas de la corrección.

En el plano semántico, las principales reglas de corrección están vinculadas a la elección de un léxico correcto. Cada disciplina tiene su propio código léxico, esto es, el vocabulario específico que permite la expresión de algunos conceptos de forma unívoca, huyendo de fenómenos del lenguaje que crean ambivalencias. Es importante que se utilice de forma equilibrada la nomenclatura específica de cada actividad intelectual.

EJEMPLO

Si vamos a redactar un texto con contenido científico deberemos usar un vocabulario acorde y adaptar nuestra redacción a las características del texto científico; si, por el contrario, estamos frente a un texto humanístico, la nomenclatura y las especificidades textuales serán distintas.

En el plano morfosintáctico se deben observar las reglas gramaticales, que, al igual que la ortografía, aseguran que el lector del texto añada al contenido de las ideas la exactitud gramatical con que estén expresadas. Dentro de las normas gramaticales básicas, habrá que fijarse en la concordancia, en la puntuación, en el buen uso de las preposiciones, de las formas verbales, de la consecución temporal, etc.

En el plano fonético será la ortografía la que marque los usos correctos. La ortografía tiene sentido en sí misma, ya que la corrección en la escritura es expresión de un pensamiento también correcto y preciso. La ortografía es imprescindible para asegurar la perdurabilidad de nuestro idioma, y, más importante todavía, la ortografía es síntoma de pulcritud mental, de un óptimo hábito intelectual, de una buena lectura comprensiva.

Por tanto, la corrección es primordial para la elaboración de un texto encaminado a un buen resultado: una correcta ortografía, una sintaxis impecable y el manejo del léxico preciso, equilibrado entre un nivel culto y la nomenclatura propia de la disciplina sobre la que se esté escribiendo, asegurarán un porcentaje importante de éxito en nuestros fines.

NOTA

Una norma, en sentido lingüístico, es el conjunto de reglas restrictivas que definen lo que se puede utilizar en el uso de una lengua si se ha de ser fiel a cierto ideal estético o sociocultural. La norma supone la existencia de unos usos considerados correctos y otros considerados incorrectos, definidos ambos en las gramáticas y ortografías normativas y en los diccionarios del mismo corte. La impone una institución reconocida por la sociedad, institución que para el español, tanto el europeo como el hispanoamericano, es la Real Academia Española, fundada en 1713.

En su sentido más estricto, la **gramática** estudia la estructura de las palabras, las formas en que estas se enlazan y los significados a los que tales combinaciones dan lugar. La gramática es, pues, una disciplina combinatoria, centrada, fundamentalmente, en la constitución interna de los mensajes y en el sistema que permite crearlos e interpretarlos.

DEFINICIÓN

Gramática normativa
Establece los usos que se consideran ejemplares en la lengua culta de una comunidad, a menudo con el respaldo de alguna institución a la que se reconoce autoridad para fijarlos.

Como todo código de comunicación, la escritura está constituida no solo por el conjunto de signos convencionales establecidos para representar gráficamente el lenguaje, sino por las normas que determinan cuándo y cómo debe utilizarse cada uno de ellos. Este conjunto de normas que regulan la correcta escritura de una lengua constituye lo que llamamos **ortografía,** palabra de origen griego que etimológicamente significa "recta escritura".

El término "ortografía" designa asimismo la disciplina lingüística de carácter aplicado que se ocupa de describir y explicar cuáles son los elementos constitutivos de la escritura de una lengua y las convenciones normativas de su uso en cada caso, así como los principios y criterios que guían tanto la fijación de las reglas como sus modificaciones.

La disciplina ortográfica guarda relación con otras materias que tienen también que ver con la representación gráfica del lenguaje, como es el caso de la tipografía. La **tipografía** se define como el arte de crear y combinar tipos o caracteres de imprenta para confeccionar textos impresos. Atiende tanto a la selección del tipo, la clase y el tamaño de las letras como a la distribución de los espacios en blanco entre caracteres, palabras y bloques de texto (espaciados, sangrías, interlineados, márgenes, etc.). La tipografía nació con la aparición de la imprenta y ha evolucionado con la invención de nuevos procedimientos y tecnologías para la elaboración de impresos.

SABÍAS QUE...

El acceso, hoy prácticamente general, a herramientas informáticas para el procesamiento y la autoedición de textos ha extendido la necesidad de conocer y aplicar las normas y los usos propios de la escritura tipográfica (denominada técnicamente "ortotipografía"), antes solo exigibles a tipógrafos, impresores y

Continúa en página siguiente >>

<< Viene de página anterior

editores, a cualquier persona que emplee estos medios en sus producciones escritas. Esta es la razón por la que en las ortografías modernas suele incluirse también información ortotipográfica.

Sabiendo que es fundamental presentar los textos siguiendo las normas gramaticales, ortográficas y tipográficas, y teniendo en cuenta la importancia del orden de presentación de los contenidos y la coherencia necesaria para conseguir que un texto tenga éxito, se han de considerar las siguientes reglas básicas:

- El texto no puede estructurarse como una serie lineal de ideas. Es fundamental mostrar la relación que hay entre ellas, de forma que puedan agruparse varias que comparten un concepto común más general. Para ello, expondremos primero la idea más general, la principal, y alrededor de ella las secundarias, organizadas todas en un mismo párrafo y utilizando para mostrar las relaciones que se establecen conectores del tipo "de este modo", "por tanto", "así que", "por lo que", "de manera que", etc.
- En consecuencia, las partes en las que pueda dividirse un texto no han de ser necesariamente muchas, sino más bien al contrario: dos o tres y, excepcionalmente, cuatro. Por supuesto, cada una de estas partes es susceptible de subdividirse, a su vez, en partes más pequeñas.
- Conviene resaltar gráficamente esta jerarquía de ideas: de lo general a lo particular, de lo abstracto a lo concreto, de las ideas principales a las secundarias, de la tesis a la demostración. Para ello, puede servir la división en párrafos, el subrayado, la numeración, el uso de mayúsculas y minúsculas, etc.
- Las ideas han de estar enunciadas de manera adecuada, es decir, con precisión, claridad y rigor. Conviene estructurar la información de forma jerárquica: comenzar centrando el tema y enunciando la idea principal, esto es, la tesis; más tarde, se argumenta y después se concluye, recogiendo y resaltando aquello que se considere esencial. De esta forma, el lector del texto empezará con una buena impresión sobre los conocimientos expresados, porque se han expuesto al principio, y concluirá la lectura también con una sensación beneficiosa para el escritor, puesto que se ha enmarcado el discurso.
- Otro aspecto importante es la estructura del texto: introducción, distintos apartados del tema (cada uno con su tesis, argumentación y conclusión) y, por último, cierre. No se debe olvidar que en un texto bien construido la estructura del contenido y la estructura de la forma están íntimamente relacionadas.

IMPORTANTE

Es fundamental mantener la estructuración desde lo general a lo particular.

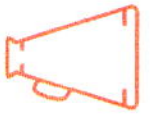

RECUERDA

La correcta escritura, el buen uso del léxico y el dominio de las reglas gramaticales constituyen los tres grandes ámbitos que regula la norma de una lengua.

ACTIVIDAD COMPLEMENTARIA

5. Desde su punto de vista, ¿considera la corrección de textos como algo fundamental para conseguir buenos resultados? Reflexione sobre dicha cuestión, analice lo explicado en este apartado y justifique su respuesta.

APLICACIÓN PRÁCTICA

Usted debe presentar un texto teniendo en cuenta la importancia de la coherencia y el orden de presentación de los contenidos. Para que la presentación resulte exitosa, ¿qué reglas básicas ha de considerar?

Solución

Para que la presentación tenga un resultado satisfactorio, se deben tener en cuenta los siguientes aspectos: mostrar la relación que hay entre las ideas, de forma que puedan agruparse, exponiendo primero la idea principal, y alrededor de ella las secundarias; utilizar conectores (“de este modo”, “por tanto”, “así que”, “por lo que”, “de manera que”, etc.); dividir el texto en dos o tres partes, y estas en partes más pequeñas; mantener la estructuración desde lo general

Continúa en página siguiente >>

<< Viene de página anterior

a lo particular; resaltar gráficamente la jerarquía de ideas; utilizar la división en párrafos, el subrayado, la numeración, el uso de mayúsculas y minúsculas, etc.; enunciar las ideas con precisión, claridad y rigor; estructurar la información de forma jerárquica; considerar la estructura del texto: introducción, apartados del tema y cierre.

Es fundamental, además, presentar el texto siguiendo las normas gramaticales, ortográficas y tipográficas.

5. Resumen

Es un hecho incuestionable que existe una relación directa entre el lenguaje y el pensamiento, esto es, cuanto más desarrollada está nuestra capacidad intelectiva mayor desarrollo exhibe nuestro discurso. Por este motivo, un discurso coherente y bien organizado es síntoma inequívoco de un pensamiento estructurado y complejo. Por ello, un discurso coherente muestra ideas coherentes. La buena organización de ideas, la estructura sintáctica correcta y una estructura comunicativa lógica hacen que nuestros mensajes sean descifrados por nuestros receptores de forma fácil y sin dejar resquicios a la duda. Así, nos haremos entender a la perfección por quien nos lee.

Las fuentes, primarias y secundarias, son los documentos que aportan información para el estudio de una materia. Conocer, distinguir y seleccionar las fuentes de información adecuadas para el trabajo que se está realizando es parte del proceso de consulta e investigación. Pueden ser diccionarios, enciclopedias, internet, etc.

La complejidad que encierra la competencia o habilidad para escribir textos de diferentes ámbitos pone de manifiesto la necesidad de organizar el proceso de escritura de acuerdo con una serie de etapas: planificación, revisión y presentación.

Los procesadores de textos son aplicaciones informáticas destinadas a la creación o modificación de documentos escritos por medio de un ordenador. Representa una alternativa moderna a la antigua máquina de escribir, siendo mucho más potente y versátil que esta.

Es fundamental presentar los textos siguiendo las normas gramaticales, ortográficas y tipográficas, y teniendo en cuenta la importancia del orden de presentación de los contenidos y la coherencia necesaria para conseguir que un texto tenga éxito.

Ejercicios de autoevaluación Unidad de Aprendizaje 5

1. Indique si las siguientes afirmaciones son verdaderas o falsas.

a. Conocer, distinguir y seleccionar las fuentes de información adecuadas para el trabajo que se está realizando es algo ajeno al proceso de consulta e investigación.

- Verdadero
- Falso

b. Las fuentes primarias contienen información nueva y original, resultado de un trabajo intelectual.

- Verdadero
- Falso

c. Las fuentes secundarias contienen información organizada, elaborada, producto de análisis, extracción o reorganización que refiere a documentos secundarios no originales.

- Verdadero
- Falso

2. Cite las diferentes fuentes de información. A continuación, describa aquellas que se han tratado en el unidad de aprendizaje.

____

____

____

3. Complete el siguiente texto.

Un buscador es un conjunto de __________ instalados en un __________ conectado a internet. Nacieron de la necesidad de __________ la información __________ contenida en __________.

4. Relacione cada etapa del proceso de escritura con su definición.

a. Planificación.
b. Revisión.
c. Presentación.

_ Consiste en identificar problemas textuales y resolverlos (reescritura).
_ Consiste en conseguir que el documento esté preparado para difundirlo, en los formatos y soportes más adecuados, y también en conocer cómo transmitir la información al auditorio.
_ Consiste en elaborar el plan de escritura para organizar las ideas del texto de acuerdo con el tipo y subtipo elegidos, con el destinatario y con el propósito.

5. ¿Cuál es el procedimiento de revisión y reescritura de textos?

____

____

____

6. De las siguientes afirmaciones sobre los procesadores de textos, señale la que es incorrecta.

a. Nacieron bajo la tecnología de la informática.
b. Son capaces de trabajar con diferentes tipos de fuentes.
c. Fusionan funciones que se realizaban en varios programas por separado.
d. Son los sucesores de la máquina de escribir.

7. Indique si las siguientes afirmaciones son verdaderas o falsas.

a. Los procesadores de textos son aplicaciones informáticas orientadas a la creación, edición, modificación, corrección e impresión de documentos de texto.

- Verdadero
- Falso

b. En la década de los 90 se lanzaron al mercado los primeros procesadores de textos para ordenadores personales.

- Verdadero
- Falso

c. Los programadores dotaron a sus nuevas creaciones de herramientas para la elaboración y edición de notas, tanto a pie de página como al final del fichero.

- Verdadero
- Falso

8. El lenguaje tiene distintos planos, y en todos ellos es preciso guardar las normas básicas de la corrección. ¿De qué manera se deben seguir dichas normas en el plano morfosintáctico?

____

____

____

9. A la hora de presentar un texto, es necesario respetar las normas gramaticales, ortográficas y tipográficas. Defina estas tres disciplinas.

____

____

____

____

10. Complete el siguiente texto.

La norma la impone una ____________ reconocida por la ____________, institución que para el ____________, tanto el europeo como el hispanoamericano, es la ____________, fundada en ____________ .

Glosario

Conjugar
Enunciar o utilizar un verbo en sus diferentes formas.

Consenso
Acuerdo por consentimiento entre todos los miembros de un grupo o entre varios grupos.

Contexto
Entorno lingüístico del que depende el sentido de una palabra, frase o fragmento determinados.

Cotidiano
Correspondiente a todos los días.

Decoro
Adecuación del lenguaje de una obra literaria a su género, a su tema y a la condición de los personajes.

Difamar
Desacreditar a alguien, de palabra o por escrito, publicando algo contra su buena opinión y fama.

Disertar
Razonar, discurrir detenida y metódicamente sobre alguna materia, bien para exponerla, bien para refutar opiniones ajenas.

Emitir
Arrojar, exhalar o echar hacia fuera algo.

Entonación
Movimiento melódico con el que se pronuncian los enunciados, el cual implica variaciones en el tono, la duración y la intensidad del sonido, y refleja un significado determinado, una intensión o una emoción.

Esgrimir
Usar una cosa o un medio como arma para lograr algún intento.

Fisonomía
Aspecto particular del rostro de una persona o del exterior de las cosas.

Folleto
Obra impresa, no periódica, de reducido número de hojas.

Fraseología
Modos de expresión peculiares de una lengua, de un grupo, de una época, actividad o individuo.

Gramática
Parte de la lingüística que estudia los elementos de una lengua, así como la forma en que estos se organizan y se combinan.

Interlocutor
Cada una de las personas que forman parte de un diálogo.

Lexema
Unidad mínima con significado léxico que no presenta morfemas gramaticales.

Métrica
Arte que trata de la medida o estructura de los versos, de sus clases y de las distintas combinaciones que con ellos pueden formarse.

Misiva
Dicho de un papel, un billete o una carta: que se envía a alguien.

Morfema
Unidad mínima aislable en el análisis morfológico.

Nexo
En diverso géneros literarios, núcleo de la acción o de la tensión dramática que precede al desenlace.

Persuasivo
Que tiene fuerza y eficacia para persuadir.

Pertinente
Perteneciente o correspondiente a algo.

Prolijo
Largo, dilatado con exceso.

Prosa
Forma de expresión habitual, oral o escrita, no sujeta a las reglas del verso.

Redundante
Palabra o concepto repetitivo o usado excesivamente.

Simultáneo
Que se lleva a cabo u ocurre al mismo tiempo que otra.

Somero
Ligero, superficial, hecho con poca meditación y profundidad.

Supeditar
Condicionar algo al cumplimiento de otra cosa.

Tabú
Condición de las personas, instituciones y cosas a las que no es lícito censurar o mencionar.

Versar
Dicho de un libro, de un discurso o de una conversación: tratar de una materia determinada.

Bibliografía

Monografías

- ALARCOS Llorach, E.: *Gramática de la Lengua Española.* Real Academia Española. Colección Nebrija y Bello. Madrid: Espasa Calpe, 2009.

  Obra del lingüista y académico Emilio Alarcos Llorach, en la que el autor pretende dar a conocer la gramática del español, tanto oral como escrita de los usuarios de la lengua en el siglo XX.

- RAE y ASALE: *Gramática y ortografía básicas de la lengua española.* Madrid: Espasa Calpe, 2019.

  Obra de referencia de la Real Academia de la Lengua Española en la que se presentan las normas gramaticales y ortográficas del español simplificadas, resumidas y al alcance de todos. Descripción y uso del género y número, categorías gramaticales del español, el uso de mayúsculas, signos de puntuación, etc.

- RAE y ASALE: *Libro de estilo de la lengua española.* Madrid: Espasa Calpe, 2018.

  Manual de corrección y estilo en el que se puede ver la evolución que ha experimentado el español en cuestiones gramaticales, ortográficas y léxicas, con especial atención a la escritura digital. Se trata de un manual muy práctico, presentando un amplio glosario que recoge conceptos, dudas, ejemplos, normas y recomendaciones, etc.

- RAE y ASALE: *Ortografía de la lengua española.* Madrid: Espasa Calpe, 2010.

  Obra en la que se presenta la ortografía académica publicada y cuyo objetivo es describir el sistema ortográfico de la lengua española realizando una exposición pormenorizada de las normas que rigen la escritura del español actual.

- RAE y ASALE: *Nueva gramática de la lengua española.* Madrid: Espasa Calpe, 2010.

  Manual dirigido a estudiosos y hablantes de la lengua española que deseen obtener una síntesis clara y didáctica de la estructura de nuestra lengua.

- VV. AA.: *Manual de semántica de la lengua española.* Madrid: Editorial Universitaria Ramón Areces, 2021.

  Manual en el que se presenta de forma ordenada contenidos asociados al grado en lengua y literatura de la UNED en la que se desarrollan aspectos asociados a la semántica. Describe el objeto, las unidades y relaciones semánticas, los cambios de significado o el significado oracional.

Textos electrónicos, bases de datos y programas informáticos

- Columna periodística. Definición, de: <https://definicion.de/columna-periodistica/>.

  Portal web en el que se obtiene la definición de términos o palabras haciendo uso de un buscador. También te permite el descubrimiento de nuevos términos, quedando ordenados en base a su temática (ciencias naturales, ciencias sociales, cultura, sociedad, etc.).

- Corrector gramatical de IA gratuito, de: <https://ahrefs.com/es/writing-tools/grammar-checker>.

  Portal en el que se puede llevar a cabo la corrección gramatical de un texto haciendo uso de la inteligencia artificial (IA).

- DeConceptos, de: <https://deconceptos.com/>.

  Portal de referencia en el que se exponen ordenados alfabéticamente términos y conceptos asociados a la lengua castellana, indicando la etimología de la palabra o concepto y la inclusión de ejemplos para una mejor comprensión.

- Diccionario de la Real Academia Española, de: <https://dle.rae.es/>.

  Versión electrónica del diccionario de la lengua española, a través de la cuál es posible obtener la descripción de los términos acogidos a este organismo, que tiene como propósito recoger el léxico general utilizado en España y en los países hispánicos. Dirigido principalmente a hablantes cuya lengua materna es el español.